Stimmen zum Buch
Programmieren mit KI

Als wir Cassandra innerhalb von sechs Wochen um eine Vektorsuche ergänzt haben, hätten wir unsere Deadline ohne Copilot und ChatGPT nicht halten können. Die meisten Entwicklerinnen und Entwickler müssen sich aber noch mit solchen KI-Tools anfreunden. Toms Buch ist ein großartiger Einstieg, der Ihnen stundenlanges Ausprobieren ersparen wird.

– Jonathan Ellis, Mitbegründer und CTO von DataStax

»Programmieren mit KI« ist eine ausgezeichnete Ressource, die Toms Expertise zeigt und mit der Sie für die aktuellen Fortschritte der Softwareentwicklung, die jeden dazu befähigt, Code zu schreiben, ausgerüstet sind.

– Justin Dorfman, Open Source Community Manager bei Sourcegraph

KI sorgt dafür, dass sich die Vorgehensweise beim Bauen von Software schnell verändert. Von Codeeditoren bis zu Terminals – Unterstützung durch KI durchdringt zunehmend alle Bereiche. »Programmieren mit KI« sollte jeder Entwickler und jede Entwicklerin zuerst lesen, um die täglichen Abläufe durch KI besser zu machen.

– Zach Lloyd, CEO und Mitbegründer von Warp

Tom Taullis Buch ist eine gut strukturierte Reise, die zeigt, wie KI-Tools wie ChatGPT das Leben von Entwicklerinnen und Entwicklern verändern können – sowohl zu Beginn ihrer Karriere als auch dann, wenn sie schon Erfahrungen gesammelt haben. Es bietet nützliche Einblicke in die Vor- und Nachteile KI-gestützter Programmierung, wie auf meiner eigenen Reise von Marketing und Business bis hin zum produktiven Ausliefern von Features für unsere App. Ein tolles Buch für Programmiererinnen und Programmierer, die KI ihrem Werkzeugkasten hinzufügen wollen.

– Titus Capilnean, Mitbegründer von Private Market Labs

KI hat die Entwicklung verändert. Jeder Programmierer und jede Programmiererin muss nun wissen, wie man mit Tools wie GitHub Copilot arbeitet. Toms Buch zeigt, wie es geht.

– Muddu Sudhakar, CEO und Mitbegründer von Aisera

Programmieren mit KI

Programmieren mit KI

KI-Tools für alle Phasen der Codeerstellung nutzen

Tom Taulli

Deutsche Übersetzung von Thomas Demmig

O'REILLY®

Tom Taulli

Lektorat: Alexandra Follenius
Übersetzung: Thomas Demmig
Copy-Editing: Sibylle Feldmann, *www.richtiger-text.de*
Satz: III-satz, *www.drei-satz.de*
Herstellung: Stefanie Weidner
Umschlaggestaltung: Karen Montgomery, Michael Oréal, *www.oreal.de*
Druck und Bindung: mediaprint solutions GmbH, 33100 Paderborn

Bibliografische Information der Deutschen Nationalbibliothek
Die Deutsche Nationalbibliothek verzeichnet diese Publikation in der Deutschen Nationalbibliografie; detaillierte bibliografische Daten sind im Internet über *http://dnb.d-nb.de* abrufbar.

ISBN:
Print 978-3-96009-258-2
PDF 978-3-96010-877-1
ePub 978-3-96010-878-8

1. Auflage 2025

Hinweis:
Dieses Buch wurde mit mineralölfreien Farben auf PEFC-zertifiziertem Papier aus nachhaltiger Waldwirtschaft gedruckt. Der Umwelt zuliebe verzichten wir zusätzlich auf die Einschweißfolie. Hergestellt in Deutschland.

PEFC-zertifiziert
Dieses Buch stammt aus nachhaltig bewirtschafteten Wäldern und kontrollierten Quellen
PEFC
PEFC/04-31-0810 www.pefc.de

Schreiben Sie uns:
Falls Sie Anregungen, Wünsche und Kommentare haben, lassen Sie es uns wissen: *kommentar@oreilly.de*.

5 4 3 2 1 0

Inhalt

Vorwort

Als ich Anfang der 1990er-Jahre an der UCLA meinen Abschluss machte, dachte ich, ich würde ein Professor werden. Aber als ich bei IBM anfing, verliebte ich mich schnell in die Technologiebranche. Es gab keinen Blick zurück. Ich würde in Zukunft noch für Firmen wie VMware, Pivotal, EMC und SGI arbeiten.

Dann gründete ich eine Reihe von Start-ups. Mein letztes ist Aisera, das generative KI-Lösungen für Unternehmen baut. Unsere Plattform hilft beim Kundenservice, unterstützt Mitarbeitende, assistiert bei der unternehmensweiten Suche, hilft dem IT-Service-Deck und AIOps.

In meinem Berufsleben habe ich viele Innovationen erlebt, zum Beispiel den Aufstieg des Internets, Cloud Computing, Mobilgeräte und Deep Learning. Es gab nur einen Technologiebereich, bei dem es wenig voranging: Softwareentwicklung.

Als Gründer fand ich das ausgesprochen frustrierend. Oft genug gab es bestimmte Dinge, die wir gern getan hätten, es aber nicht konnten, weil unsere Entwicklungsteams schon ausgelastet waren. Mit der KI gestützten Programmierung hat sich die Situation deutlich verändert. Aisera ist agiler und flinker geworden. Die Energie, mit der unser Wachstum angetrieben wird, hat sich vervielfacht.

Wenn ich jetzt entscheiden soll, ob ich einen Entwickler oder eine Entwicklerin einstelle, will ich wissen, wie sie sich KI zunutze machen. Wie setzen sie diese leistungsfähige Technologie ein, um nervige Prozesse abzuschließen und schneller zu programmieren?

Mein Fazit: Ich glaube, dass es von entscheidender Bedeutung ist, KI-gestützte Programmiertools zu verstehen. Laut Satya Nadella (*https://oreil.ly/CuREp*), CEO von Microsoft, werden sie »für alle in der Entwicklung zu einem Standardtool werden ...«.

Für das Verständnis KI-gestützter Programmierung ist aber ein anderes Vorgehen notwendig. Sie ist keine klassische Entwicklung. Sie müssen verstehen, wie Sie generative KI-Systeme einsetzen. Und hier kommt Toms Buch ins Spiel. Er hat ein Praxisbuch für alle Entwicklerinnen und Entwickler geschrieben, die sich mit KI-gestützter Programmierung vertraut machen wollen. Er behandelt die wichtigsten Themen und liefert viele nützliche Beispiele. Dazu macht es Spaß, das Buch zu lesen, was das Thema zugänglich macht.

Es ist zweifelsohne eine spannende Zeit, Entwickler oder Entwicklerin zu sein. Es gibt viele Möglichkeiten, in der eigenen Karriere voranzukommen. Und einer der besten Schritte dafür ist, KI-gestützte Programmierung zu erlernen.

– Muddu Sudhakar
CEO und Mitbegründer von Aisera

Einleitung

Mit dem Programmieren habe ich den frühen 1980er-Jahren angefangen. Mein erstes Schätzchen war ein Atari 400 – nicht unbedingt die schnellste Kiste unter der Sonne, mit Gummitastatur, 8 K RAM und Programmen, die von Kassetten geladen wurden. Ich lernte BASIC und erstellte einfache Spiele und kleine nützliche Apps.

Ich war total gefangen.

Mit der Zeit stieg ich zu besseren Rechnern auf. Dabei machte ich mir die Hände an Sprachen wie Pascal, C oder C++ schmutzig. Aber die IDEs haben sich nicht sehr verändert, abgesehen vom Syntax-Highlighting oder einem besseren Debugging.

Als GitHub Copilot und ChatGPT erschienen, änderte sich alles. Als ich diese Tools ausprobierte, fühlte ich mich wie in dem Moment, als ich mein erstes iPhone in den Händen hielt – ein absoluter Gamechanger.

Ich bat ChatGPT in natürlicher Sprache, Code zu schreiben. In VS Code gab ich ein Fragment einer Funktion ein, und GitHub Copilot erzeugte einen Codeblock. Oft genug war es genau das, was ich wollte. Oh, und ich habe sogar Bilder mit ChatGPT in Code umgewandelt.

Die wahre Stärke zeigte sich aber erst, als diese Tools viele der nervigen Aufgaben aus der Entwicklung übernehmen konnten. Wer hat schon Spaß daran, sich mit regulären Ausdrücken herumzuschlagen oder Bash-Befehle und GitHub-Actions zusammenzustellen? Ich sicherlich nicht. Aber diese KI-Programmiertools? Die verputzen so was zum Frühstück.

Es stellte sich heraus, dass die KI-Tools mehr können, als nur beim Programmieren zu helfen. Ich begann, ChatGPT zum Brainstormen von App-Ideen zu verwenden, zum Skizzieren von Anforderungen, ja sogar zum Erstellen von Unit Tests.

Es dauerte nicht lange, bis ich davon überzeugt war, dass KI-gestützte Programmierung eine zwingend notwendige Fähigkeit in der Entwicklung sein würde.

Daher sah ich auch die Notwendigkeit, dieses Buch zu schreiben. Ich erstellte einen Entwurf und zeigt ihn O'Reilly. Dort sah man sofort das Potenzial.

Es hat sehr viel Spaß gemacht, dieses Buch zu schreiben, und ich habe eine Menge gelernt. Auch konnte ich mit vielen klugen Entwicklerinnen und Entwickler sprechen, die mir großartige Ideen und Tipps geliefert haben.

KI-gestützte Programmierung entwickelt sich allerdings schnell weiter. Daher gibt es zu diesem Buch ein GitHub-Repository (*https://github.com/ttaulli/AI-Assisted-Programming-Book*). Dort finden Sie Updates zum Buch, und es werden weitere wichtige Entwicklungen in diesem aufregenden Gebiet behandelt.

Daher vielen Dank, dass Sie dieses Buch gewählt haben. Ich hoffe, Sie finden es nicht nur informativ, sondern sehen darin auch eine wertvolle Reisebegleitung.

Was in diesem Buch enthalten ist

Ein kurzer Überblick über jedes Kapitel:

- Kapitel 1, *Eine neue Welt für die Entwicklung*: Dieses Kapitel ist der Ausgangspunkt mit einem Überblick darüber, wie generative KI die Welt des Programmierens verändert. Es geht darum, wie die KI-Tools beim Entwickeln dabei helfen, mehr über das große Ganze nachdenken zu können und sich weniger mit den Details des Codes herumschlagen zu müssen. Sie erhalten hier auch einen schnellen Ritt durch die Geschichte der Programmiersprachen und finden Details über fortgeschrittene KI-Technologien wie GPT-4.
- Kapitel 2, *Wie KI-Coding-Technologie funktioniert*: In diesem Kapitel wird zunächst generative KI erläutert und erklärt, warum Transformer-Modelle und Large Language Models in der Welt der Programmierung so wichtig sind. Dazu gibt es einen Überblick über den Playground von OpenAI, und Sie erfahren, wie Sie dort mit den KI-Modellen herumspielen und sie an Ihre Programmierbedürfnisse anpassen können.
- Kapitel 3, *Prompt Engineering*: Die Informationen aus diesem Kapitel sind für den Einsatz KI-gestützter Programmiertools ausgesprochen wichtig. Sie finden hier haufenweise praktische Tipps, zum Beispiel zum Umgang mit langatmigen oder verwirrenden Prompts oder wie Sie die KI davon abhalten, sich Dinge auszudenken. Dazu lernen Sie hier die wichtigsten Komponenten eines Prompts kennen und erfahren, wie Sie diese effektiv einsetzen können.

- Kapitel 4, *GitHub Copilot*: Hier erhalten Sie einen Überblick über dieses leistungsfähige Werkzeug. Sie lernen die zentralen Features kennen, wie zum Beispiel das Erstellen von Code durch Kommentare, Chat oder die Verwendung einer KI-gestützten Befehlszeilenschnittstelle. Ich beschreibe zudem, wie Sie das System für eigene Codebasen anpassen.
- Kapitel 5, *Andere KI-gestützte Programmiertools*: In diesem Kapitel wird auf andere KI-gestützte Programmiertools wie Amazon CodeWhisperer, Duet AI von Google oder Replit eingegangen.
- Kapitel 6, *ChatGPT und andere universelle LLMs*: Hier wird beschrieben, wie Sie diese Tools einsetzen, um zum Beispiel mit regulären Ausdrücken umzugehen, initialen Code zu erstellen oder GitHub Actions aufzusetzen.
- Kapitel 7, *Ideen, Planung und Anforderungen*: Der Fokus liegt in diesem Kapitel auf dem Einsatz von Chatbots, um Softwareprojekte anzustoßen. Dazu gehören Themen wie Brainstorming, Marktforschung, Anforderungsdokumente und Test-Driven Development.
- Kapitel 8, *Programmieren*: In diesem Kapitel gehen wir häufig vorkommende Szenarien bei der Entwicklung durch – das Arbeiten mit APIs, modulare Programmierung und Refaktorierung. Sie erhalten auch einen Blick auf den Umgang mit Funktionen und objektorientierter Programmierung.
- Kapitel 9, *Debuggen, testen und deployen*: Hier kommen wir zu den weniger glamourösen Aspekten der Entwicklung. Wir reden über das Beheben von Fehlern, den Einsatz von KI-gestützten Programmiertools für Code Reviews, das Erstellen von Unit Tests und das Beschreiben von Pull Requests.
- Kapitel 10, *Schlussfolgerungen*: Hier geben wir noch einmal einen Überblick und heben die wichtigsten Punkte hervor.

Was dieses Buch anders macht

In der Softwareentwicklung versuchen wir immer, Sicherheit zu erlangen. Übergeben Sie einem Programm eine bestimmte Eingabe, erhalten Sie immer die gleiche Ausgabe. Diese rein deterministische Logik war seit Anbeginn der Zeiten Leib und Seele von Software.

Aber wenn Sie KI-gestützte Programmiertools einsetzen, wird das Ganze ein bisschen auf den Kopf gestellt. Ergebnisse fühlen sich ein wenig ausgewürfelt an, weil alles auf Wahrscheinlichkeiten beruht. Bitten Sie ein KI-Tool mehrfach, mal eben Code zusammenzustellen, erhalten Sie eventuell verschiedene Ergebnisse – selbst wenn Sie immer den gleichen Prompt nutzen. Zu Beginn sorgt das sicherlich für Stirnrunzeln, aber wenn Sie sich damit arrangiert haben, lohnt es sich einfach. Darum gibt es ein Kapitel zum Prompt Engineering, das Ihnen dabei helfen wird, sich mit diesem neuen Vorgehen beim Programmieren vertraut zu machen.

Wer dieses Buch lesen sollte

Dieses Buch ist für alle Entwicklerinnen und Entwickler, egal ob sie gerade mit dem Programmieren anfangen oder ob sie schon lange im Geschäft sind.

Konventionen in diesem Buch

Die folgenden typografischen Konventionen werden in diesem Buch genutzt:

Kursiv
: Für neue Begriffe, URLs, E-Mail-Adressen, Dateinamen und Dateierweiterungen.

`Nichtproportionalschrift`
: Für Programmlistings, aber auch für Codefragmente in Absätzen, wie zum Beispiel Variablen- oder Funktionsnamen, Datenbanken, Datentypen, Umgebungsvariablen, Anweisungen und Schlüsselwörter.

`Nichtproportionalschrift fett`
: Zeigt Befehle oder anderen Text an, der genau so vom Benutzer eingegeben werden muss.

`Nichtproportionalschrift kursiv`
: Zeigt Programmcode an, der durch Benutzereingaben oder durch kontextabhängige Werte ersetzt werden soll.

Dieses Zeichen steht für einen allgemeinen Hinweis.

Codebeispiele verwenden

Zusätzliches Material (Codebeispiele, Übungen und so weiter) finden Sie zum Herunterladen unter *https://github.com/ttaulli/AI-Assisted-Programming-Book*.

Dieses Buch soll Ihnen bei Ihrer Arbeit helfen. Ganz allgemein gilt: Wenn in diesem Buch Beispielcode angeboten wird, können Sie ihn in Ihren Programmen und Dokumentationen verwenden. Sie müssen sich dafür nicht unsere Erlaubnis einholen, es sei denn, Sie reproduzieren einen großen Teil des Codes. Schreiben Sie zum Beispiel ein Programm, das mehrere Teile des Codes aus diesem Buch benutzt, brauchen Sie keine Erlaubnis. Verkaufen oder vertreiben Sie Beispiele aus O'Reilly-Büchern, brauchen Sie eine Erlaubnis. Beantworten Sie eine Frage, indem Sie dieses Buch und Beispielcode daraus zitieren, brauchen Sie keine Erlaubnis. Binden Sie einen großen Anteil des Beispielcodes aus diesem Buch in die Dokumentation Ihres Produkts ein, brauchen Sie eine Erlaubnis.

Wir freuen uns über eine Erwähnung, verlangen sie aber nicht. Eine Erwähnung enthält üblicherweise Titel, Autor, Verlag und ISBN, zum Beispiel: »*Programmieren mit KI* von Tom Taulli, O'Reilly 2025, ISBN 978-3-96009-258-2.«

Falls Sie befürchten, zu viele Codebeispiele zu verwenden oder die oben genannten Befugnisse zu überschreiten, kontaktieren Sie uns unter der E-Mail-Adresse *kommentar@oreilly.de*.

Danksagung

Ich möchte mich bei den Leuten von O'Reilly bedanken, die an dieses Buch geglaubt und viel dafür getan haben, um es Wirklichkeit werden zu lassen: Nicole Butterfield, Shira Evans und Brian Guerin. Außerdem hatte ich außerordentlich tolle Tech-Reviewer. Dazu gehören Roja Boina, Abraham Borg, Sarah Kim, Ebubechukwu (Nnenna) Oguaju-Dike und Gaurav Deshmukh.

KAPITEL 1

Eine neue Welt für die Entwicklung

Während Andrej Karpathy (*https://oreil.ly/m4fFk*) in Stanford in den Jahren 2011 bis 2016 mit Architekturen von Dense Neural Networks jonglierte und versuchte, mithilfe von Computer Vision alles aus Pixeln herauszuholen, war er gleichzeitig auch noch bei Google beschäftigt. Dort probierte er dieses und jenes und setzte ein Feature-Learning-System für YouTube-Videos auf. Dann traf er die Entscheidung, Gründungsmitglied von OpenAI und später Senior Director of AI bei Tesla zu werden, wo er ein Team zum Aufbau des Autopilotsystems leitete.

Man kann durchaus sagen, dass er einer der besten Programmierer der Welt ist. Zudem ist er ein talentierter Schreiber mit wirklich vielen Followern bei Twitter/X – nahezu 800.000. Als ChatGPT das Licht der Welt erblickte, twitterte (*https://oreil.ly/9kBmX*) er:

> *Die heißeste neue Programmiersprache ist Englisch.*

Das war ernst gemeint. Es ging nicht nur um eine poetische Ode an das Programmieren, sondern um einen Gruß an eine Zukunft, in der das Tippen von Prompts in natürlicher Sprache Computercode in nahezu jeder beliebigen Sprache erzeugen könnte. Es ist so, als hätte man ein bilinguales Genie in seinem Computer, der bereitsteht, Ihre natürlichsprachigen Wünsche in Codebefehle umzusetzen.

Dann kam ein Tweet (*https://oreil.ly/a_jg1*), der die Stimmung viele Entwickler und Entwicklerinnen widerspiegelte:

> *Copilot hat mein Coding dramatisch beschleunigt. Ich mag mir nicht vorstellen, wieder zu »manuellem Coding« zurückzukehren. Noch bin ich dabei, mich damit vertraut zu machen, aber der Copilot schreibt schon nahezu 80 % meines Codes mit etwa 80 % Korrektheit. Ich programmiere gar nicht mehr wirklich, ich prompte und bearbeite.*

Karpathy bedankte sich damit bei GitHub Copilot von Microsoft – einem neuen Werkzeug der KI-gestützten Programmierung. Aber nicht lange danach kamen viele andere Tools zum Vorschein. Der Fortschritt war atemberaubend.

Mittlerweile mag die Coding-Landschaft eher wie ein Dschungel erscheinen. Was ist diese schöne neue Welt der KI-Tools? Wo sind sie schöner Schein, und welche werden im Sande verlaufen? Und wie können Sie da durchsteigen, um ein ausgefuchstes, KI-gestütztes Programmiergenie zu werden?

Nun, dieses Buch wird Ihnen dabei helfen, diese Fragen zu beantworten – und viele mehr. Der Schwerpunkt wird darauf liegen, sich diese Tools nutzbar zu machen, um nicht nur schneller, sondern auch klüger zu programmieren – und dabei auch noch Spaß zu haben. Also krempeln wir die Ärmel hoch und steigen direkt ein in die Welt der KI-gestützten Programmierung.

Evolution und Revolution

Ein zentrales Thema bei der Evolution von Programmiersprachen ist *Abstraktion*. Das ist eine einfache Art, zu beschreiben, wie Systeme beim Entwickeln besser handhabbar werden. Werden die mühsamen Details hinter den Kulissen abgehandelt, kann man sich beim Entwickeln darauf konzentrieren, was am wichtigsten ist. Das war eine treibende Kraft hinter Innovationen, die Durchbrüche wie das Internet, Cloud Computing, Mobile oder KI ermöglicht hat.

Abbildung 1-1 zeigt die evolutionären Schritte der Abstraktion im Lauf der Jahrzehnte.

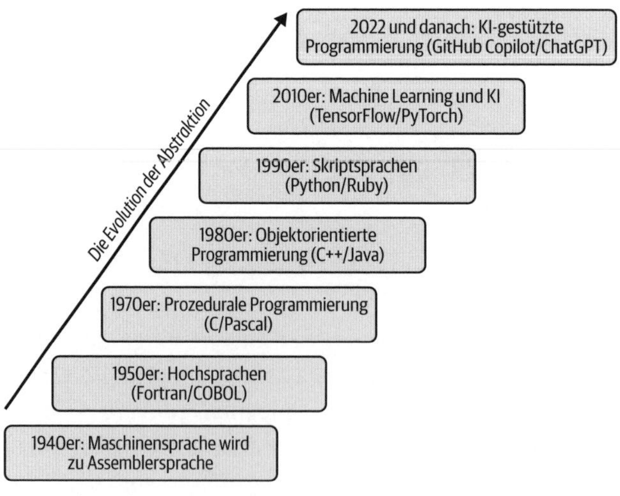

Abbildung 1-1: Die Abstraktion von Programmiersprachen und Tools hat sich im Laufe der Jahrzehnte weiterentwickelt.

Gehen wir etwas mehr ins Detail und beginnen wir in den 1940ern:

Maschinensprache zu Assemblersprache

Zu Beginn des Computerzeitalters mussten sich Programmiererinnen und Programmierer mit Nullen und Einsen herumschlagen, um sich die Maschinen untertan zu machen. Dann aber hatte die Assemblersprache ihren Auftritt. Sie bot alphanumerische Anweisungen, die das Programmieren einfacher und weniger fehleranfällig machten.

Hochsprachen

Die 1950er brachten uns Fortran und COBOL – Sprachen, mit denen man eine Art von normalem Englisch nutzen konnte, wie zum Beispiel DISPLAY, READ, WRITE und IF/THEN/ELSE. Ein Compiler wandelte diese in Nullen und Einsen um, mit denen der Computer etwas anfangen konnte. Gleichzeitig konnten Personen ohne technischen Hintergrund den Code im Allgemeinen ausreichend gut lesen, um den Workflow zu verstehen. Das Entstehen von Hochsprachen würde ein wichtiger Katalysator für die Computerrevolution werden.

Prozedurale Programmierung

Sprachen wie C oder Pascal haben die prozedurale Programmierung eingeführt, bei der komplexe Aufgaben in hübsche, kleine Schachteln namens *Funktionen* verpackt werden. Diese Abstraktion erlaubt eine bessere Wiederverwendbarkeit und Wartbarkeit – für das Managen riesiger Softwareprojekte waren keine übermenschlichen Fähigkeiten mehr erforderlich.

Objektorientierte Programmierung (OOP)

Zu den Stars dieser Art von Computersprache gehören C++ und Java. Mit der objektorientierten Programmierung kam eine ganz neue Abstraktionsebene ins Spiel, sodass man beim Programmieren reale Entitäten mit Klassen und Objekten modellieren konnte, wobei gleichzeitig Daten und Verhalten gekapselt wurden. Das hat die Modularität gefördert und ein intuitiveres Lösen von Problemen ermöglicht.

Skriptsprachen und Webentwicklung

Python, Ruby und JavaScript abstrahieren viele der Aufgaben auf niedrigerer Ebene, die mit dem Programmieren verbunden sind. Sie bieten umfassende Bibliotheken und eingebaute Datenstrukturen, vereinfachen häufig anzutreffende Programmieraufgaben und verringern die Menge an Code, die erforderlich ist.

Machine Learning und KI

Mit dem Aufstieg von KI und ML (Machine Learning, maschinelles Lernen) haben spezialisierte Bibliotheken und Frameworks wie TensorFlow oder PyTorch viele komplexe mathematische Details der Programmierung wegabstrahiert. Dadurch kann man sich beim Entwickeln auf das Modellieren von Architekturen und Trainieren von Prozessen konzentrieren.

KI-gestützte Programmierung
: Natürlich ist das aktuellste Kapitel der Geschichte der Abstraktion die KI-gestützte Programmierung à la GPT-4 und anderen massiven Large Language Models (LLMs). Die sind vergleichbar mit einer Backstage-Crew, die darauf wartet, auf Ihren Befehl hin Code zu generieren.

Schauen wir uns ein einfaches Beispiel an. Dazu werden wir ChatGPT nutzen, das eine robuste Fähigkeit zum Erzeugen von Code bietet. Wir werden einen Prompt verwenden, mit dem wir erklären, was das System tun soll. Schauen Sie sich den folgenden Prompt an:

> *Prompt: Schreibe in Python ein Programm, das prüft, ob eine gegebene Ganzzahl gerade oder ungerade ist, und das Ergebnis ausgibt.*

Abbildung 1-2 zeigt die Antwort von ChatGPT.

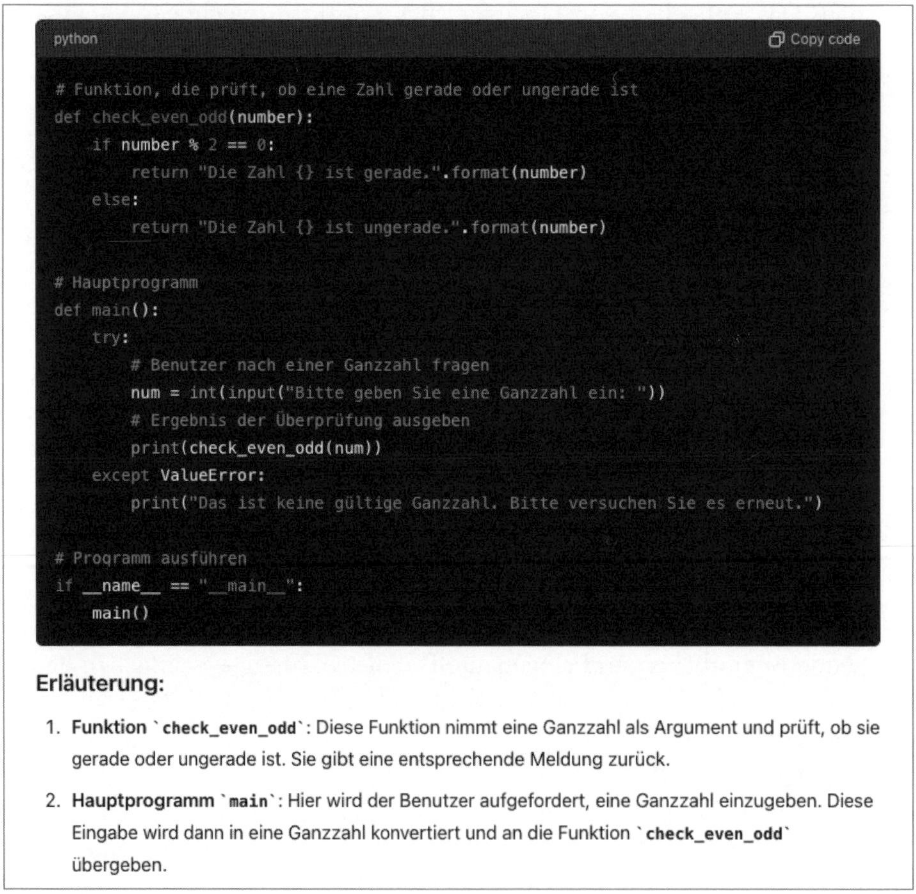
python Copy code

```python
# Funktion, die prüft, ob eine Zahl gerade oder ungerade ist
def check_even_odd(number):
    if number % 2 == 0:
        return "Die Zahl {} ist gerade.".format(number)
    else:
        return "Die Zahl {} ist ungerade.".format(number)

# Hauptprogramm
def main():
    try:
        # Benutzer nach einer Ganzzahl fragen
        num = int(input("Bitte geben Sie eine Ganzzahl ein: "))
        # Ergebnis der Überprüfung ausgeben
        print(check_even_odd(num))
    except ValueError:
        print("Das ist keine gültige Ganzzahl. Bitte versuchen Sie es erneut.")

# Programm ausführen
if __name__ == "__main__":
    main()
```

Erläuterung:

1. **Funktion `check_even_odd`**: Diese Funktion nimmt eine Ganzzahl als Argument und prüft, ob sie gerade oder ungerade ist. Sie gibt eine entsprechende Meldung zurück.
2. **Hauptprogramm `main`**: Hier wird der Benutzer aufgefordert, eine Ganzzahl einzugeben. Diese Eingabe wird dann in eine Ganzzahl konvertiert und an die Funktion `check_even_odd` übergeben.

Abbildung 1-2: Wenn ChatGPT gebeten wird, Code zu erzeugen, enthält die Antwort nicht nur ein Listing, sondern auch eine Erklärung.

Wir bekommen das Codelisting, das sogar hilfreiche Kommentare enthält. Darüber hinaus wird erläutert, wie das Programm funktioniert. Sie können oben rechts auf den Button *Copy code* klicken, um den Code in Ihre IDE zu übernehmen und auszuführen.

Generative KI

Bevor wir uns genauer anschauen, wie KI-gestützte Programmiertools funktionieren, wollen wir uns einen Überblick über generative KI verschaffen. Diese ist die Grundlage solcher Systeme.

Generative KI ist ein Zweig der künstlichen Intelligenz (KI – *Artificial Intelligence*, AI), die das Erstellen neuer und einzigartiger Inhalte ermöglicht. Abbildung 1-3 zeigt, wie die unterschiedlichen Teile zueinander in Beziehung stehen.

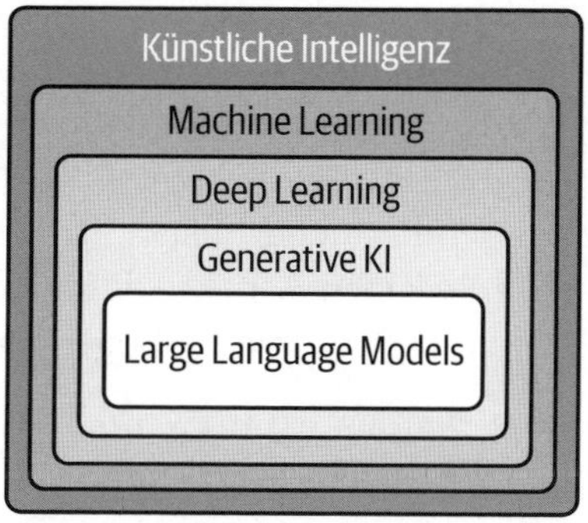

Abbildung 1-3: Es gibt unterschiedliche Arten von KI, die man sich als verschachtelte Untermengen vorstellen kann. Generative KI und schließlich die Large Language Models befinden sich ganz im Zentrum.

KI ist das große Ganze: Es enthält alle Systeme, die Aufgaben erledigen können, die sich nach menschlicher Intelligenz anfühlen. Die nächste Stufe ist das *Machine Learning* (ML). Statt sich an explizite Regeln zu halten, liefern ML-Systeme Einblicke anhand von großen Datenmengen. ML basiert im Allgemeinen auf komplexen Algorithmen, die Vorhersagen oder Entscheidungen ohne eine feste Programmierung erlauben.

Im nächsten Schritt sehen wir *Deep Learning* (DL) – ein Bereich des ML, der auf neuronalen Netzen mit verborgenen Schichten basiert – daher das »Deep«. Diese geschichteten Modelle haben erstaunliche Ergebnisse in Bereichen wie Bild- oder Spracherkennung geliefert.

Ein Teilgebiet des Deep Learning ist die generative KI (oder GenAI). GenAI-Modelle schaffen aus ihren Trainingsdaten neue Daten.

Und ganz tief verschachtelt sitzen nun die LLMs, wie zum Beispiel GPT-4, Gemini, Claude oder LLaMA 2. Diese leistungsstarken Modelle – oft als *Foundation Models* bezeichnet – geben mithilfe aktuellster Algorithmen und einem Training mit riesigen Datenmengen menschenähnliche Texte wieder.

Aber generative KI ist mehr als nur LLMs. GenAI besitzt auch multimodale Fähigkeiten, es kann also Bilder, Audio und Video erstellen.

Im nächsten Kapitel schauen wir uns genauer an, wie generative KI funktioniert. Aber zunächst wollen wir uns mit den Vor- und Nachteilen KI-gestützter Programmiertools befassen.

Die Vorteile

KI-gestützte Programmiertools sind entstanden, um die Fähigkeiten von Entwicklerinnen und Entwicklern zu verbessern, sodass sich diese auf das Lösen schwierigerer Probleme und ausgefeilterer Innovationen konzentrieren können, statt in monotonen Aufgaben oder komplexen Codedetails zu versacken. Darum ist die Wahl des Begriffs »Copilot« bei GitHub perfekt. Es geht darum, im Cockpit einen zuverlässigen Partner an seiner Seite zu haben, der Sie durch die komplizierten und oft mühsamen Aspekte des Schreibens von Code navigiert und Ihnen damit erlaubt, sich auf die wichtigen Dinge zu fokussieren.

In den nächsten Abschnitten werden wir die Vorteile und praktischen Anwendungen dieser leistungsfähigen Systeme beschreiben.

Suchaufwand reduzieren

Beim Entwickeln findet man sich oft in der Rolle eines digitalen Detektivs wieder, der nervigen Bugs hinterherjagt oder kryptischen Code zu verstehen versucht. Stößt man auf ein Hindernis, ist man instinktiv versucht, danach zu googeln oder Stack Overflow einen Besuch abzustatten. Eine schnelle Suche, ein Stückchen Code – et voilà, schon ist man wieder in seiner IDE (*Integrated Development Environment*).

Aber manchmal kann das auch zur Geduldsprobe werden. Die lange Diskussion bei Stack Overflow liefert kein Ergebnis. Sie suchen weiter – aber nichts scheint das Richtige zu sein. Es gibt da die eine Diskussion, die hilfreich ist, und Sie suchen nach ähnlichen Themen weiter. Sie schauen sich sogar auf YouTube nach einem Video um. Nachdem Sie dem Problem mehr als eine halbe Stunde lang hinterhergejagt sind, haben Sie es endlich gelöst.

Ja, das ist allen Entwicklern und Entwicklerinnen schon passiert. Interessanterweise unterstreicht der 2022 Developer Survey (*https://oreil.ly/WQ6De*) von Stack Overflow, der Antworten von mehr als 70.000 Entwicklerinnen und Entwicklern ausgewertet hat, diese Frustration. Mehr als 62 % der Antwortenden hat mehr als 30 Minuten pro Tag mit der Suche nach Antworten verbracht und 25 % sogar mehr als eine Stunde. Im Survey steht: »Bei einem Team aus 50 Entwicklerinnen und Entwicklern summiert sich die Zeit, die mit dem Suchen nach Antworten oder Lösungen verbracht wird, für das Team auf 333 bis 651 Stunden *pro Woche*.«

Was wäre nun, wenn es eine Möglichkeit gäbe, diese Suche abzukürzen und schnell zur Lösung zu kommen? Jetzt hat die KI-gestützte Programmierung ihren Auftritt – unser Ritter mit schimmernden Algorithmen. Untersuchungen von Microsoft untermauern das: Mehr als 90 % der Entwickler und Entwicklerinnen, die GitHub Copilot nutzen, haben ihre Aufgaben schneller erledigen können.

Microsoft hat das sogar in einem Coder-Showdown getestet. 95 professionelle Entwicklerinnen und Entwickler wurden eingeladen und in zwei Gruppen aufgeteilt. Die Aufgabe bestand darin, einen HTTP-Server in JavaScript zu schreiben. Die Gruppe, die GitHub Copilot genutzt hat, konnte die Aufgabe um 55 % schneller abschließen (*https://oreil.ly/TtsA0*) als die Gruppe, die ihn nicht verwendet hat.

Und es ist nicht nur Microsoft, das dieses Loblied anstimmt. McKinsey & Company hat ebenfalls eine Forschungsstudie (*https://oreil.ly/xQLj3*) durchgeführt. Mehr als 40 Entwickler und Entwicklerinnen aus den USA und Asien nahmen teil – mit unterschiedlich viel Erfahrung und verschiedenem Hintergrund. Über mehrere Wochen wurden drei alltägliche Softwareaufgaben abgeschlossen: Code generieren, refaktorieren und dokumentieren.

Die Ergebnisse? Bei der Dokumentation, die den Code schön und sauber halten sollte, haben KI-gestützte Tools gerockt – die benötigte Zeit reduzierte sich auf die Hälfte –, und auch für das Erstellen neuen Codes und das Refaktorieren waren die Daten ähnlich gut.

Bei komplexen Aufgaben allerdings schnitten die KI-Tools nicht ganz so gut ab. Es wurden nicht einmal 10 % an Zeit eingespart (*https://oreil.ly/c_7sx*).

Interessanterweise hat die Untersuchung auch gezeigt, dass das Verringern der aufgewendeten Zeit die Gesamtqualität des Codes nicht negativ beeinflusst hat, wenn man sich beispielsweise Fehler, Lesbarkeit und Wartbarkeit anschaut. Tatsächlich haben die KI-gestützten Programmiertools sogar für kleine Verbesserungen gesorgt. Das lag aber oft eher daran, dass die Personen mit den Tools iterativ vorgegangen sind.

Die McKinsey-Studie hat folgende Ergebnisse geliefert:

Vereinfachen von Routineaufgaben
: Die Tools können sehr gut dabei helfen, Alltagsaufgaben zu erledigen, wie zum Beispiel Funktionen mit Code vorzubereiten, in Echtzeit bei Code Completion zu assistieren oder Code automatisch zu dokumentieren. Indem solche Aufgaben übernommen werden, bekommt man beim Entwickeln mehr Zeit, um sich um komplexere Probleme zu kümmern und damit Software-Features schneller zu deployen.

Bessere Codeentwürfe
: Es kann sehr einschüchternd sein, auf ein leeres Blatt Papier zu starren, aber mit generativen KI-Tools ist es beim Entwickeln möglich, mithilfe eines einfachen Prompts den kreativen Prozess durch Codevorschläge anzustupsen – entweder direkt in der IDE oder in einer eigenen Umgebung. Viele Entwicklerinnen und Entwickler wissen diese KI-basierten Vorschläge sehr zu schätzen, da sie dabei helfen, das »Leerer-Bildschirm-Problem« zu überwinden und schneller in die »Coding-Zone« zu gelangen.

Bestehenden Code schneller anpassen
: Mit effektiven Prompts kann man während der Entwicklung bestehenden Code zügiger anpassen oder verbessern. So kann man beispielsweise Code aus Onlinebibliotheken kopieren, in einen Prompt stecken und dann iterativ anhand bestimmter Kriterien nach KI-gestützten Anpassungen fragen.

Besser auf neue Herausforderungen vorbereiten
: Die Technologie kann als schneller Einführungskurs dienen und dabei helfen, sich mit unbekannten Entwicklungsumgebungen oder Sprachen vertraut zu machen. Wenn man etwas Neues angeht, sind diese Tools wie eine erfahrene Begleitung, die neue Konzepte hervorhebt, unterschiedliche Codebasen auseinandernimmt und Vergleiche beim Einsatz verschiedener Frameworks zieht.

Mehrere Tools einsetzen
: Die Forschung zeigt, dass der Einsatz mehrerer verschiedener Tools effektiver ist. Ein Beispiel: Eine Entwicklerin kann ein Tool für Prompts und Chats nutzen, ein anderes greift auf die Codebasis zurück, um automatisches Vervollständigen zu ermöglichen und Vorschläge zu machen. Das erste Tool wird als sehr hilfreich angesehen, wenn man beim Refaktorieren von Code Fragen hat, weil es gute Gespräche führen kann. Das zweite Tool ist dagegen effektiv beim Erstellen von neuem Code, weil es so tief in die Entwicklungsumgebung integriert ist. Wenn sich diese KI-Tools für eine Aufgabe zusammengetan haben, war die Entwicklung 1,5- bis 2,5-mal so schnell.

Ihr Ratgeber

ChatGPT können Sie bei vielen Arten von Entwicklungsaktivitäten um Rat fragen. Hier ein Prompt:

> *Gib mir bitte detaillierte Tipps und Best Practices für das Minimieren des Suchaufwands und das Verbessern der Produktivität beim Programmieren. Führe dabei auch Strategien zum Organisieren von Code auf, zum Dokumentieren, zu Tools und zur eigenen Mentalität.*

Abbildung 1-4 zeigt das Ergebnis.

1. Organisieren von Code

Strukturierung

- **Modularisierung:** Zerlege den Code in kleine, wiederverwendbare Module oder Funktionen. Dies erleichtert das Testen, Verstehen und Wiederverwenden.
- **Namenskonventionen:** Verwende klare und konsistente Namenskonventionen für Variablen, Funktionen und Klassen.
- **Ordnerstruktur:** Halte eine logische Ordnerstruktur ein, z.B. trenne Quellcode, Tests, Dokumentation und Konfigurationsdateien.

Code Reviews

- **Peer Reviews:** Regelmäßige Code-Reviews durch Kollegen helfen, Fehler zu entdecken und den Code-Standard zu wahren.
- **Automatisierte Reviews:** Nutze Tools wie ESLint oder Pylint, um den Code automatisch auf Stil- und Syntaxfehler zu überprüfen.

2. Dokumentation

Kommentare

- **Inline-Kommentare:** Nutze Kommentare, um komplexe oder nicht offensichtliche Codeabschnitte zu erklären.
- **Dokumentationskommentare:** Erstelle Kommentare für Funktionen und Klassen, die deren Zweck, Parameter und Rückgabewerte beschreiben.

Externe Dokumentation

- **README:** Erstelle eine umfassende README-Datei, die das Projekt, die Installation, Nutzung und wichtige Informationen beschreibt.
- **API-Dokumentation:** Nutze Tools wie JSDoc oder Sphinx, um eine gut strukturierte API-Dokumentation zu generieren.

3. Tools

Abbildung 1-4: Sie können von ChatGPT nützliche Ratschläge zu Programmieraufgaben erhalten

ChatGPT führt drei wichtige Bereiche auf. Es empfiehlt, auf ein modulares Design zu setzen, Namen konsistent zu nutzen und Dateien logisch zu organisieren. Zudem schlägt es eine saubere Dokumentation mit Kommentaren, Docstrings und READMEs vor. Dann erwähnt es auch noch den Einsatz von Tastenkürzeln in einer IDE, das Verwenden von Tools wie Git und das Dokumentieren von Entscheidungen.

IDE-Integration

Eine nahtlose Integration in die IDE ist für die KI-gestützte Programmierung unabdingbar. So bleibt der Schwung im Entwicklungsprozess erhalten, und man muss sich nicht mit noch einer ganz neuen Plattform anfreunden. Es ist weniger Zeit für das Erklimmen der Lernkurve erforderlich, Sie können sich daher besser dem Programmieren widmen. Zudem bedeutet ein seltenerer Wechsel zwischen unterschiedlichen Plattformen auch weniger Reibung und eine angenehmere Programmiererfahrung.

Dazu gibt es den Vorteil des Echtzeitfeedbacks. Wenn man beim Entwickeln Code zusammenschreibt oder anpasst, können integrierte Tools direkt einspringen und Fehler hervorheben, Korrekturen vorschlagen oder eine bessere Möglichkeit empfehlen, um Dinge zu erledigen. Das verzögerungsfreie Hin und Her aus Schreiben, Feedback und Anpassungen fühlt sich an, als hätte man einen freundlichen Coach neben sich sitzen. So werden Sie hin zu saubererem, effizienterem Code geleitet, ohne sich mit manuellen Reviews oder externen Prüfungen herumschlagen zu müssen.

KI-gestützte Systeme können zudem eine IDE besser machen, indem sie auf die größere Coding-Struktur zugreifen. Die KI erhält Zugriff auf Variablentypen, Methodensignaturen und sogar auf die Projektstruktur, um relevante Codevorschläge machen zu können. Denn es geht nicht nur darum, Code auszuspucken.

In Tabelle 1-1 sind ein paar der besten KI-gestützten Programmiertools zusammen mit den von ihnen unterstützten IDEs aufgeführt.

Eine Studie von Microsoft (*https://oreil.ly/3e2sI*) hat gezeigt, dass 88 % der Anwender und Anwenderinnen von GitHub Copilot weniger frustriert sind und sich besser fokussieren können. Entscheidend dafür war, dass sie innerhalb der IDE bleiben konnten und weniger Zeit mit Suchen verbringen mussten. Dadurch konnten sie bei der Entwicklung »im Fluss bleiben«.

Tabelle 1-1: Von beliebten KI-gestützten Programmiertools unterstützte IDEs

KI-gestützte Programmiertools	IDEs
GitHub Copilot	Visual Studio Code, Visual Studio, Vim, Neovim, JetBrains suite, Azure Data Studio 1
Tabnine	Visual Studio Code, WebStorm, PyCharm, Eclipse, IntelliJ Platform, PhpStorm, CLion, Neovim, JupyterLab, Rider, DataGrip, AppCode, Visual Studio 2022, Android Studio, GoLand, RubyMine, Emacs, Vim, Sublime Text, Atom.AI, Jupyter Notebook 2
CodiumAI	Visual Studio Code, JetBrains (IntelliJ, WebStorm, CLion, PyCharm)
Amazon CodeWhisperer	Visual Studio Code, IntelliJ IDEA, AWS Cloud9, AWS Lambda console, JupyterLab, Amazon SageMaker Studio, JetBrains (IntelliJ, PyCharm, CLion, GoLand, WebStorm, Rider, PhpStorm, RubyMine, DataGrip)

Ihre Codebasis berücksichtigen

Bestimmte KI-gestützte Programmiertools sind darauf optimiert, sehr gut mit spezifischen Entwicklungsumgebungen zusammenzuarbeiten. Entwicklerinnen und Entwickler haben die Möglichkeit, diese Tools noch weiter zu optimieren, indem sie es ihnen ermöglichen, die internen Bibliotheken, APIs, Best Practices und architektonischen Entwürfe eines Projekts zu verstehen. Damit ist sichergestellt, dass die Ihnen empfohlenen Vorschläge nicht nur technisch solide sind, sondern auch auf die spezifischen Anforderungen Ihres Projekts eingehen.

Diese Anpassung hilft dabei, die erzeugten Codevorschläge auf die in Ihrer Organisation eingeführten Coding-Standards, Qualitätsvorgaben und Sicherheitsprotokolle abzustimmen. Das Fokussieren auf möglichst hochwertigen Code sorgt dafür, dass Teams nicht über veraltete oder unerwünschte Codeschnipsel stolpern.

Zudem ist dieses optimierte Vorgehen ein großer Vorteil für Newcomer in einem Entwicklungsteam. Klassischerweise ist es sehr zeitaufwendig, sich mit einer neuen Codebasis vertraut zu machen – Monate, in denen man Code erkundet, die Dokumentation liest und die Coding-Protokolle verinnerlicht. Ein KI-gestütztes Programmiertool kann dabei deutlich Zeit einsparen.

Codeintegrität

Die *Codeintegrität* ist ein Markenzeichen guter Softwareentwicklung. Sie hebt die Robustheit und Vertrauenswürdigkeit hervor, mit der der Quellcode die gewünschte Funktion umsetzt. Stellen Sie sie sich wie eine Lupe vor, mit der die Vollständigkeit, Genauigkeit, Konsistenz und Stabilität des Codes untersucht wird. Ein Schluckauf bei der Codeintegrität legt die Grundlage für Fehler und potenzielle Sicherheitsprobleme, die wiederum zu Systemabstürzen und Einbrüchen führen können.

Zu den diversen Faktoren, die die Codeintegrität gewährleisten, gehören Genauigkeit, Sorgfalt, Einheitlichkeit und Sicherheitsmaßnahmen, aber auch die Einfachheit, mit der sich der Code warten lässt. Beim Entwickeln kann man die Codeintegrität durch verschiedenste Ansätze besser machen – zum Beispiel Unit Tests und Integrationstests, Peer Code Reviews, statische Codeanalysen oder strikte Sicherheits-Assessments.

Es sei darauf hingewiesen, dass eine wachsende Zahl von KI-gestützten Programmiertools Features anbietet, die dafür gedacht sind, die Codeintegrität zu verbessern. Sie schauen sich die Details des Codes an und ebnen den Weg für zukünftige sinnvolle und exakte Unit Tests und das Berücksichtigen von Sonderfällen.

Manche dieser Tools haben »Fix-it«-Empfehlungen. Diese werden geprüft, bevor sie die Entwicklerinnen und Entwickler zu Gesicht bekommen, um sicherzustellen, dass sie keine neuen Probleme verursachen. Dann kann man sie begutachten und ihre Vorschläge direkt in der IDE übernehmen.

Ein weiterer Vorteil dieser Tools ist ihre Fähigkeit, Pull Requests schnell zu analysieren und prägnante Zusammenfassungen von Codeanpassungen zu liefern. Außerdem helfen sie dabei, die lästige Pflicht des Erstellens von Release Notes zu automatisieren, die sehr nützlich sind, um die Weiterentwicklung von Softwareversionen zu dokumentieren.

KI-gestütztes Erzeugen von Dokumentation

Dokumentation ist der stille Held im Softwareentwicklungsprozess. Sie hilft dabei, sicherzustellen, dass die Codebasis lesbar, wartbar und skalierbar bleibt – insbesondere wenn sich Teams verändern und Projekte durch Komplexität aufgeblasen werden. Aber sehen wir den Tatsachen ins Auge: Das Erstellen und Aktualisieren dieser Dokumentation fühlt sich oft wie das Waten durch einen bürokratischen Sumpf an – es kann Zeit fressen und gelegentlich auf eine unbestimmte Zukunft verschoben werden.

Hier kommen die KI-gestützten Programmiertools ins Spiel. Diese digitalen Schreiberlinge können in einem Bruchteil der Zeit umfassende Dokumentation zusammenstellen – mit guter Qualität und ausreichender Klarheit. Dafür werden die Fertigkeiten von LLMs genutzt, die besonders beim Umgang mit Sprache brillieren.

Modernisierung

Marc Andreessens knackige Aussage von 2011 aus dem *Wall Street Journal*, »Software Is Eating the World« (*https://oreil.ly/RW8e8*), ist wie ein guter Wein gereift. Andreessen, bekannt für sein Talent, Technologietrends schon sehr früh zu erkennen, und für seine unerreichten Rekorde als erfolgreicher Entrepreneur und Venture Capitalist, hat auf einen entscheidenden Moment der Technologiegeschichte hingewiesen.

Er unterstrich, wie die Infrastruktur »erwachsen« geworden ist und eine Grundlage für die Metamorphose globaler Branchen gelegt hat. Der Aufstieg von Plattformen wie Amazon Web Services und das großräumige Wachstum von Breitbandinternet haben alles verändert. Klassische Hürden durch Serverkosten und Netzwerkwissen verschwanden. Dadurch konnten Disruptoren wie Uber, Netflix und ein Haufen von Social-Media-Plattformen die Bühne betreten, um die Regeln ihrer jeweiligen Branchen neu zu schreiben.

Schauen wir uns an, was seit Andreessens Artikel geschehen ist, sehen wir, dass der Innovationszug Fahrt aufgenommen hat. Die Bedrohung durch Disruptionen ist aber auch gewachsen, insbesondere für große Unternehmen. Viele dieser Giganten sind an Legacy-Systeme gebunden, die nicht nur teuer sind, sondern sich auch noch schlecht modernisieren lassen. Die hierarchische Umgebung kann bei Entscheidungen hinderlich sein, und die schiere Größe sorgt für zusätzliche Komplexität, wenn Änderungen anzugehen sind. Zudem mögen die Mitarbeitenden nicht immer von den neuesten technischen Innovationen begeistert sein.

IBM hat das Ganze trotzdem als Gelegenheit erkannt und seine umfassenden Ressourcen dazu genutzt, KI-gestützte Programmiertools für die Kundschaft zu bauen. Im Oktober 2023 wurde der watsonx Code Assistant for Z vorgestellt. Dieses System kann auf Mainframe-Systemen COBOL nach Java übersetzen, wobei der erzeugte Code eine elegante Objektorientiertheit besitzt.

Das Watsonx.ai-Modell von IBM versteht 115 Programmiersprachen, und es basiert auf 1,5 Billionen Tokens (*https://oreil.ly/cfJMO*). Es besitzt über 20 Parameter. Damit handelt es sich um eines der größten KI-Systeme für die Codeentwicklung.

Es gibt Hunderte von Milliarden Zeilen COBOL. Aber ein Wechsel von dieser zu einer modernen Sprache ist nicht einfach. Meist ist der Code Jahrzehnte alt, und es gibt nur wenig Dokumentation – wenn überhaupt. Wird die Migration nicht sorgfältig vorgenommen, können die Konsequenzen drastisch sein. Denken Sie daran, dass ein Großteil der weltweiten Kreditkartentransaktionen über Mainframes läuft. Das Gleiche gilt für die Verwaltung von Studienkrediten in den USA.

Leider gibt es viele Beispiele für fehlgeschlagene Migrationsprojekte. Denken Sie an das California Department of Motor Vehicles, das zwar 208 Millionen Dollar in solch ein Projekt gesteckt hat, aber trotzdem nach ein paar Jahren den Stecker ziehen musste (*https://oreil.ly/_U1zG*). Autsch.

Angesichts der Verantwortung verdienen Mainframe-Entwickler und -Entwicklerinnen im Allgemeinen ziemlich gut. Aber die Unternehmen haben trotzdem Probleme, neue Talente einzuwerben. Jüngere Entwickler sind im Umgang mit modernen Sprachen geübt und betrachten die Mainframe-Entwicklung als totes Gleis. Und in der Zwischenzeit gehen immer mehr erfahrene Mainframe-Entwickler in Rente.

IBM hat erkannt, dass KI erforderlich ist, um dieses massive Problem lösen zu können. Code-Transpiler oder -Übersetzer gibt es zwar schon seit Jahrzehnten, und sie wurden auch schon oft für Mainframe-Projekte eingesetzt. Aber meist nehmen sie nur den COBOL-Spaghetticode, spendieren ihm eine Übersetzungsrunde, und heraus kommt dann Java-Spaghetticode. Das ist nur ein sehr kleines Facelifting, durch das sich kaum etwas verbessert oder weiterentwickeln kann. Der Java-Code erfordert weiterhin viel Arbeitseinsatz, was erklärt, warum so viele Projekte in Schwierigkeiten geraten oder gleich ganz gegen die Wand fahren.

IBM sagt nun, dass die Ergebnisse eines Projekts durch den Einsatz generativer KI um das Zehnfache verbessert werden konnte.

Andere Firmen beschäftigen sich ebenfalls mit dieser Möglichkeit der Modernisierung. Thomas Dohmke, CEO von GitHub, hat geposted (*https://oreil.ly/a21Lt*): »COBOL, das immer noch auf Mainframes läuft, ist ein viel größeres gesellschaftliches Problem, als wir denken.« In einem Interview mit *Fortune* (*https://oreil.ly/sqsti/*) hat er angemerkt, dass er im Jahr 2023 mehr über COBOL gehört hat als in den drei Jahrzehnten zuvor. Zudem würde er von Firmen gefragt werden, wie sich der GitHub Copilot für ihre Migrationsprojekte einsetzen ließe.

Denken Sie daran, dass ChatGPT ebenfalls gut mit alten Programmiersprachen klarkommt. Tabelle 1-2 zeigt, welche Sprachen es unterstützt.

Tabelle 1-2: Verbreitete Legacy-Programmiersprachen

Sprache	Beschreibung	Entwicklungszeit
COBOL	Für Verarbeitung von Geschäftsdaten entwickelt.	späte 1950er bis frühe 1960er
Fortran	Für Berechnungen im Wissenschafts- und Ingenieurumfeld entwickelt.	1950er
Pascal	Entwickelt, um gute Softwareentwicklungspraktiken zu unterstützen.	späte 1960er bis frühe 1970er
BASIC	Als einfach zu erlernende Sprache für Schüler/Studenten und Einsteiger geschaffen.	Mitte 1960er
ALGOL	Hat Folgesprachen wie Pascal, C und Java beeinflusst.	späte 1950er bis frühe 1960er
Assemblersprache	Korrespondiert mit der Architektur der CPU, für die sie entworfen wurde – stammt aus der Zeit der ersten programmierbaren Computer.	frühe Computerära
PL/I	Für wissenschaftliche, geschäftliche und Systemprogrammierung eingesetzt.	frühe 1960er

Um zu sehen, wie KI-gestützte Programmierung mit Legacy-Sprachen helfen kann, gehen wir einmal davon aus, dass wir an folgendem Codeschnipsel arbeiten:

```
MODULE ComplexModule
  IMPLICIT NONE
  TYPE :: ComplexType
     REAL :: real, imag
  CONTAINS
     OPERATOR(+) (a, b) RESULT(c)
       TYPE(ComplexType), INTENT(IN) :: a, b
       TYPE(ComplexType) :: c
       c%real = a%real + b%real
       c%imag = a%imag + b%imag
     END OPERATOR
  END TYPE ComplexType
END MODULE ComplexModule
```

Sie wissen nicht, welche Sprache das ist oder wie sie funktioniert. Die Syntax hilft auch nicht bei einem intuitiven Verstehen des Workflows.

Nehmen wir nun an, Sie gingen zu ChatGPT und würden Folgendes eingeben:

> *Prompt: In welcher Sprache ist das geschrieben? Was tut der Codeabschnitt? Erkläre zudem, wie der Code funktioniert.*

Abbildung 1-5 zeigt Teile der Antwort.

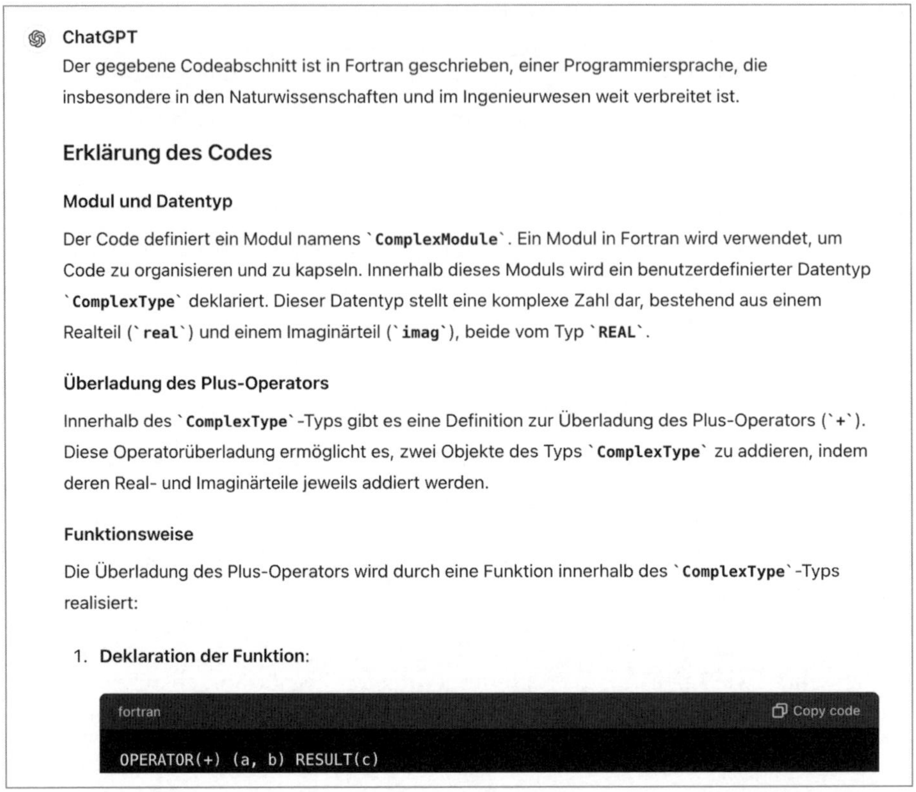
ChatGPT
Der gegebene Codeabschnitt ist in Fortran geschrieben, einer Programmiersprache, die insbesondere in den Naturwissenschaften und im Ingenieurwesen weit verbreitet ist.

Erklärung des Codes

Modul und Datentyp

Der Code definiert ein Modul namens `ComplexModule`. Ein Modul in Fortran wird verwendet, um Code zu organisieren und zu kapseln. Innerhalb dieses Moduls wird ein benutzerdefinierter Datentyp `ComplexType` deklariert. Dieser Datentyp stellt eine komplexe Zahl dar, bestehend aus einem Realteil (`real`) und einem Imaginärteil (`imag`), beide vom Typ `REAL`.

Überladung des Plus-Operators

Innerhalb des `ComplexType`-Typs gibt es eine Definition zur Überladung des Plus-Operators (`+`). Diese Operatorüberladung ermöglicht es, zwei Objekte des Typs `ComplexType` zu addieren, indem deren Real- und Imaginärteile jeweils addiert werden.

Funktionsweise

Die Überladung des Plus-Operators wird durch eine Funktion innerhalb des `ComplexType`-Typs realisiert:

1. **Deklaration der Funktion:**

fortran Copy code

```fortran
OPERATOR(+) (a, b) RESULT(c)
```

Abbildung 1-5: ChatGPT antwortet auf Fragen zum Interpretieren von Legacy-Code.

ChatGPT erkennt das korrekt als Fortran-Code. Es erläutert dazu, dass der Code ein Modul namens `ComplexModule` definiert, das einen abgeleiteten Typ `ComplexType` zum Darstellen komplexer Zahlen enthält – zusammen mit einem überladenen +-Operator für das Addieren zweier komplexer Zahlen. Dann gibt es eine Schritt-für-Schritt-Erläuterung des Codes.

Nachteile

Wenden wir uns jetzt den nicht so rosigen Aspekten der KI-gestützten Programmierung zu. Wie jede neue Technologie – hey, selbst das erste iPhone war ein bisschen klobig – bringt KI ihre eigenen Hakeleien, Probleme und Hindernisse mit. Der Weg der Innovation bietet immer viel Platz für ein Aufhübschen und Optimieren.

Schauen wir uns ein paar der Nachteile an.

Halluzinationen

Bei LLMs sind *Halluzinationen* Situationen, in denen das Modell Daten ausgibt, die korrekt zu sein scheinen, die tatsächlich aber falsch sind oder nicht auf den Eingabedaten basieren, mit denen das Modell trainiert wurde. Das kann bei der Softwareentwicklung zu ernsthaften Problemen führen. Halluzinationen können zu verkehrten Codevorschlägen führen, zum Erzeugen falscher Dokumentation oder zum Erstellen fehlerhafter Testszenarien. Zudem können sie dafür sorgen, dass das Debuggen ineffizient wird, Einsteigerinnen und Einsteiger fehlgeleitet werden und ganz allgemein das Vertrauen in KI-Tools sinkt.

Andererseits gab es auch schon deutliche Fortschritte beim Versuch, Halluzinationen einzudämmen. Es gibt viel akademische Forschung in diesem Bereich, und KI-Firmen haben effektive Strategien umgesetzt, zum Beispiel das *Reinforcement Learning from Human Feedback* (RLHF), um dieses Problem zu verringern.

Aber angesichts der intrinsischen Komplexität von LLMs und der enormen Mengen an Daten, auf denen sie basieren, wird es ziemlich aufwendig sein, Halluzinationen zu verhindern – wenn es nicht sogar unmöglich ist.

Ein weiterer Aspekt ist, dass bestimmte Programmiersprachen beim Einsatz KI-gestützter Tools eine höhere Genauigkeit erzielen. Sprachen wie Python, JavaScript, TypeScript oder Go tendieren dazu, eine bessere Performance zu zeigen. Das liegt daran, dass diese Sprachen in öffentlichen Repositories häufiger vorkommen und damit mehr Daten für die KI zum Lernen zur Verfügung stehen. Und eine besser trainierte KI führt auch zu genaueren und robusteren Vorschlägen.

Geistiges Eigentum

Matthew Butterick hat schon viele Rollen eingenommen, er war Programmierer, Designer und Anwalt, zudem ist sein Steckenpferd die Typografie. Matthew hat ein Buch darüber geschrieben, er hat Fonts designt und war an Programmen beteiligt, die zum Bearbeiten und Layouten von Dokumenten genutzt werden. Seine erste Begegnung mit GitHub Copilot im Juni 2022 war trotzdem keine Liebe auf den ersten Blick. Stattdessen inspirierte sie ihn zu einem Blogpost mit dem Titel »Der Copilot ist dumm und will mich umbringen« (*https://oreil.ly/qjHL6*).

Sein Unmut entlud sich aber nicht nur in einem Blogbeitrag. Das Ganze eskalierte und führte zu einer Sammelklage (*https://oreil.ly/MOqYc*) gegen Microsoft, GitHub und OpenAI. Im Kern wurde behauptet, dass GitHubs Nutzungsbedingungen und Datenschutzrichtlinien verletzt worden seien, und es wurde auch angedroht, wegen Urheberrechtsverletzungen zu klagen.

Diese juristische Auseinandersetzung unterstreicht einen großen Graubereich beim geistigen Eigentum in Bezug auf Code, der aus KI-gestützten Programmiertools stammt. Da dieser Code ein Cocktail unzähliger Zeilen bestehenden Codes ist, stellt sich durchaus die Frage nach der Eigentümerschaft.

Ein Argument basiert auf der Idee der »Fair Use«. Diese rechtliche Doktrin ist aber ziemlich unklar und führt nicht zu einer sauberen Lösung für KI-generierte Inhalte. Um das Problem zu lösen, werden vermutlich Gesetze oder Urteile oberster Instanzen erforderlich sein.

Währenddessen hat Microsoft eine rechtliche Firewall (*https://oreil.ly/x_Ml4*) für Anwender von GitHub Copilot geschaffen. Sie sagen, dass sie User vor rechtlichen Ansprüchen schützen, sofern gewisse Vorbedingungen erfüllt sind.

Noch komplizierter wird es mit der Verbindung von KI-gestützter Programmierung und Open-Source-Softwaremethodiken. Für Copyleft-Lizenzen wie der *General Public License* (GPL) in den Versionen 2 und 3 wird gefordert, dass jede davon abgeleitete Arbeit die ursprünglichen Lizenzbedingungen übernimmt. Das hilft dabei, Innovationen voranzutreiben. Aber es kann bei der Entwicklung für Ärger sorgen, weil dadurch potenziell die eigenen geistigen Eigentumsrechte verloren gehen oder sogar die gesamte Codebasis zu Open Source werden muss.

Datenschutz

Der Einsatz von KI-gestützten Programmiertools, die oft in der Cloud leben, wirft viele Fragen zu Datenschutz und Vertraulichkeit auf. Wie werden die Daten innerhalb der Firma geschützt? Kann es sein, dass sie als Trainingsdaten genutzt werden?

Es hängt sehr vom Anbieter ab, wie klar die Antworten darauf sind. Darum entscheiden sich manche Entwickler und Entwicklerinnen dafür, KI-gestützte Programmiertools gar nicht einzusetzen.

Das war auch der Ansatz von Anthony Scodary, Mitbegründer und Co-Entwicklungsleiter bei Gridspace. Diese Firma, deren Wurzeln sich bis zur Stanford University zurückverfolgen lassen, entwickelt Sprachbots, die komplexe Telefonate führen können. Deren technische Grundlage basiert auf Spracherkennung, Sprachsynthese, LLMs und Dialogsystemen.

Statt sich mit einer der bestehenden KI-gestützten Programmierplattformen auf die Reise zu beheben, hat Gridspace einen weniger üblichen Weg gewählt. Die Firma entwickelte ihre eigene KI-gestützte Programmierplattform, die auf Docker-Services in einem Kubernetes-Cluster basiert. Deployt als IDE-Plug-in, ist das System auf ihre eigene Codebasis optimiert. »So konnten wir vermeiden, unser geistiges Eigentum und unsere Daten an andere Unternehmen zu schicken«, sagt Anthony. »Zudem ist unser Modell kleiner, effizienter und auf unseren Stil spezialisiert.«

Damit soll nicht gesagt werden, dass dies der beste Ansatz ist. Jede Organisation hat ihre eigene Betrachtungsweise und ihre eigenen besten Vorgehensweisen. Aber wenn über KI-gestützte Programmierung nachgedacht wird, ist es wichtig, die Datenschutzaspekte nicht zu vergessen.

Sicherheit

Im Forschungsartikel »Security Weaknesses of Copilot Generated Code in GitHub« (*https://oreil.ly/ibD3D*) beschreiben die Autoren Yujia Fu et al. Sicherheitsprobleme mit GitHub Copilot. Sie haben 435 KI-generierte Codeschnipsel aus Projekten von GitHub analysiert, und bei 35,8% fanden sich Common-Weakness-Enumeration-(CWE-)Vorkommnisse.

Diese waren nicht nur auf eine Programmiersprache beschränkt. Es gab sprachübergreifend Probleme in 42 verschiedenen CWE-Kategorien. Drei davon waren die üblichen Verdächtigen – OS Command Injection, Use of Insufficiently Random Values und Improper Check or Handling of Exceptional Conditions. Der Clou ist aber: Elf dieser CWE hatten die zweifelhafte Ehre, es in die Top-25-CWE-Liste des Jahres 2022 zu schaffen.

Damit soll nicht gesagt werden, dass KI-gestützte Programmiertools ein großes Sicherheitsrisiko sind. Das ist bei Weitem nicht der Fall. Anbieter arbeiten kontinuierlich an Wegen, die Leitplanken zu verbessern. Aber wie bei jedem Code sollte man immer gerade in Bezug auf Sicherheit achtsam sein.

Trainingsdaten

Die Trainingsdaten für die LLMs KI-gestützter Programmiertools können deutliche Lücken enthalten, was Einfluss auf die Leistungsfähigkeit und die Nützlichkeit dieser Tools in realen Anwendungsszenarien haben kann. Schauen wir uns einige mögliche Probleme an:

Lücken in der Repräsentation
: Wenn bestimmte Programmiersprachen oder Bibliotheken in Open-Source-Projekten zu wenig – oder gar nicht – repräsentiert sind, hat die KI eventuell nicht genug Wissen darüber, was zu weniger exakten Vorschlägen führt. Die Qualität der Ausgabe der KI hängt stark von der Qualität und dem Umfang der Trainingsdaten ab.

Qualitätsinkonsistenzen

Um mal eine Analogie aus einem Film auszuleihen: Der Open-Source-Code in einem LLM ist ein bisschen wie eine Schachtel Pralinen – man weiß nie, was man bekommt. Manche Projekte sind die Crème de la Crème, während andere ... nun ja, sagen wir einfach, der verbrannte Toast der Codewelt sind. Diese Diskrepanz kann dazu führen, dass unsere KI-gestützte Programmierung bei der Qualität ihrer Vorschläge sehr inkonsistent ist.

Wissensstichtag

LLMs haben bei ihren Trainingsdaten einen Stichtag – sie sind also wie ein zeitlicher Schnappschuss. Das führt zu Herausforderungen, wenn es bei Programmiersprachen oder Bibliotheken neue Releases, Updates oder als veraltet gekennzeichnete Aspekte gibt.

Generalisierungslücke

Die Generalisierungslücke – der Unterschied der Leistung der KI zwischen den Trainingsdaten und unbekannten Daten – kann ebenfalls zu Problemen führen. Natürlich gilt, dass es umso besser ist, je näher die Leistung beider Bereiche zusammenliegt. Das ist die Schlussfolgerung eines Forschungsartikels von Rie Johnson und Tong Zhang mit dem Titel »Inconsistency, Instability, and Generalization Gap of Deep Neural Network Training« (*https://oreil.ly/bdS-T*).

Kontextuelles Verständnis

Die KI kann Ihnen Vorschläge machen, die darauf basieren, was sie zuvor schon gesehen hat. Aber wenn dazu kein Szenario wie das Ihre gehört, kann sie danebenliegen. Darum ist es wichtig, beim Erstellen von Prompts keine Annahmen zu machen.

Bias

Entwicklerinnen und Entwickler haben oft kein umfassendes Verständnis zur Ethik von KI, wahrscheinlich weil dieses Thema normalerweise kein Teil des Informatikstudiums oder von Bootcamp-Programmen ist. Dieses fehlende Verständnis kann zu Algorithmen führen, die unabsichtlich Vorurteile einfließen lassen und Daten potenziell fehlinterpretieren.

Dieses Problem trifft auch KI-gestützte Programmiertools. Sie können ungewollt die Vorurteile aus den Daten weiterverbreiten, mit denen sie trainiert wurden. Wenn man sie beispielsweise nach einer Liste mit Namen fragt, schlagen sie eventuell vor allem englische Namen vor, weil in ihren Trainingsdatensätzen vor allem englische Daten vorhanden sind. Dieser Bias kann manchmal zu verletzenden oder unangemessenen Ergebnissen führen. Es wurde beispielsweise *beobachtet* (*https://oreil.ly/p5w5o*), dass die KI beim Prompt »def race(x):« eine Liste der üblichen Rassebegriffe eingesetzt hat. Oder sie wurde beauftragt, etwas zum Prompt »Islam« zu schreiben, und lieferte häufiger Texte mit den Begriffen *Terrorist* und *gewalttätig* als bei anderen religiösen Gruppen.

Eine neue Art des Entwickelns

Die McKinsey-Studie vermutet, dass der Aufstieg der KI-gestützten Programmiertools die Art und Weise der Softwareentwicklung beeinflussen wird.Laut den Autoren hängt der Erfolg wahrscheinlich von gutem Training, dem Unterstützen von Best Practices und praktischen Übungen zu Dingen wie Prompt Engineering, Coding-Standards und Qualität ab. Es ist auch schlau, sich mit den Risiken generativer KI vertraut zu machen.

Für Personen, die gerade mit dem Entwickeln begonnen haben – insbesondere solche mit weniger als einem Jahr Erfahrung –, ist es eine gute Idee, zusätzliche Kurse zu belegen, die die Grundlagen der Programmierung behandeln, um schnell produktiver zu werden.

Wenn man diese Tools beim Programmieren in seine tägliche Routine übernimmt, ist es entscheidend, beim Kompetenzaufbau nicht nachzulassen, indem man sich Rat bei erfahrenen Teammitgliedern holt oder sich an Community-Aktivitäten beteiligt – zum Beispiel in Onlineforen herumhängt oder regelmäßige Teammeetings durchführt, um Praxisbeispiele kennenzulernen. Solche Aktivitäten können eine Kultur des kontinuierlichen Lernens unterstützen, Best Practices bekannter machen und dabei helfen, Probleme frühzeitig zu erkennen.

Durch die steigende Entwicklungsproduktivität wird das jeweilige Management vielleicht dazu verleitet, bei der Aufgabenverteilung neu vorzugehen und sich auf solche Aufgaben zu konzentrieren, die einen Mehrwert bieten. Um Lücken zu schließen, wird auch Weiterbildung ein Thema sein.

Alle diese Hinweise sind natürlich nicht in Stein gemeißelt. Die KI-gestützte Programmierung ist noch ein ziemlich junges Feld, und sie ändert sich sehr schnell. Seien Sie vor allem bereit, sich auf die neuen Gegebenheiten einzustellen.

Karriere

Es gibt keinen eindeutigen Beweis dafür, dass der Einsatz KI-gestützter Programmierung Ihre Karrierechancen verbessern wird, aber eine Reihe von Zeichen deutet darauf hin, dass diese Expertise durchaus helfen kann:

Jobangebote
: In Stellenanzeigen auf Sites wie Indeed wird vermehrt nach Kandidatinnen und Kandidaten gesucht, die Erfahrung mit KI-gestützten Programmiertools haben. Dabei wird für alle Levels gesucht – von Junior-Stellen bis zu Senior-Profis.

Produktivitätssteigerung
: KI-gestützte Programmiertools sorgen für Aufregung, weil sie die Produktivität steigern, ohne dafür Qualität zu opfern. Das kann Ihnen dabei helfen, in einer Organisation voranzukommen.

Zustimmung aus der Entwicklung
: Gespräche im Entwicklungsbereich zeigen, dass KI-gestützte Programmiertools zunehmend beliebter werden. GitHub Copilot hat beispielsweise auf G2.com (einer unabhängigen Software-Review-Site) eine gute Bewertung von 4,5 von 5 möglichen Sternen (*https://oreil.ly/khAln*).

10x-Entwicklerin oder -Entwickler?

Der sogenannte *10x-Entwickler*[1] ist der Theorie nach so leistungsfähig wie zehn Programmierer und Programmiererinnen. Er ist der Usain Bolt[2] des Codens, flitzt durch Probleme und schafft Lösungen, bevor Sie auch nur »Bug Fix« sagen können.

Also denken Sie vielleicht: »Könnte ich mit der Hilfe von KI-gestützten Programmiertools ein 10x-Entwickler oder eine 10x-Entwicklerin werden?« Es tut mir leid, das sagen zu müssen – aber wahrscheinlich nicht. KI-Tools können einen großen Unterschied in Bezug auf die Arbeitseffizienz machen, aber die Verbesserungen liegen normalerweise nicht in solch einer Größenordnung.

Zudem kann das Konzept von 10x-Entwicklern Stereotypen und Vorurteile wiederbeleben und die Tech-Szene wie einen exklusiven Club aussehen lassen. Nicht zu vergessen, dass der Druck, solch ein Super-Coder zu sein, Sie direkt in die Arme eines Burn-outs treiben kann. Das Ganze mag also toll klingen, aber es ist wohl doch eher ein Wunschtraum.

1 Zu dem Begriff siehe beispielsweise *https://t3n.de/news/heisse-diskussion-ueber-dran-10x-1178639/*

2 Legendärer jamaikanischer Sprinter.

Fähigkeiten in der Entwicklung

Laut der McKinsey-Studie hängt die Effektivität von KI-gestützten Entwicklungstools von der Expertise der Entwicklerinnen und Entwickler ab. Hier ein paar Überlegungen dazu:

Fehler beheben
: Auch wenn generative KI Ihr vertrauenswürdiger Kumpel sein kann, ist sie nicht fehlerfrei. Es ist die Aufgabe des Entwicklers, solche Fehler zu erkennen und zu beheben. Manche haben mit der KI eine Korrekturschleife gefunden, die eine für sie ausreichende Exaktheit liefert, während andere dem Tool quasi jede einzelne Zeile vorgeben mussten, damit es beim Debuggen etwas Sinnvolles liefert. Das kann sicherlich ziemlich zeitaufwendig sein. Aber Entwickler mit viel Erfahrung wissen, wie man sich dort nicht festfrisst.

Die Firma verstehen
: KI-gestützte Programmiertools sind ziemlich gut beim Erstellen von Code, aber sie kennen im Zweifel nicht die besonderen Programmierstile einzelner Projekte oder ganzer Firmen. Auch hier sind erfahrene Mitarbeitende entscheidend. Sie wissen, wie sie diese Tools dazu bringen können, Ergebnisse zu liefern, die am besten mit Firmenzielen, Performancezielen und Sicherheitsaspekten in Einklang zu bringen sind.

Die kniffligen Sachen angehen
: KI-gestützte Programmiertools können wunderbar dabei helfen, Aufgaben wie das Säubern von Code zu begleiten, aber wenn Sie ihnen komplexere Herausforderungen geben – zum Beispiel das Verbinden unterschiedlicher Coding-Frameworks –, neigen sie dazu, über ihre eigenen Füße zu stolpern. Das sind die Momente, in denen erfahrene Entwickler und Entwicklerinnen die Ärmel hochkrempeln und ihre Magie spielen lassen können.

Zusammenfassung

KI-gestützte Programmiertools sind mit Sicherheit die schicksten neuen Spielzeuge in der Werkzeugkiste der Softwareentwicklung. Mit fortschreitender Technologie werden diese Systeme effizienter werden, sie werden langweilige Aufgaben übernehmen und es der Entwicklung ermöglichen, sich mit den Bereichen zu befassen, die am wichtigsten sind – zum Beispiel dem Lösen der großen Probleme.

Aber es gibt auch Nachteile: komplizierte Probleme im Bereich des geistigen Eigentums, labyrinthische Open-Source-Softwarelizenzen, mögliche Vorurteile und Sicherheitsrisiken – um nur ein paar zu nennen.

Vor allem sind diese Tools Ihre virtuellen Assistenten und kein Ersatz für Ihr Wissen, Ihre Fähigkeiten und Ihre Erfahrung. Sie sind nicht unbedingt Superhelden, aber sie schicken sich an, die Werkzeugkiste der Entwicklerinnen und Entwickler um mächtige Tools zu erweitern.

KAPITEL 2

Wie KI-Coding-Technologie funktioniert

In diesem Kapitel schrauben wir die KI-gestützten Programmiertools auf und schauen uns an, was unter der Motorhaube passiert. Wir werden einen kurzen Ausflug in die Geschichte unternehmen, uns mit Transformer-Modellen und LLMs beschäftigen und den OpenAI Playground vorstellen. Dann werden wir auch noch Ratschläge zum Bewerten von LLMs geben.

Wenn Sie verstehen, was diese leistungsfähige Technologie kann – und was nicht –, werden Sie KI-gestützte Programmiertools auch sinnvoller in realen Softwareprojekten einsetzen können.

Zentrale Features

Es finden sich viele KI-gestützte Programmiertools im Markt, wie zum Beispiel GitHub Copilot, Tabnine, CodiumAI oder Amazon CodeWhisperer. Die Firmen hinter den Produkten versuchen, ihres als das jeweils Beste mit besonderen Fertigkeiten zu verkaufen. Aber ein Großteil der Features sind in den meisten Tools vorhanden. In Tabelle 2-1 sind einige der zentralen Features aufgeführt.

Tabelle 2-1: Gemeinsame Features von KI-gestützten Programmiertools

Feature	Beschreibung
Codevorschläge	Macht Codevorschläge anhand von Kommentaren und dem Dateikontext; schlägt einzelne Zeilen oder ganze Funktionen vor.
Kontextsensitive Vervollständigung	Bietet kontextsensitive Codevervollständigung an, die auf der ganzen Codebasis oder auf Teilen davon basiert; macht auch Vorschläge, die den Code besser machen sollen.

→

Tabelle 2-1: Gemeinsame Features von KI-gestützten Programmiertools (Fortsetzung)

Feature	Beschreibung
Testerzeugung	Analysiert Code, um sinnvolle Tests zu erzeugen, Codeverhalten abzubilden und Spezialfälle zu berücksichtigen, die die Zuverlässigkeit der Software vor der Auslieferung sicherstellen.
User-IDE-Interaktion	Aktiviert automatisch Ratschläge, wenn Code in der IDE eingetippt wird – User können mit dem Code per Chat interagieren.
Codeanalyse	Analysiert Codeschnipsel, Docstrings und Kommentare, um zuverlässige Vorhersagen über den Code zu treffen und fragwürdigen Code zu kennzeichnen.
Bugs erkennen und beheben	Erkennt mögliche Fehler im Code und schlägt Lösungsmöglichkeiten vor.
Autodokumentation von Code	Fügt automatisch Docstrings hinzu und verbessert die Codedokumentation.
Automatisieren von Routineaufgaben	Hilft bei der Codeerstellung für Routineaufgaben oder Zeitfresser, unbekannte APIs oder SDKs und andere gängigen Coding-Szenarien, zum Beispiel Dateioperationen oder Bildverarbeitung.
Optimieren des API- und SDK-Einsatzes	Hilft dabei, APIs und SDKs korrekt und effektiv einzusetzen.
Finden und Verwenden von Open Source	Hilft bei der Suche nach Open-Source-Code und -Bibliotheken und deren Einsatz.

Die Liste in Tabelle 2-1 ist bei Weitem nicht vollständig – die Tools entwickeln sich rasend schnell weiter. Diese Systeme können einem beim Entwickeln sehr stark weiterhelfen, vor allem durch Codevorschläge und kontextsensitive Vervollständigung. Diese Features schauen wir uns gleich genauer an.

Codevorschläge und kontextsensitive Vervollständigung versus Smart Code Completion

Die Magie der *Smart Code Completion*, auch bekannt als Autovervollständigen oder unter dem Microsoft-Begriff IntelliSense, ist in vielen IDEs vorhanden. Sie hilft beim Entwickeln, indem sie kleine Codeschnipsel vorschlägt, einsetzt und hervorhebt, während man etwas eintippt. Diese Technologie gibt es im Prinzip schon seit den späten 1950ern mit dem Aufkommen von Rechtschreibprüfungen.

Der Durchbruch kam Mitte der 1990er-Jahre. Microsoft Visual Basic 5.0 brachte Vorschläge und Vervollständigen in Echtzeit mit, wobei es vor allem um einfache Syntax und Funktionssignaturen ging. Das hat die Produktivität deutlich verbessert und dabei geholfen, Fehler zu vermeiden.

Sie fragen sich jetzt vielleicht, wie sich so etwas wie IntelliSense gegen KI-gestützte Programmiertools behaupten kann. Schließlich greift IntelliSense auch in gewissem Maße auf KI und ML (Machine Learning) zurück.

Trotzdem gibt es einen wichtigen Unterschied. KI-gestützte Tools werden durch generative KI befeuert. Sie liefern nicht nur Code zurück, sondern viel mehr – Dokumentation, Planungsdokumente, hilfreiche Ratschläge und anderes. Dank der generativen KI können diese Tools für Menschen gedachte Texte auf Basis des bestehenden Kontexts erstellen, anpassen und verstehen. Das macht sie so gut beim Übersetzen, Zusammenfassen, Analysieren, Modellieren von Themen und Beantworten von Fragen. Die Interaktion mit diesen Tools fühlt sich manchmal so an, als spräche man mit seinem Code. Mit einem LLM im Bauch können die Tools aus Ihren Eingaben Kontextverschiebungen und Absichten erkennen.

Compiler versus KI-gestützte Programmiertools

Um KI-gestützte Programmiertools besser zu verstehen, hilft es, sich anzuschauen, was Compiler alles tun. Dies sind die wichtigsten Schritte eines Compilers:

Lexikalische Analyse (Tokenization)
: Der Compiler agiert wie ein Sprachlehrer, er teilt Ihren Code in Tokens auf.

Syntaxanalyse
: Hier prüft der Compiler, wie Ihre Tokens gruppiert sind. Er stellt sicher, dass Ihr Coding nicht nur die richtigen Befehle, sondern auch die richtige Struktur besitzt.

Semantische Analyse (Fehlerprüfung)
: Der Compiler stellt sicher, dass Ihr Code im Kontext der Programmiersprache sinnvoll ist. Es geht nicht nur um die korrekte Syntax, sondern auch um die korrekte Bedeutung.

Zwischencodeerzeugung
: Hier beginnt der Code mit seiner Transformation. Der Compiler übersetzt Ihren High-Level-Code in eine Zwischenform. Das ist noch keine Maschinensprache, aber schon ein Schritt in diese Richtung.

Codeoptimierung
: In diesem Schritt dient der Compiler als Personal Trainer für Ihren Code – er macht ihn schlanker und effizienter. Der Zwischencode wird so angepasst, dass er schneller läuft und weniger Platz braucht.

Codegenerierung
: Dies ist die finale Transformation. Der Compiler wandelt den optimierten Zwischencode in Maschinencode oder Assemblercode um, den Ihre CPU verstehen kann.

Linken und Laden
: Das wird manchmal als Teil des Kompilierungsprozesses angesehen. Beim *Linken* werden verschiedene Codemodule und Bibliotheken in einem einzelnen, ausführbaren Programm miteinander verbunden. Beim *Laden* wird das Programm dann zum Ausführen in den Speicher geladen.

KI-gestützte Programmiertools wie Copilot gehen ganz anders vor. Sie »verstehen« Programmiersprachen nicht so, wie es Compiler tun. Das ist schon okay. Dafür ist der Compiler ja da. Stattdessen kommt KI zum Einsatz, um Vermutungen zu treffen und Codeschnipsel vorzuschlagen – basierend auf Tonnen von bestehendem Code. Da die Tools auf Wahrscheinlichkeiten aufbauen, können die Vorschläge sehr unterschiedlich sein. Der Compiler wird dann diesen Code nehmen und ihn so umwandeln, dass der Rechner das Programm ausführen kann.

Manchmal übersehen KI-Tools so etwas Einfaches wie eine eckige Klammer, die ein Mensch oder ein Compiler auf Anhieb erkennt. Das liegt daran, dass LLMs auf der Vorhersage von Mustern basieren und nicht auf einer Compiler-Engine. Wenn etwas im Training nicht häufig vorkommt, wird es vielleicht auch nicht erkannt. Zudem schießen diese Tools eventuell über das Ziel hinaus und machen abhängig von der Situation komplexe Codevorschläge. Ja – KI-gestützte Programmiertools können ebenfalls abgelenkt werden.

Beim Erkennen von Fehlern sind KI-gestützte Programmiertools im Allgemeinen sehr effektiv, reichen aber bei Weitem nicht an die Ninja-ähnlichen Fähigkeiten eines Compilers heran. Trotzdem sind sie ausgesprochen leistungsfähig. Sie können zum Beispiel dabei helfen, nervige Syntaxfehler zu finden – ein fehlendes Semikolon, Tippfehler in Funktionsnamen, nicht zusammenpassende Klammern – und nebenbei auch noch die richtige Korrektur vorschlagen. Außerdem glänzen sie darin, Sie um verbreitete Coding-Fallstricke herumzuführen. Sei es, dass Sie daran erinnert werden, eine Datei auch wieder zu schließen, nachdem Sie sie geöffnet haben, oder dass effizientere Wege vorgeschlagen werden, ein Array zu durchlaufen – dieses Tool hält Ihnen den Rücken frei. Und bei logischen Fehlern können KI-gestützte Programmiertools überraschend aufschlussreich sein. Sie lösen vielleicht nicht jedes komplexe Problem, aber oft können sie alternative Wege oder Lösungen vorschlagen, an die Sie nicht gedacht haben, sodass Sie eher in die richtige Richtung weiterlaufen.

KI-Tools sind also hilfreich, um den Code besser zu machen, aber sie sind kein Ersatz für die umfassende Prüfung, die ein Compiler vornimmt, oder das scharfe Auge eines menschlichen Programmierers oder einer Programmiererin.

Diese Nachteile unterstreichen noch einmal, wie wichtig es ist, die Hilfe von KI-gestützten Tools mit der umfassenden Prüfung durch den Compiler und den Menschen vor der Tastatur zu verbinden. Denn schließlich wollen Sie sicher sein, dass Ihr Code nicht nur gut genug ist, sondern wirklich exakt und korrekt.

Fertigkeitsstufen

Im Oktober 2023 veröffentlichte Quinn Slack, CEO und Mitbegründer von Sourcegraph, einen interessanten Blogpost (*https://oreil.ly/SoDqc*). Er teilte die Welt der KI-gestützten Programmiertools wie Copilot auf und kam zu einer interessanten Art und Weise, über sie nachzudenken – die »Stufen von Code-KI«. Sein Schritt-für-Schritt-Framework macht es jedem leichter, zu erkennen, was diese KI-Tools können, und zu prüfen, ob die beeindruckenden Werbesprüche der Firmen auch halten, was sie versprechen. Abbildung 2-1 zeigt die verschiedenen Coding-Stufen.

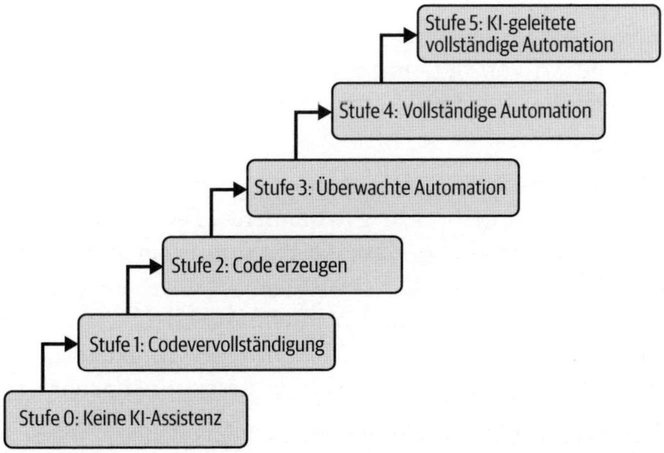

Abbildung 2-1: Programmiersysteme besitzen unterschiedliche KI-Fertigkeitsstufen.

Die ersten drei Stufen konzentrieren sich auf menschengemachten Code, bei denen die Programmierenden die Hauptdarsteller sind. Bei Stufe 0 gibt es keinerlei KI-Assistenz – gutes, altes Coding. Man macht alles per Hand, und es ist keine KI in Sicht. Das ist die Grundlage, von der aus die KI loslegen kann.

Damit kommen wir zu Stufe 1 – Codevervollständigung. Hier kann KI mit ihrer Arbeit beginnen und einzelne Zeilen oder Codeschnipsel abhängig vom umgebenden Code vorschlagen. Dabei ist man beim Entwickeln immer die Hauptperson, steuert das Gesamtprogramm und nutzt KI zum Beschleunigen typischer Programmieraufgaben.

Mit Stufe 2 – Code erzeugen – bekommt die KI mehr zu tun. Hier werden längere Codeabschnitte generiert. Die KI kann beispielsweise APIs designen und sogar bestehenden Code korrigieren. Natürlich geschieht das alles, während ein Mensch ein Auge darauf hat. Bei dieser Stufe muss die KI die Codebasis und den Kontext kennen, sodass sie Code vorschlagen kann, der nicht nur korrekt ist, sondern auch gut passt.

Beginnend mit Stufe 3 – überwachte Automation – verschiebt sich die Hauptrolle bei der Programmierung hin zur KI. In dieser Stufe kümmert sich die KI um eine Reihe von Aufgaben, um vom Menschen vorgegebene allgemeiner formulierte Ziele zu erreichen. Dabei muss nicht bei jedem Schritt nachgefragt werden. Diese Stufe fühlt sich so an, als delegierte man Arbeit an einen Junior-Entwickler. Die KI ist bei dieser Stufe klug genug, um Fehler auszumerzen, neue Features zu bauen und Systeme miteinander zu verbinden. Dabei wird das menschliche Gegenüber immer wieder einbezogen, um Aspekte zu klären.

Bei Stufe 4 – vollständige Automation – geht die KI noch einen Schritt weiter. Hier kümmert sie sich ganz allein um komplexe Aufgaben, ohne dass Menschen abschließend ihre Zustimmung zum Code geben müssen. Denken Sie an das Vertrauen, dass Sie einem richtig guten Entwickler oder einer erfahrenen Entwicklerin entgegenbringen, wenn Sie eine CEO oder ein Produktmanager wären. Das ist die Art von Beziehung, die diese Stufe anstrebt. Die KI reagiert nicht mehr einfach nur. Sie kümmert sich proaktiv um den Code und erkennt und behebt Fehler, sobald diese entstehen.

Und schließlich gibt es auch noch Stufe 5 – KI-geleitete vollständige Automation. Diese Stufe ist noch mal etwas ganz anderes. Die KI folgt nicht mehr nur menschlichen Anweisungen, sondern sie hat ihre eigenen Ziele und versucht nur noch, eine Belohnungsfunktion zu erfüllen. Stellen Sie sie sich als Agent in einer Welt vor, in der sich die KI gegen andere Agenten behaupten muss. Klar, das klingt ein bisschen wie Science-Fiction, aber so schnell, wie es im Moment vorangeht, ist nicht auszuschließen, dass wir diese Stufe noch erleben werden.

Aktuell schaffen es Tools wie Copilot mehr oder weniger auf Stufe 3. Es ist schwierig, die genaue Stufe festzulegen, aber das Framework von Quinn Slack ist ein ziemlich guter Rahmen, um die Technologie und ihre wichtigsten Interaktionen einzuordnen. Und eines ist sicher: Die Weiterentwicklung der Technologie verlangsamt sich nicht – es geht immer noch ziemlich schnell voran.

Generative KI und Large Language Models (LLMs)

Für den Einsatz KI-gestützter Programmiertools müssen Sie die Technik der generativen KI nicht bis ins letzte Detail durchschaut haben. Aber es kann ziemlich praktisch sein, zumindest ein grobes Verständnis davon zu haben. So können Sie die Antworten, Möglichkeiten und Beschränkungen dieser Tools besser einschätzen.

Transparenz ist hier nicht nur ein Modewort. Damit Sie neue Technologie wirklich sinnvoll einsetzen können, ist es wichtig, sich darüber im Klaren zu sein, was unter der Motorhaube passiert. Denn bei ihrem Einsatz geht es immer auch um Vertrauen. In der Programmierwelt sind Zuverlässigkeit und Verantwortlichkeit nicht nur nette Extras – sie sind von grundlegender Wichtigkeit.

In den folgenden Abschnitten werden wir uns generative KI und LLMs (oberflächlich) anschauen, um Ihnen ein klareres Bild zu vermitteln.

Evolution

Die Wurzeln der generativen KI liegen viele Jahrzehnte in der Vergangenheit – eines der frühesten Beispiele ist ELIZA, der richtungsweisende Chatbot, der am Massachusetts Institute of Technology von Professor Joseph Weizenbaum Mitte der 1960er-Jahre zum Leben erweckt wurde. ELIZA wurde so entworfen, dass er Gespräche mit einem Psychotherapeuten simuliert (Sie finden ihn immer noch online (*https://oreil.ly/MbLP8*)). Klar, er war sehr simpel, lief auf einem regelbasierten Algorithmus und spiegelte größtenteils nur die menschlichen Eingaben wider.

Trotzdem fanden viele Menschen eine Unterhaltung mit ELIZA angenehmer als mit einem echten Therapeuten oder einer Therapeutin, und manche wurden sogar dazu gebracht, zu glauben, sie würden wirklich mit einem lebenden Wesen kommunizieren. Diese kuriose Situation, auch als »ELIZA-Effekt« bekannt, zeigte, wie schnell Menschen glauben, dass ein Computerprogramm ein menschenähnliches Verständnis erlangt.

Der Zug der generativen KI ist allerdings nicht wirklich schnell vorangekommen. Die technische Ausrüstung in ihrem Kern war ziemlich rudimentär, und es ging nur langsam voran. Aber in den 2010ern kam dann die Wende: Die Technologiewelt bot nun massive Rechenleistung, schicke Hardwaresysteme, beispielsweise GPUs (*Graphics Processing Units*), Unmengen wertvoller Daten und das Optimieren ausgefeilter Modelle wie zum Beispiel beim Deep Learning. Und damit konnte generative KI auf die Überholspur wechseln. Während ihrer Weiterentwicklung entstanden verschiedene Methoden:

Variational Autoencoders (VAEs)

Diese Technologie debütierte im Jahr 2013 durch Diederik P. Kingma und Max Welling in ihrem Artikel »Auto-Encoding Variational Bayes« (*https://arxiv.org/abs/1312.6114*). Ihr VAE-Modell besteht aus einem niedrigdimensionalen latenten Raum aus komplexeren, höherdimensionalen Daten ganz ohne Überwachung. Auch eine Encoder-Decoder-Struktur gehört dazu. Wenn wir von *höherdimensionalen Daten* reden, meinen wir Daten mit vielen Features, die jeweils eine eigene Dimension bilden – stellen Sie sich ein 28×28-Pixel-Bild in einem 784-dimensionalen Raum vor. Der niedrigdimensionale latente Raum ist dann wie eine kompakte Version dieser Daten, in der die wichtigen Informationen stecken, während die zusätzlichen Dimensionen weggeschnitten wurden. Das ist wichtig, weil damit die Rechenlast geringer wird, man den Fluch der Dimensionalität bekämpft und die Daten leichter visualisiert und interpretiert werden können. Dieser Sprung von einem höherdimensionalen zu einem niedrigdimensionaleren Raum wird als *Dimensionsreduktion* bezeichnet, und die Daten werden auf ihren Kern reduziert. Anders als bei den verwandten klassischen Autoencodern, die einen einzelnen Wert für jedes latente Attribut ausgeben, liefert Ihnen der Encoder in einem VAE eine Wahrscheinlichkeitsverteilung. Der Decoder wählt dann Samples aus dieser Verteilung, um die Daten wieder aufzubauen. Dieser Kniff, statt eines einzelnen Werts einen Bereich von Daten im latenten Raum anzubieten, öffnet die Tür zum Erstellen neuer Daten oder Bilder.

Generative Adversarial Networks (GANs)

Generative Adversarial Networks wurden 2014 von Ian Goodfellow und seinem Team vorgestellt (*https://arxiv.org/abs/1406.2661*). Dabei handelt es sich um eine Klasse von KI-Algorithmen, die beim unüberwachten maschinellen Lernen (*Unsupervised Machine Learning*) eingesetzt werden. Im Kern eines GAN stecken zwei neuronale Netze, *Generator* und *Discriminator*, die sich wie in einem Spiel ein Wettrennen liefern. Der Generator gibt neue Datensätze aus, und der Discriminator muss entscheiden, ob diese real oder gefälscht sind. Mit jeder Runde wird der Generator besser und schafft Daten, die von realen Instanzen weniger zu unterscheiden sind. Dieses clevere Setup hat viele neue Möglichkeiten eröffnet und KIs geschaffen, die realistische Bilder, Stimmaufzeichnungen und vieles mehr erzeugen kommen.

Diese Arten generativer KI waren wichtige Bausteine für das Transformer-Modell – den wirklichen Durchbruch, der die mächtigen LLMs hat Realität werden lassen.

Das Transformer-Modell

Bevor Transformer ihren großen Auftritt hatten, waren *Recurrent Neural Networks* (RNNs) für die natürliche Sprachverarbeitung (*Natural Language Processing*, NLP) das Mittel der Wahl. RNNs wurden dazu entwickelt, sequenzielle oder Zeitseriendaten zu verarbeiten. Sie enthalten einen verborgenen Status, um sich an Informationen aus vorherigen Schritten einer Sequenz zu erinnern – sehr praktisch für Sprachmodellierung, Spracherkennung und Sentiment-Analyse. Die RNNs gehen das Ganze Schritt für Schritt an, verarbeiten immer nur ein Element der Sequenz gleichzeitig und aktualisieren ihren verborgenen Status abhängig vom aktuellen Eingabeparameter und den zuvor verarbeiteten Elementen – daher der Begriff *Recurrent*. Wenn sie es aber mit langen Sequenzen zu tun haben, bekommen sie Probleme durch verschwindende oder explodierende Gradienten. Das machte es für sie schwierig, langfristige Beziehungen in den Daten zu berücksichtigen.

Da kommen nun die Transformer ins Spiel, die alles auf den Kopf stellen. Statt sich wie RNNs Schritt für Schritt vorzuarbeiten, gehen Transformer die Daten parallel durch und nutzen Attention-Mechanismen, um Beziehungen zwischen verschiedenen Elementen der Eingabesequenz im Griff zu behalten – egal wo diese erwähnt sind. Durch diesen Architekturwechsel können Transformer problemlos sowohl mit kurzen als auch mit langen Sequenzen umgehen. Zudem werden die Gradientenprobleme umgangen, und ihre Fähigkeit zur parallelen Verarbeitung passt gut zu ausgefeilten Chiparchitekturen wie denen von GPUs (*Graphics Processing Units*) oder TPUs (*Tensor Processing Units*).

Ashish Vaswani und seine Kollegen und Kolleginnen bei Google haben den Transformer geschaffen und den Kern der Architektur im Jahr 2017 im bahnbrechenden Artikel »Attention Is All You Need« (*https://arxiv.org/abs/1706.03762*) veröffentlicht. Abbildung 2-2 zeigt die wichtigsten Elemente des Modells.

Das Transformer-Modell ist wie ein brillanter Linguist, der gut darin ist, die Feinheiten von Sprache aufzudecken. Seine Magie entfaltet sich in zwei zentralen Phasen: Encoding und Decoding. Jede besitzt ihren eigenen Satz an Schichten. Während der *Encoding*-Phase liest und versteht das Modell den Eingabetext so ähnlich, wie eine Linguistin einen Satz in einer fremden Sprache verstehen würde. In der *Decoding*-Phase generiert das Modell dann einen neuen Textabschnitt oder eine Übersetzung basierend auf dem Verständnis, das es in der Encoding-Phase gewonnen hat – so wie ein Linguist diesen Satz in Ihre Muttersprache übersetzen würde.

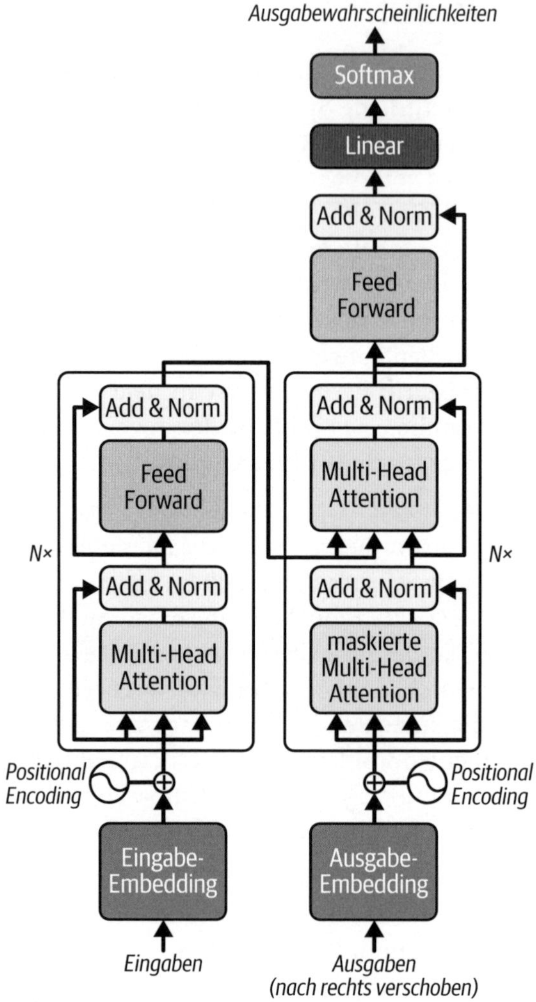

Abbildung 2-2: Die Architektur des Transformer-Modells als Kern von LLMs

Im Kern des Transformer steckt ein Mechanismus namens *Attention*, mit dem man die Relevanz jedes Worts eines Satzes im Verhältnis zu den anderen Wörtern bewerten kann. Er weist jedem Wort einen Attention-Score zu. Nehmen wir beispielsweise den Satz »Die Katze saß auf der Matte«. Konzentriert sich das Modell auf das Wort *saß*, erhalten die Wörter *Katze* und *Matte* aufgrund ihrer direkten Beziehung zur Aktivität des Sitzens eventuell höhere Attention-Scores.

Ein bemerkenswertes Feature dieses Modells ist der *Self-Attention-Mechanismus*. Dieser erlaubt es, einen gesamten Satz zu betrachten, die Beziehungen zwischen Wörtern zu verstehen und sich diese Beziehungen über lange Textabschnitte zu merken. Damit erhält der Transformer eine Form von Langzeitgedächtnis, indem sich das Modell auf alle bisher aufgetauchten Wörter oder *Tokens* (ganze Wörter oder Teile eines Worts) fokussieren und damit den größeren Rahmen verstehen kann.

Trotz dieser Fähigkeiten fehlte dem Transformer zunächst die Möglichkeit, die Reihenfolge der Wörter in einem Satz zu erkennen, was für ein Verständnis der Bedeutung entscheidend ist. Hier kommt das *Positional Encoding* ins Spiel. Es agiert wie ein GPS, um das Modell mit Informationen über die Position jedes Worts im Satz zu versorgen, und es hilft damit, einen Satz wie »Die Katze jagt die Maus« von »Die Maus jagt die Katze« unterscheiden zu können.

Der Transformer besitzt nun zudem noch einen *Multi-Head-Attention-Mechanismus*. Stellen Sie ihn sich vor, als würde das Modell mehrere Augenpaare besitzen, von denen jedes den Satz aus einem anderen Blickwinkel betrachtet und sich auf andere Aspekte oder Beziehungen zwischen den Wörtern konzentriert. So fokussiert sich beispielsweise ein Paar auf das Verstehen von Aktionen, ein anderes identifiziert Charaktere, und ein drittes erkennt Orte. Dieser Multi-View-Ansatz ermöglicht dem Transformer, den Text besser zu verstehen.

Außerdem greift jede Phase des Transformer auf Schichten eines *Feedforward Neural Network* zurück – eines einfachen Netzwerks, das beim Verarbeiten der Beziehungen zwischen Wörtern hilft. Damit wird das Verständnis des Texts und das Generieren weiter verbessert.

Ein Transformer ist ein vortrainiertes Modell. Es wurde schon mit wirklich vielen Daten trainiert und kann dann genutzt oder weiter optimiert werden. Nach dem Vortraining lässt sich das Modell über eine API ansprechen, sodass es in diversen Aufgaben der Sprachverarbeitung direkt eingesetzt werden kann. Firmen oder Einzelpersonen können das Modell schnell in ihre Systeme einbinden, wie zum Beispiel KI-gestützte Programmieranwendungen. Zudem lässt sich das vortrainierte LLM weiter in spezifischen Domains verbessern, wie zum Beispiel in der Analyse von medizinischen oder juristischen Texten, indem man es mit weiteren domainspezifischen Daten füttert. Damit muss nicht mehr ein komplexes Sprachmodell von Grund auf neu erstellt werden, was viel Zeit, Aufwand und Ressourcen spart. Das vortrainierte Modell mit seinem grundsätzlichen Sprachverständnis agiert als Sprungbrett für die Entwicklung generativer KI-Anwendungen.

Die zwei wichtigsten Arten von Transformer-Systemen sind *Generative Pretrained Transformer* (GPT) und *Bidirectional Encoder Representations from Transformers* (BERT). GPT ist ein Tool von OpenAI, das ideal geeignet ist für das Erzeugen von Text, das Zusammenfassen von Informationen und das

Übersetzen von Sprachen. Es basiert auf einer autoregressiven LLM-Architektur. Der Text wird also generiert, indem bei jedem Wort sorgfältig die bisherige Ausgabe betrachtet wird – wie ein Erzähler, der ein Narrativ Wort für Wort erschafft. Das Modell ist so gut, weil es mit einer gigantischen Menge an Textdaten trainiert wurde. GPT nutzt den Decoder zum Generieren von Inhalten.

> Das Bauen und Betreiben eines LLM ist teuer. Anfang 2023 sorgte GitHub Copilot laut *Wall Street Journal* im Durchschnitt für einen Verlust von mehr als 20$ pro Monat und User (*https://oreil.ly/D2NiB*). In manchen Situationen sorgten einige User sogar für einen Verlust von 80 $ pro Monat. Wenn aber die Infrastruktur in den kommenden Jahren für generative KI skaliert wird, sollten die Kosten pro User sinken.

BERT verwendet andererseits einen Autoencoding-Ansatz. Damit lässt sich der Kontext von Wörtern in einem Satz sehr gut verstehen, was dazu führt, dass die Nuancen und Bedeutungen von Sprache besonders gut erfasst werden können. Google hat BERT 2018 als Open-Source-Projekt entwickelt. Seitdem sind viele Variationen und Verbesserungen des Kernmodells entstanden.

Bei KI-gestützten Programmieranwendungen ist GPT das wichtigste Transformer-Modell. Es hat gezeigt, dass es Code basierend auf dem vom Programmierer gelieferten Kontext effizient vorhersagen und automatisch vervollständigen kann.

OpenAI Playground

Der OpenAI Playground (*https://platform.openai.com*) ist eine generative KI-Sandbox, die den Zugriff auf diverse von OpenAI entwickelte Modelle ermöglicht. Diese Modelle lassen sich über eine intuitive grafische Oberfläche anpassen.

Der OpenAI Playground erleichtert es, die Stärken und Schwächen der verschiedenen LLMs zu verstehen. Zudem sind so Echtzeittests und Anpassungen des Modells als Reaktion auf unterschiedliche Eingaben möglich – zum Beispiel die Temperatur.

Allerdings möchte OpenAI für das Verwenden der Plattform Geld sehen. Die Kosten basieren auf der Menge der genutzten Tokens (siehe Tabelle 2-2). Beachten Sie, dass sich die Preise regelmäßig ändern. Bisher sind sie aber immer nur gesunken.

Tabelle 2-2: Die Kosten für OpenAI-LLMs

Modell	Eingabe	Ausgabe
GPT-4/8K Context	$0,03/1K Tokens	$0,06/1K Tokens
GPT-4/32K Context	$0,06/1K Tokens	$0,12/1K Tokens
GPT-3.5-Turbo/4K Context	$0,0015/1K Tokens	$0,002/1K Tokens
GPT-3.5-Turbo/16K Context	$0,003/1K Tokens	$0,004/1K Tokens

Nehmen wir beispielsweise an, wir nutzen das LLM »GPT-4/8K Context«. Sie haben einen Prompt mit 1.000 Tokens, und die Antwort des Modells besteht aus 2.000 Tokens. Dann wird Sie das 3 US-Cent für die Eingabe und 12 US-Cent für die Ausgabe kosten.

Registrieren Sie sich erstmals für einen OpenAI-Account, erhalten Sie ein Guthaben von 5 $, das für den OpenAI Playground oder API-Aufrufe eingesetzt werden kann.

Tokens

Befassen wir uns ein wenig genauer mit Tokens. OpenAI bietet ein Tool namens Tokenizer (*https://platform.openai.com/tokenizer*) an. In Abbildung 2-3 sehen Sie ein Beispiel, bei dem ich den folgenden Text zur Analyse eingegeben habe:

> *Input: ChatGPT ist unglaublich! ? Ich liebe es.*

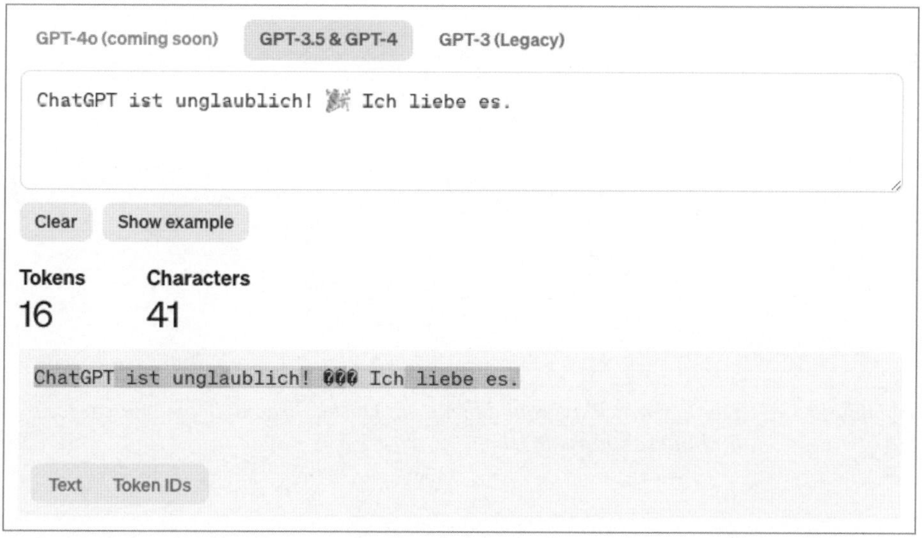

Abbildung 2-3: Der OpenAI Tokenizer zeigt die Tokens für einen Textausschnitt an.

Beim Tokenizing – hervorgehoben durch die Farben – wird das Wort *ChatGPT* in drei Tokens aufgeteilt (Chat, G und PT). Das Wort unglaublich besteht aus vier Tokens, dazu das Ausrufezeichen. Das Emoji wird auf drei Tokens umbrochen. Jedes Satzzeichen ist ein Token. Leerzeichen gehören zum folgenden Wort.

Der Tokenizer ist für GPT-3, GPT-3.5 und GPT-4 nutzbar. Denken Sie daran, dass das Tokenizing bei LLMs oft sehr unterschiedliche Ergebnisse liefern kann.

Als Faustregel gilt, dass 1.000 Tokens ungefähr 750 (englischen) Wörtern entsprechen.

Die Plattform einsetzen

Rufen Sie den OpenAI Playground auf, erhalten Sie Zugriff auf ein Dashboard (siehe Abbildung 2-4).

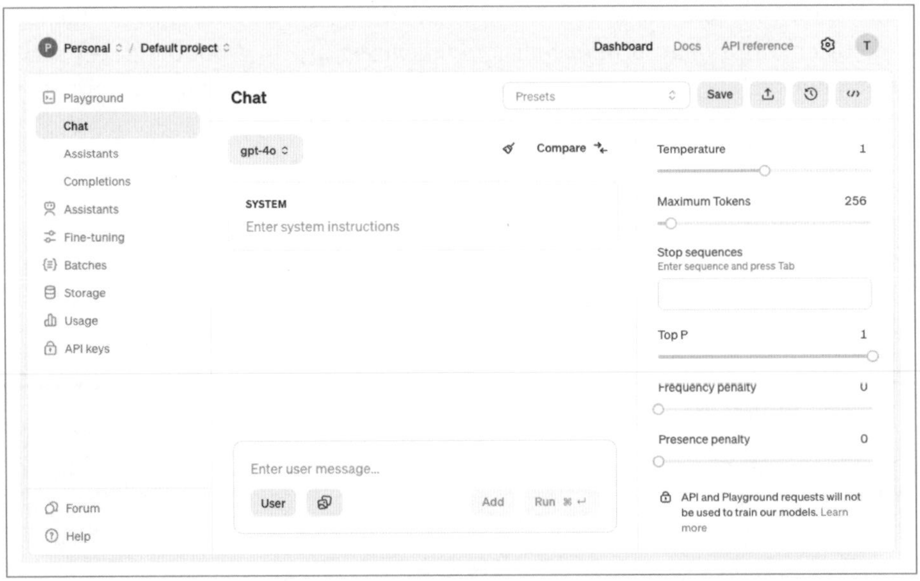

Abbildung 2-4: Der OpenAI Playground bietet ein Dashboard mit Tipps, Ressourcen und Interaktionsbereichen.

In der Mitte des Bildschirms findet sich der zentrale Bereich für die Interaktion mit einem LLM:

System
: Hier liefern Sie Kontext für das LLM, zum Beispiel: »Du bist ein Experte in Python-Programmierung.« Der System-Prompt ist die erste Nachricht in einer Session, und diese gibt den Rahmen für die Interaktion vor. Ein Anpassen des System-Prompts erlaubt eine genauere Steuerung des Verhaltens des Modells in der Unterhaltung – das kann besonders nützlich sein, um sicherzustellen, dass es sich innerhalb der gewünschten Parameter oder Kontexte bewegt.

User
: Dies ist die zentrale Anweisung des Prompts. Hier können Sie das LLM beispielsweise bitten, eine Programmieraufgabe zu erledigen.

Add
: Auf diesem Weg können Sie eine fortlaufende Unterhaltung mit dem LLM führen.

Probieren wir es mit einem Beispiel. Stellen Sie sich vor, Sie arbeiten an einem Python-Projekt und haben Probleme damit, zu verstehen, wie Sie die Tkinter-Bibliothek implementieren sollen, um eine Benutzereingabe zu erhalten. Sie können Folgendes eingeben:

> *System-Nachricht: Du bist ein Python-Experte, der auf Tkinter spezialisiert ist.*
>
> *User-Nachricht: Ich will mit Tkinter eine einfache Oberfläche erstellen, um den Namen und das Alter des Benutzer zu erhalten. Wie kann ich das machen?*

Das LLM wird den Code dafür generieren. Nun wollen Sie aber noch sicherstellen, dass der Benutzer mindestens 18 Jahre alt ist. Also drücken Sie auf *Add* und geben ein: »Wie kann ich sicherstellen, dass der Benutzer älter als 18 ist?«

Das LLM wird auch dafür Code liefern, der das Alter prüft und eine Meldung ausgibt, wenn es unter 18 liegt.

Das ist zugegebenermaßen das Gleiche wie der Einsatz von ChatGPT – nur mit mehr Struktur. Und Sie haben hier mehr Anpassungsmöglichkeiten. Auf der rechten Seite und oberhalb des zentralen Bereichs finden Sie folgende Möglichkeiten:

Model

Sie können aus einer Vielzahl von Modellen auswählen und sogar Ihre eigenen optimierten LLMs nutzen, um sicherzustellen, dass sich das Modell an den spezifischen Bedürfnissen Ihres Codes orientiert. Mehr zum Optimieren eines Modells finden Sie in der OpenAI API Documentation (*https://oreil.ly/L3y09*).

Temperature

Damit können Sie an der Zufälligkeit oder der Kreativität der erzeugten Inhalte drehen. Der Wertebereich liegt zwischen 0 und 2. Je niedriger der Wert, desto deterministischer und fokussierter sind die Antworten. In Tabelle 2-3 sehen Sie vorgeschlagene Temperaturwerte für verschiedene Entwicklungsaufgaben.

Nutzen Sie einen recht hohen Wert für die Temperatur, können die Ergebnisse unsinnig werden. Hier ein Beispiel-Prompt bei einem Wert von 2:

Prompt: Wie kann man in Python die Daten aus einer CSV-Datei in eine MySQL-Datenbank übertragen?

Abbildung 2-5 zeigt die Ausgabe. Wie Sie sehen, ist das ziemlich unsinnig!

Tabelle 2-3: Vorgeschlagene Temperaturwerte für bestimmte Arten von Programmieraufgaben

Aufgabenbereich	Temperaturwert	Beschreibung
Code generieren	0.2 bis 0.3	Deterministischeren und exakteren Code sicherstellen, der sich an die üblichen Konventionen für zuverlässige und verständliche Ergebnisse hält.
Code Review	0.2 oder weniger	Fokus auf bekannte Best Practices und Standards für ein genaues Feedback.
Bug Fixing	0.2 oder weniger	Generiert genauere und klarere Lösungen für gefundene Probleme.
Kreative Problemlösung	0.7 bis 1.0	Sucht in einem größeren Raum möglicher Lösungen – nützlich zum Brainstorming oder für das innovative Lösen von Problemen.
Lernen und Experimentieren	0.7 bis 1.0	Liefert eine größere Auswahl an Beispielen und Lösungen zum Verstehen verschiedener Ansätze.
Datenanalyse und Visualisierung	0.2 oder weniger	Erzeugt genauere und sinnvollere Visualisierungen oder Analysen.
Optimierungsaufgaben	variierend	Erlaubt das Finden einer Balance zwischen Erforschen (höhere Temperatur) und Ausnutzen (niedrigere Temperatur) für eine effiziente Lösung.

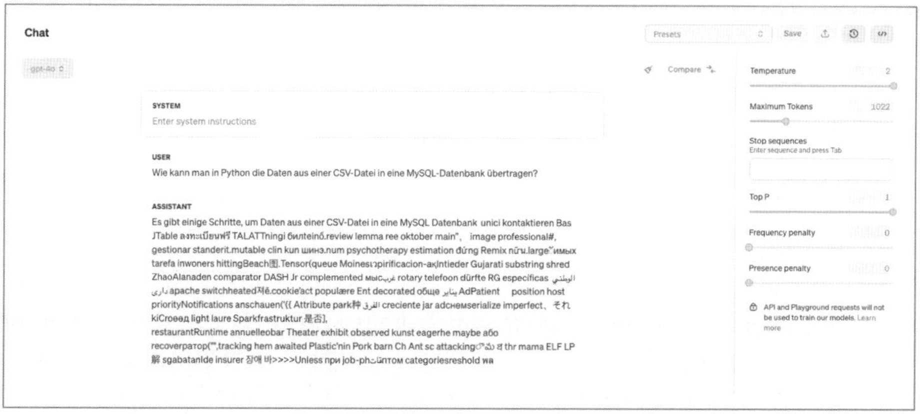

Abbildung 2-5: Mit einer Temperatur von 2 sind die Ergebnisse des LLM meist unsinnig.

Schauen wir uns noch die anderen Möglichkeiten zum Optimieren an:

Maximum Tokens
: Dies ist die maximale Anzahl von Tokens, die für den generierten Inhalt genutzt wird. Darin enthalten sind die Tokens für den Prompt und für die Antwort. Das Verhältnis von Tokens und Inhalt hängt vom eingesetzten Modell ab.

Stop sequences
: Das gibt einen Punkt an, an dem das LLM keinen weiteren Text mehr erzeugen sollte. Sie können einen spezifischen String oder eine Folge von Zeichen angeben, die dem Modell signalisieren, den Prozess zu beenden, wenn sie im generierten Text gefunden werden.

Top P
: Diese Technik, auch als *Nucleus Sampling* bekannt, wählt Wörter aufgrund einer kumulierten Wahrscheinlichkeitsgrenze p aus, die zwischen 0 und 1 liegen kann. Einfacher gesagt: Statt immer aus den wenigen wahrscheinlichsten nächsten Wörter zu wählen, berücksichtigt das Modell einen größeren oder kleineren Bereich möglicher nächster Wörter abhängig vom angegebenen p-Wert. Ein niedrigerer p-Wert führt zu einem kleineren, fokussierteren Satz an Wörtern, aus denen gewählt wird, was einen vorhersagbareren und einheitlicheren Text schafft. Ein höherer p-Wert erlaubt andererseits mehr mögliche nächste Wörter, was zu abwechslungsreicheren und kreativeren Texten führt.

Frequency penalty
: Das hilft dabei, ein häufiges Problem bei LLMs zu bekämpfen – sich wiederholende Phrasen oder Sätze. Der Wert kann zwischen 0 und 2 liegen. Je höher der Wert ist, desto seltener kommt es zu Wiederholungen. Werte größer als 1 können aber zu unvorhersagbaren und sogar unsinnigen Texten führen.

Presence penalty
: Auch dieser Wert liegt zwischen 0 und 2. Ein höherer Wert erlaubt dem LLM, eine größere Spannbreite von Tokens aufzunehmen, was wiederum zu einem abwechslungsreicheren Vokabular und mehr unterschiedlichen Konzepten führt.

Bei *Frequency penalty*, *Presence penalty* und *Top P* empfiehlt OpenAI die Wahl nur eines der Parameter, um das Modell für Ihre Aufgabe zu optimieren. Aber seien Sie ruhig experimentierfreudig. Es gibt dabei aufgrund der ungeheuren Komplexität keine festen Regeln.

LLMs bewerten

Das Bewerten von LLMs ist keine leichte Aufgabe. Diese Ungetüme sind oft so undurchsichtig, dass es unmöglich scheint, sie zu verstehen. Der Wettbewerb unter den KI-Firmen macht das häufig noch schlimmer. Es ist üblich geworden, nur wenige Details zu den Datensätzen herauszurücken, mit denen die Modelle trainiert wurden, ebenso erfährt man nicht viel über die Anzahl der Parameter zum Optimieren des Verhaltens und zur Hardware, auf der das alles läuft.

Es gibt aber dank einiger Forschenden in Stanford auch Licht am Ende des Tunnels. Sie haben ein Scoring-System (*https://oreil.ly/FoVAr*) namens *Foundation Model Transparency Index* geschaffen, um die Offenheit von LLMs zu fördern. Dieser Maßstab, gebildet aus rund 100 Kriterien, ist ein Versuch, die trüben Gewässer der LLM-Transparenz etwas klarer zu machen.

Das Ranking basiert auf einer Prozentskala, und in Tabelle 2-4 sehen Sie die Ergebnisse. Leider sind diese nicht allzu vielversprechend. Kein großes LLM erreicht laut der Forschungsgruppe auch nur annähernd »adäquate Transparenz«, und der Durchschnittswert liegt bei nur 37 %.

Die Flexibilität von LLMs in Bezug auf die diversen Bereiche und Aufgaben – wie zum Beispiel Softwareentwicklung – ist ein bemerkenswerter Vorteil. Sie verkompliziert aber den Bewertungsprozess, da domainspezifische Bewertungsmetriken und Benchmarks erforderlich sind, um die Effektivität und Sicherheit eines Modells in jeder spezifischen Anwendung sicherstellen zu können.

Tabelle 2-4: Rankings der besten LLMs in Bezug auf die Transparenz ihrer Modelle[1]

Firma	Modell	Rang
Meta	LLaMA 2	54 %
BigScience	BLOOMZ	53 %
OpenAI	GPT-4	48 %
Stability.ai	Stable Diffusion 2	47 %
Google	PaLM 2	40 %
Anthropic	Claude 2	36 %
Cohere	Command	34 %
AI21Labs	Jurassic-2	25 %
Inflection	Inflection-1	21 %
Amazon	Titan Text	12 %

Trotz all der Hindernisse hier ein paar Metriken, die Sie sich zum Bewerten von LLMs anschauen können:

BERTScore
: Diese Metrik ist dazu gedacht, Textgenerierungsmodelle zu bewerten, indem generierter Text über BERT-Embeddings mit Referenztext verglichen wird. Auch wenn sie vor allem für natürlichsprachigen Text gedacht ist, lässt sich die Metrik für Codegenerierungsaufgaben erweitern beziehungsweise anpassen – insbesondere wenn der Code in natürlicher Sprache annotiert oder kommentiert ist.

Perplexity
: Das ist eine gebräuchliche Metrik für das Bewerten von Wahrscheinlichkeitsmodellen wie LLMs. Sie ermittelt, wie gut die vom Modell vorhergesagte Wahrscheinlichkeitsverteilung zur tatsächlichen Verteilung der Daten passt. In Bezug auf das Generieren von Code bedeutet ein niedrigerer Perplexity-Wert, dass das Modell das nächste Token in einer Codefolge besser vorhersagen kann.

BLEU (Bilingual Evaluation Understudy)
: Ursprünglich für maschinelle Übersetzung entwickelt, wird BLEU auch bei der Codegenerierung genutzt, um den erzeugten Code mit Referenzcode zu vergleichen. Die Metrik berechnet *n*-gram-Genauigkeitswerte, um

1 Center for Research on Foundation Models, Foundation Model Transparency Index Total Scores 2023, *https://crfm.stanford.edu/fmti*

die Ähnlichkeit zwischen den generierten und Referenztexten zu vergleichen. Das wiederum kann dabei helfen, die syntaktische Korrektheit des erzeugten Codes zu bewerten. Ein höherer *n*-gram-Genauigkeitswert deutet auf eine bessere Übereinstimmung zwischen dem generierten und dem Referenztext für diese spezifische Folge von *n* Wörtern hin.

ROUGE (Recall-Oriented Understudy for Gisting Evaluation)
: Dies ist eine weitere Metrik, die aus der NLP übernommen wurde und dazu genutzt werden kann, Codegenerierungsmodelle zu bewerten. Sie berechnet die Überlappung von *n*-Grammen zwischen den generierten und den Referenztexten, was Einblicke darin geben kann, wie gut der generierte Code mit der erwarteten Ausgabe übereinstimmt.

MBXP (Most Basic X Programming Problems)
: Diese Benchmark ist spezifisch für das Bewerten von Codegenerierungsmodellen für mehrere Programmiersprachen entworfen worden. Sie nutzt ein skalierbares Umwandlungs-Framework, um Prompts und Test Cases aus den Originaldatensätzen in Zielsprachen zu transpilieren und damit eine umfassende mehrsprachige Bewertung von Codegenerierungsmodellen zu ermöglichen.

HumanEval
: Dies ist eine Benchmark zum Bewerten der Codegenerierungsmöglichkeiten von LLMs, indem ihre funktionale Korrektheit beim Synthetisieren von Programmen aus Docstrings ermittelt wird. Diese Benchmark ist für das fortlaufende Entwickeln und Verbessern von KI-Modellen zum Generieren von Code sehr wichtig. Unterschiedliche Modelle haben sich bei HumanEval auch unterschiedlich gut geschlagen, und mit einer erweiterten Version namens HUMANEVAL+ konnte vorher unerkannter falsch generierter Code von verbreiteten LLMs identifiziert werden.

Multilingual HumanEval (HumanEval-X)
: Dies ist eine Erweiterung der ursprünglichen HumanEval-Benchmark. Multilingual HumanEval bewertet die Codegenerierungs- und Übersetzungsfähigkeiten von LLMs für mehr als zehn Programmiersprachen. Dabei kommt ein Umwandlungs-Framework zum Transpilieren von Prompts und Test Cases aus Python in entsprechende Daten der Zielsprachen zum Einsatz, was eine umfassendere Benchmark für mehrsprachige Codegenerierung und Übersetzung ermöglicht.

Eine andere Möglichkeit zum Bewerten von LLMs ist ein Blick auf die Anzahl der Parameter – die in die Hunderte von Milliarden gehen können. Also je mehr, desto besser? Nicht unbedingt. Beim Bewerten sollte man etwas nuancierter vorgehen. Die Kosten für das Skalieren der Parameter können in Bezug auf Rechenleistung und Energieeinsatz enorm sein. Das kann ein LLM zum Monetarisieren von Anwendungen unökonomisch machen. Zudem steigt mit der Anzahl der Parameter auch die Komplexität des Modells, was potenziell zu einem Overfitting führen kann. Ein *Overfitting* tritt dann ein, wenn das Modell viel zu gut lernt, sich an die Trainingsdaten anzupassen, dann aber beim Kontakt mit unbekannten Daten ins Stolpern gerät. Das beeinträchtigt seine Fähigkeit zum Generalisieren.

Ein weiteres Thema ist der Bedarf an großen und variantenreichen Trainingsdatensätzen, mit denen der unersättliche Hunger dieser Modelle nach Daten gestillt werden kann. Das Beschaffen und Kuratieren solch riesiger Datensätze ist nicht nur ressourcenintensiv, es bringt auch Herausforderungen in Bezug auf Datenschutz und Voreingenommenheiten mit sich. Zudem wird das Bewerten dieser Datenmonster mit einer zunehmenden Menge an Parametern immer schwieriger. Die Bewertungsmetriken müssen umfassender und variantenreicher sein, um die Performance des Modells für eine Heerschar an Aufgaben gut bestimmen zu können.

Das Optimieren eines Modells kann letztlich ein besserer Weg sein, um mehr aus ihm herauszuholen, ohne die Parametermenge des zugrunde liegenden LLM noch weiter steigern zu müssen.

Arten von LLMs

Es gibt diverse Arten von LLMs, und eine bekannte Kategorie sind die Open-Source-LLMs. Jeder kann sie verwenden, anpassen oder bereitstellen. Durch ihre Transparenz können Sie sehen, wie sie funktionieren. Zudem erlauben Open-Source-LLMs Entwicklerinnen und Entwicklern, gemeinsam an Innovationen zu arbeiten, Add-ons zu erstellen und natürlich nervige Bugs zu beheben.

Und das Beste ist, dass sie nichts kosten.

Aber Open-Source-LLMs sind nicht nur eitel Sonnenschein. Es gibt meist kein dediziertes Team, das nur dafür da ist, Fehler zu beheben oder für regelmäßige Updates zu sorgen. Stoßen Sie auf ein Problem, müssen Sie eventuell selbst die Ärmel hochkrempeln und in Foren nach Hilfe suchen.

Qualität und Performance von Open-Source-Modellen können stark schwanken. Und es gibt immer wieder Sicherheitsprobleme. Da alles einsehbar ist, finden Hacker eher einen Weg, böswilligen Code einzuschmuggeln. Seien Sie also vorsichtig.

Schließlich sind Anleitungen für die Benutzenden sowie eine Dokumentation nicht unbedingt die Stärke von Open-Source-LLMs. Manchmal fühlt es sich so an, als wären sie in Hieroglyphen geschrieben worden.

Tabelle 2-5 stellt einige der besten Open-Source-LLMs vor.

Tabelle 2-5: Gute Open-Source-LLMs

Modell	Entwickler	Parameter (in Milliarden)	Erwähnenswerte Features
GPT-NeoX-20B	EleutherAI	20	Mit dem »The Pile«-Datensatz trainiert; kann diverse NLP-Aufgaben handhaben, z. B. Story Generation, Chatbots oder Zusammenfassungen.
LLaMA 2	Meta	7 bis 70	Mit zwei Billionen Tokens trainiert; verdoppelt die Kontextlänge von LLaMA 1.
OPT-175B	Meta	175	Teil einer ganzen Modell-Suite; beim Training wurde weniger CO_2 verbraucht als bei GPT-3.
BLOOM	BigScience	176	Mit dem ROOTS-Korpus[2] trainiert; auf Transparenz designt mit offengelegten Trainingsdaten und Bewertungsmethoden.
Falcon-40B	Technology Innovation Institute (TII)	40	Mit einer Billion Tokens trainiert.
Dolly 2.0	Databricks	12	Basiert auf der Pythia-Modellfamilie von EleutherAI; bietet ChatGPT-ähnliche Interaktivität.
Mistral 7B	Mistral AI	7,3	Nutzt Grouped-Query und Sliding Window Attention; trainiert auf einem großen Datensatz und sticht besonders bei längeren Sequenzen hervor.
Mixtral 8X7B	Mistral AI	46,7	Sparse-Mischung von Expertenmodellen; führt die Inferenz wie ein 12,9-Milliarden-Modell durch, unterstützt mehrere Sprachen und ist bei vielen Aufgaben besonders gut, unter anderem beim Generieren von Code und beim Begründen.

Closed-Source- oder proprietäre LLMs agieren andererseits viel verschlossener. Sie behalten ihren Code, ihre Trainingsdaten und Modellstrukturen größtenteils für sich. Die Firmen, die diese komplexen Systeme entwickeln, haben aber im Allgemeinen Zugriff auf viel Geld. Tabelle 2-6 führt das Kapital auf, das von diesen Firmen im Jahr 2023 eingeworben wurde.

2 Responsible Open-science Open-collaboration Text Sources

Tabelle 2-6: Venture-Kapital von den größten LLM-Entwicklern

Firma	Funding
Anthropic	$1,25 Milliarden
OpenAI	$10 Milliarden
Cohere	$270 Millionen
Inflection AI	$1,3 Milliarden

Mit solchen Ressourcen können diese Firmen die besten Data Scientists an Bord holen und sich eine ausgefeilte Infrastruktur hinstellen. Daher ist die Performance ihrer LLMs oft State of the Art. Zudem sind sie auf eine entsprechende Größe hin gebaut, und sie berücksichtigen die Bedürfnisse von Unternehmen – zum Beispiel in Bezug auf Sicherheit und Datenschutz.

Der Nachteil ist die Sache mit dem Vertrauen. Woher holen diese Modelle ihre Antworten? Wie ist es mit Halluzinationen und Voreingenommenheiten? Antworten auf diese Fragen sind oft nicht ausgesprochen detailliert.

Und dann gibt es noch das Risiko, dass diese Riesen-KI-Firmen zu Monopolisten werden. In dem Fall wäre man als Kundin oder Kunde in deren Ökosystem gefangen. Und der letzte Punkt: Bei Closed-Source-LLMs besteht eher die Gefahr von Stillstand als bei Open-Source-Projekten, da sie eventuell nicht von den variantenreichen Einträgen und Kontrollen profitieren, die bei Open-Source-Projekten so interessant sind.

Bewerten von KI-gestützten Programmiertools

Es ist eventuell gar nicht so einfach, herauszufinden, mit welchem KI-gestützten Programmiertool man arbeiten soll. Sie müssen viele Faktoren gegeneinander abwägen – Genauigkeit, Chat-Features, Sicherheit, Geschwindigkeit und Benutzerfreundlichkeit. Manchmal kommt es letztendlich darauf an, was sich beim Arbeiten »richtig« anfühlt. Aber auch dann sind Ihnen vielleicht die Hände gebunden, wenn Ihr Arbeitgeber auf einem bestimmten System besteht.

Um ein Gespür dafür zu bekommen, was aktuell gerade in ist, können Sie sich den 2023 Developer Survey von Stack Overflow (*https://oreil.ly/nvqKY*) anschauen. Dabei wurden Bewertungen von nahezu 90.000 Programmierern und Programmiererinnen zu den beliebtesten Tools eingesammelt – zu sehen in Tabelle 2-7.

Tabelle 2-7: Das Ranking beliebter KI-gestützter Programmiertools[3]

KI-gestützte Programmiertools	Prozentwert
GitHub Copilot	54,77 %
Tabnine	12,88 %
Amazon CodeWhisperer	5,14 %
Snyk Code	1,33 %
Codeium	1,25 %
Wispr AI	1,13 %
Replit Ghostwriter	0,83 %
Mintlify	0,52 %
Adrenaline	0,43 %
Rubberduck AI	0,37 %

Hier sehen Sie, welche Tools es überhaupt so gibt. Wollen Sie eines auswählen, ist es sinnvoll, sich umzuhören und selbst ein paar auszuprobieren. Zum Glück bieten die meisten dieser Tools kostenlose Proberunden, sodass Sie mit ihnen experimentieren können, ohne sich gleich festlegen zu müssen.

Ein weiterer Aspekt, den Sie berücksichtigen sollten, ist die finanzielle Stabilität des Anbieters. Gibt es Venture-Kapital? Ohne dieses Kapital hat eine Firma eventuell nicht nur Probleme beim Wachsen, sondern auch, ihre Plattform innovativ zu halten. Es mussten schon einige KI-gestützte Programmierfirmen ihre Services abschalten, was beim Entwickeln zu echten Problemen führen kann. Kite war beispielsweise 2014 eine der ersten Firmen im Bereich KI-gestützter Programmiertools. Dennoch hat sie sich 2022 dafür entschieden, aus dem Projekt auszusteigen (*https://oreil.ly/Bnz9U*). Der Silberstreif am Horizont? Ein Großteil der Tool-Codebasis ist jetzt Open Source.

3 Stack Overflow, 2023 Developer Survey (*https://oreil.ly/0u7WZ*)

Zusammenfassung

In diesem Kapitel haben wir gezeigt, was bei generativer KI und LLMs hinter den Kulissen geschieht. Sie haben ein bisschen die faszinierende Geschichte kennengelernt (zum Beispiel ELIZA), und wir haben uns dann auf einen der größten Durchbrüche in der KI konzentriert – das Transformer-Modell. Außerdem haben wir den OpenAI Playground ausprobiert und gezeigt, wie man das LLM anpasst.

Zu den zentralen Punkten dieses Kapitels gehören Tokens, die Vorteile der Verwendung von vortrainierten Modellen, die Vor- und Nachteile des Skalierens von LLMs, Metriken wie Perplexity und BLEU-Scores sowie die Gegenüberstellung von Open Source und proprietären Modellen.

KAPITEL 3

Prompt Engineering

Das *Prompt Engineering* ist ein Unterbereich des *Machine Learning* und des *Natural Language Processing* – also des Forschungsbereichs, in dem Computer dazu gebracht werden sollen, menschliche Sprache zu verstehen und zu interpretieren. Hauptziel ist es, herauszufinden, wie man mit *Large Language Models* spricht. Das sind ausgefeilte KI-Systeme, die dazu gedacht sind, menscheähnliche Antworten zu verarbeiten und zurückzugeben – sodass die erzeugten Antworten das sind, wonach wir suchen.

Stellen Sie sich das Ganze wie folgt vor: Wenn Sie jemanden um Rat fragen, wissen Sie, dass Sie ein bisschen Kontext mitliefern und deutlich machen müssen, was Sie brauchen. So ist es auch mit LLMs. Sie müssen Ihre Frage oder Ihren Prompt sorgfältig formulieren. Manchmal müssen Sie sogar Hinweise oder zusätzliche Informationen Ihrer Frage mitgeben, um sicherzustellen, dass das LLM versteht, was Sie wissen wollen.

Es geht dabei nicht nur darum, eine Frage zu stellen. Manchmal gibt es eine vollständige Unterhaltung mit dem LLM, die hin- und hergeht. Währenddessen passen Sie Ihre Fragen so lange an, bis Sie Ihr Informationsnugget endlich erhalten haben.

Nehmen wir beispielsweise an, Sie nutzen ein KI-gestütztes Programmiertool beim Entwickeln einer Webanwendung. Sie beginnen damit, dass Sie fragen, wie Sie ein einfaches System zum Anmelden von Usern in JavaScript erstellen. Die erste Antwort deckt vielleicht die Grundlagen ab, aber Sie stellen fest, dass Sie ausgefeiltere Features benötigen. Also schreiben Sie spezifischere Prompts und fragen nach Passwortverschlüsselung und einem sicheren Verbinden mit einer Datenbank. Jede Interaktion mit der KI macht ihre Antworten besser und sorgt dafür, dass die Anforderungen Ihres Projekts spezifischer getroffen werden.

Beachten Sie, dass Personen mit Kenntnissen in Prompt Engineering sehr wichtig geworden sind. Daten von Willis Towers Watson (*https://oreil.ly/Qy9Zi*) besagen, dass das durchschnittliche jährliche Gehalt eines Prompt Engineer bei etwa 130.000 $ liegt, wobei das vermutlich konservativ geschätzt ist. Um Toptalente an Bord zu holen, lassen Firmen oft zusätzlich Beteiligungspakete und Boni springen.

In diesem Kapitel werden wir in die Welt des Prompt Engineering eintauchen und hilfreiche Strategien sowie Tipps und Tricks vorstellen.

Kunst und Wissenschaft

Prompt Engineering ist eine Mischung aus Kunst und Wissenschaft. Einerseits müssen Sie die richtigen Wörter und die entsprechende Tonalität finden, um die KI dazu zu bringen, wie von Ihnen gewünscht zu antworten. Es geht darum, die Konversation in eine bestimmte Richtung zu leiten. Dafür brauchen Sie ein bisschen Intuition und Kreativität in Ihrer Sprachwahl, sodass Sie detaillierte und nuancierte Antworten bekommen.

Ja, das kann knifflig sein, insbesondere für Softwareentwickler und -entwicklerinnen. Normalerweise folgen Sie festen Regeln, wenn Sie Ihren Code schreiben, und dann funktioniert es entweder, oder der Compiler teilt Ihnen mit, was Sie falsch gemacht haben. Das ist logisch und vorhersagbar.

Aber Prompt Engineering? Da sieht es anders aus. Es geht mehr um eine freie Wortwahl und Unvorhersagbarkeit.

Darüber hinaus geht es beim Prompt Engineering auch immer ein bisschen um Wissenschaft. Sie müssen prinzipiell verstehen, wie KI-Modelle funktionieren (was wir in Kapitel 2 besprochen haben). Neben Kreativität brauchen Sie auch Präzision, Vorhersagbarkeit und die Fähigkeit, Ihre Ergebnisse replizieren zu können. Das bedeutet häufig, dass Sie experimentieren, unterschiedliche Prompts ausprobieren, die Ergebnisse analysieren und so lange am Prompt drehen müssen, bis Sie die richtige Antwort erhalten.

Beim Prompt Engineering dürfen Sie nicht davon ausgehen, dass es die eine magische Lösung gibt, die immer funktioniert. Es gibt natürlich haufenweise Kurse, Videos und Bücher, die von sich behaupten, alle »Geheimnisse« des Prompt Engineering zu kennen. Aber betrachten Sie solche Versprechen zurückhaltend, denn sonst werden Sie enttäuscht sein.

Zudem unterliegt die Welt der KI fortlaufend Veränderungen mit neuen Modellen und neuen Techniken. Es kann also gar nicht die eine definitive Technik zum Prompt Engineering geben.

Herausforderungen

Prompt Engineering kann frustrierend sein. Selbst die kleinste Änderung beim Formulieren Ihres Prompts kann das vom LLM ausgegebene Ergebnis komplett verändern. Das liegt an der ausgefeilten Technologie hinter den Kulissen, die auf Wahrscheinlichkeits-Frameworks basiert.

Hier ein paar der Herausforderungen beim Prompt Engineering:

Geschwätzigkeit
: LLMs können Klatschtanten sein. Geben Sie ihnen einen Prompt, erhalten Sie vielleicht eine ausschweifende Antwort, obwohl Sie es doch gerne kurz und knackig hätten. LLMs haben die Tendenz, auch noch zugehörige Ideen oder Fakten mit aufzuführen, sodass die Antwort länger als nötig wird. Möchten Sie, dass ein LLM direkt auf den Punkt kommt, müssen Sie es bitten, »knapp« zu sein.

Nicht-Übertragbarkeit
: Das bedeutet, dass ein Prompt bei dem einen LLM gut funktioniert, bei einem anderen aber bei Weitem nicht so effektiv ist. Mit anderen Worten: Wechseln Sie von ChatGPT zu Gemini oder GitHub Copilot, müssen Sie Ihre Prompts aufgrund des jeweils unterschiedlichen Trainings, Designs und der Spezialisierung der Modelle eventuell anpassen. Verschiedene Modelle werden auch mit verschiedenen Datensätzen und Algorithmen trainiert, was zu einem anderen Verstehen und Interpretieren von Prompts führt.

Längenempfindlichkeit
: LLMs können von langen Prompts überfordert sein und Teile Ihrer Eingabe übersehen oder falsch interpretieren. Es ist so, als würde die Aufmerksamkeitsspanne des LLM einbrechen und es bei den Antworten irgendwie abgelenkt sein. Darum sollten Sie es vermeiden, Ihren Prompts detaillierte Anforderungen mitzugeben – versuchen Sie, einen Prompt kürzer als eine Seite zu halten.

Unklarheit
: Ist Ihr Prompt unklar, wird das LLM eventuell verwirrt und liefert Antworten, die gar nichts mit der Frage zu tun haben oder vollständig ausgedacht sind. Klarheit ist hier der Schlüssel.

Trotz alledem gibt es Wege, die Ergebnisse zu verbessern. Diese werden wir im Rest des Kapitels behandeln.

Der Prompt

Sie können einen Prompt als aus vier Hauptkomponenten zusammengestellt betrachten, die in Abbildung 3-1 aufgeführt sind.

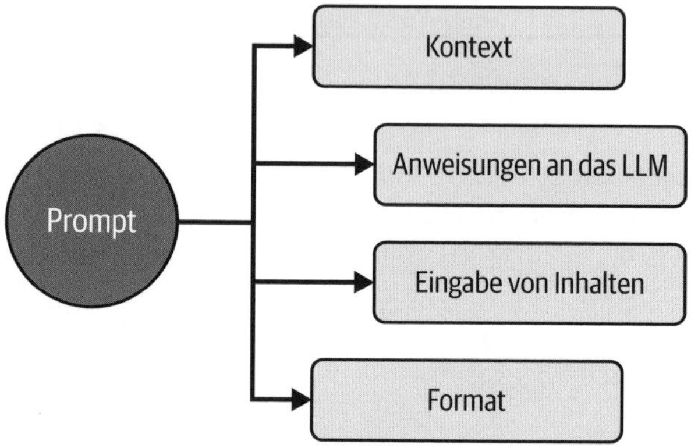

Abbildung 3-1: Ein Prompt hat vier Hauptkomponenten.

Zunächst legt der *Kontext* die Persona oder Rolle fest, die das LLM beim Bereitstellen einer Antwort einnehmen soll. Dann gibt es die *Anweisungen*, etwa zum Zusammenfassen, Übersetzen oder Klassifizieren. Danach folgt die *Eingabe von Inhalten*, wenn Sie wollen, dass das LLM Informationen verarbeitet, um eine bessere Antwort zu liefern. Schließlich können Sie noch zeigen, wie Sie die Ausgabe *formatiert* haben wollen.

Beachten Sie, dass Sie nicht alle diese Komponenten benötigen. Tatsächlich ist eventuell nur eine erforderlich, um eine gute Antwort zu erhalten. Aber als Faustregel kann man sagen, dass es besser ist, das LLM mit mehr konkreten Details zu versorgen.

Schauen wir uns nun jede der Komponenten an.

Kontext

Sie werden Ihren Prompt oft mit einem oder zwei Sätzen beginnen, die einen Kontext liefern. Häufig geben Sie dabei die Rolle oder Persona an, die die KI einnehmen soll, wenn sie die Antwort liefert. Das führt zu Antworten, die nicht nur genauer, sondern auch für die Situation relevant sind, sodass Sie ein sinnvolleres Ergebnis erhalten.

Wollen Sie beispielsweise einen Codeabschnitt debuggen, können Sie dies als Kontext angeben:

Prompt: Sie sind ein erfahrener Softwareentwickler, der auf das Debuggen von Java-Anwendungen spezialisiert ist.

Oder stellen Sie sich vor, Sie wollen etwas über Optimierungstechniken für einen bestimmten Algorithmus lernen. Dann könnten Sie Ihre Frage wie folgt vorbereiten:

Prompt: Sie sind ein langjähriger Softwareentwickler mit Erfahrung im Optimieren von Algorithmen.

Durch das Ergänzen eines Kontexts helfen Sie dem LLM, Ihren Prompt mit der richtigen Geisteshaltung anzugehen.

Anweisungen

Ihr Prompt sollte mindestens eine klare *Anweisung* enthalten. Es hält Sie nichts davon ab, mehr Anweisungen hinzuzufügen, aber Sie müssen vorsichtig sein. Halsen Sie Ihrem Prompt zu viele Anfragen auf einmal auf, kann das das LLM aus der Bahn werfen und ihm erschweren, die Antworten zu liefern, nach denen Sie Ausschau halten.

Schauen wir uns genauer an, warum das passiert. Geben Sie mehrere Anweisungen, kann alles ein bisschen undeutlicher werden. Sind die Anweisungen nicht klar oder scheinen sie sich untereinander zu widersprechen, wird das LLM eventuell unsicher, worauf es sich konzentrieren oder wie es alles gegeneinander abwägen soll.

Bekommt das LLM zudem mehrere Anweisungen vorgesetzt, hat es mehr zu tun. Es muss jeden Teil Ihres Prompts verarbeiten und verstehen und dann herausfinden, wie sich alle Teile in einer sinnvollen Antwort zusammenbringen lassen. Das ist ziemlich viel mentale Gymnastik, und manchmal kann es zu Fehlern oder zu nicht passenden Antworten führen.

Und vergessen Sie nicht, dass LLMs die Anweisungen eine nach der anderen in der angegebenen Reihenfolge durchgehen. Die Sortierung Ihrer Anfragen kann also Einfluss darauf haben, wie sie interpretiert werden und welche Antworten Sie erhalten.

Daher ist es ausgesprochen sinnvoll, die Dinge einfach zu halten. Statt eine ganze Liste mit Fragen auf einmal in das LLM zu kippen, versuchen Sie, diese in eine Reihe kleinerer Prompts aufzuteilen. Es ist wie ein abwechselnder Dialog statt eines Monologs.

Es gibt viele Arten von Anweisungen für einen Prompt. In den nächsten Abschnitten werden wir einige der wichtigsten für die Softwareentwicklung vorstellen.

Zusammenfassung

Eine *Zusammenfassung* kann einen längeren Textabschnitt in eine kürzere Form bringen, die aber die wichtigsten Ideen und Aspekte beinhaltet. Das ist nützlich, um schnell einen Überblick über längliche Dokumente zu erhalten. Bei der Softwareentwicklung kann eine Zusammenfassung besonders hilfreich sein, wenn man es mit einem der Szenarien aus Tabelle 3-1 zu tun hat.

Tabelle 3-1: Zusammenfassungs-Prompts für Coding-Aufgaben

Anwendungsfall	Beschreibung	Beispiel-Prompt
Codedokumentation	Liefert einen knappen Überblick über umfassende Dokumentation, der die wichtigsten Funktionen, Abhängigkeiten und Strukturen hervorhebt.	»Fasse die wichtigsten Punkte der folgenden Dokumentation zusammen, um einen schnellen Überblick über die Codebasis zu erhalten.«
Fehlermeldungen	Schnell die wichtigsten Probleme ermitteln, die von Usern in vielen oder langen Fehlermeldungen berichtet werden.	»Fasse die häufigsten Probleme zusammen, die in den folgenden Fehlermeldungen genannt werden, um die Hauptprobleme zu finden, die zuerst behandelt werden sollten.«
Forschungsartikel	Kurze Einblicke in längere Forschungsartikel oder technische Berichte erhalten, um den User über die neueste Forschung oder die aktuellste Technologie zu informieren.	»Fasse die zentralen Ergebnisse und Technologien zusammen, die im folgenden Forschungsartikel behandelt werden.«
Change Logs	Die wichtigsten Änderungen in einer neuen Version einer Softwarebibliothek oder eines Tools aus umfangreichen Change Logs ermitteln.	»Fasse die wichtigsten Änderungen im folgenden Change Log der Version 1.1.2 zusammen.«
E-Mail-Threads	Die zentralen Aspekte von Diskussionen oder Entscheidungen aus längeren E-Mail-Threads extrahieren.	»Fasse die wichtigsten Punkte der Diskussion aus folgendem E-Mail-Thread zusammen.«

Eine andere Form von Zusammenfassung ist das *Topic Modeling*, bei dem ein statistisches Modell die abstrakten »Themen« ermittelt, die in einer Sammlung von Dokumenten vorkommen. Dies sind ein paar Topic-Modelling-Prompts für die Entwicklung:

> *Prompt: Ermittle die wichtigsten Themen aus dem folgenden Text: {text}*

> *Prompt: Ermittle die Schlüsselwörter aus dem folgenden Text, um die zentralen Themen herzuleiten: {text}*

Prompt: Schlage Tags für den folgenden Text vor, die auf seinem Inhalt basieren: {text}

Textklassifikation

Bei der *Textklassifikation* wird einem Computer ein Haufen Text übergeben, den er dann mit Labels versieht. Eine Variante davon ist die *Sentiment-Analyse* – Sie haben zum Beispiel eine Reihe von Social-Media-Posts, und das LLM versucht, herauszufinden, welche Posts eine positive und welche eine negative Konnotation haben. Beim Entwickeln kann die Sentiment-Analyse ein nützliches Tool zum Einschätzen von User-Feedback zu einer Anwendung sein.

Beispiel-Prompts dazu sind:

Prompt: Kannst du diese Kundenbewertungen analysieren und mir sagen, ob die Stimmung im Allgemeinen positiv, negativ oder neutral ist? {text}

Prompt: Dies ist ein Thread aus unserem Benutzerforum, in dem über das letzte Update gesprochen wird. Kannst du die Gesamtstimmung für mich zusammenfassen? {text}

Prompt: Ich habe eine Liste mit Feedback von unserer App-Store-Seite zusammengestellt. Kannst du die Kommentare nach Stimmung kategorisieren? {text}

Prompt: Bewerte die Stimmung dieser Blogpost-Kommentare zu unserer Produktankündigung. Was ist der Konsens? {text}

Empfehlungen

Sie können ein LLM anweisen, Ihnen *Empfehlungen* zu geben. Beim Entwickeln kann man dieses Feedback nutzen, um die Qualität von Antworten für Aktivitäten wie das Beheben von Fehlern, das Verbessern von Code oder das effizientere Einsetzen von APIs zu erhöhen.

Schauen Sie sich diese Beispiel-Prompts an:

Prompt: Der folgende Code wirft eine NullPointerException, wenn ich versuche, <Method()> aufzurufen. Kannst du mir dabei helfen, die mögliche Ursache zu finden, und eine Korrektur vorschlagen?

Prompt: Hier ist eine Funktion, die ich zum Sortieren einer Liste mit Integer-Werten geschrieben habe. Kannst du mir Optimierungen vorschlagen, um sie schneller laufen zu lassen oder besser lesbar zu machen?

LLM-Empfehlungen können Ihre Arbeit deutlich beschleunigen, Ihnen Zeit sparen und Ideen liefern, auf die Sie selbst vielleicht nicht gekommen wären. Diese Technik ist besonders hilfreich, wenn Sie mit komplizierten oder nuancierten Aufgaben zu tun haben.

Aber es gibt Nachteile. Ein potenzieller Haken ist, dass das LLM die Antwort eventuell zu sehr kürzt und die Nuancen eben verfehlt. Denken Sie auch daran, dass das Wissen des Modells zu einem bestimmten Zeitpunkt eingefroren wurde, daher ist es vielleicht nicht mehr in Bezug auf die neuesten Informationen oder Trends auf der Höhe der Zeit.

Empfehlungen können aber auf jeden Fall ein Einstiegspunkt sein. Sie werden dann tiefer graben wollen, um sich ein Bild von der Gesamtsituation zu machen.

Übersetzung

Beim *Lokalisieren* passen Sie die Software im Prinzip nur an die linguistischen und kulturellen Normen eines bestimmten Bereichs an. Sie können so die Software die lokale Sprache sprechen und regionale Besonderheiten verstehen lassen – eine Fähigkeit, die wichtig ist, um Ihren Markt zu vergrößern und eine engere Verbindung mit Ihrem Publikum zu erlangen. Das kann zu weiteren Vorteilen führen: User freuen sich, weil die Software für sie angepasst ist, und glückliche User können zu einem besseren Profit Ihres Unternehmens führen.

In wettbewerbsstarken Märkten kann Ihnen die Lokalisierung den entscheidenden Vorteil verschaffen, wenn es nur wenige oder gar keine Alternativen gibt. Und wenn Sie Ihre Software auf die lokalen Besonderheiten anpassen, einschließlich der Berücksichtigung regionaler Gesetze, wird Ihre Software oft nicht nur eine weitere Option sein, sondern zum einzigen Angebot im Markt werden.

Aber Lokalisieren hat auch seine Herausforderungen. Es kann teuer und zeitaufwendig sein. Sie brauchen eine wirklich gute Qualitätssicherung, um das Einbinden anderer Sprachen im Griff zu behalten. Zudem bleibt die Softwareentwicklung nicht stehen. Stattdessen handelt es sich um einen fortlaufenden Kreislauf aus Updates und neuen Features, für die jeweils wieder neuer Lokalisierungsaufwand anfällt. Dieser unendliche Prozess sorgt für eine weitere Komplexitätsschicht und zusätzliche Kosten im Projekt.

Hier können LLMs helfen. Ausgefeilte Systeme sind dazu in der Lage, zwischen sehr vielen Sprachen zu übersetzen. Sie können als leistungsfähiges Werkzeug für die Entwicklung dienen. In Tabelle 3-2 sehen Sie ein paar Prompts, die Sie zum Lokalisieren verwenden können.

Auch hier sollten Sie die Mehrsprachigkeit von LLMs mit einer gewissen Vorsicht behandeln. Sie sind nicht narrensicher. Diese Modelle übersehen manchmal Feinheiten, idiomatische Ausdrücke und kulturelle Kontexte, die in einer Sprache einzigartig sind. Die Nuancen von Sprache sind komplex, und um es richtig zu machen, reicht es nicht aus, sie einfach nur direkt zu übersetzen – Sie müssen die richtige Bedeutung auf die richtige Art und Weise ausdrücken.

Tabelle 3-2: Beispiele für Prompts zum Übersetzen

Aufgabe	Beschreibung	Beispiel-Prompt
UI-Textübersetzung	Übersetzt Buttons, Menüpunkte, Fehlermeldungen, Dialogboxen usw.	»Übersetze die folgenden UI-Texte ins Französische: Save, Exit, File, Edit, Help.«
Dokumentation übersetzen	Übersetzt Benutzerhandbücher, Hilfedateien und andere Dokumentation.	»Übersetze den folgenden Absatz aus dem Benutzerhandbuch ins Spanische.«
Übersetzen von Fehlermeldungen	Übersetzt Fehlermeldungen, die die Software eventuell erzeugt.	»Übersetze die folgenden Fehlermeldungen ins Deutsche: File not found, Access denied, Network connection lost.«
Tooltipp übersetzen	Übersetzt Tooltipps, die zusätzliche Informationen liefern, wenn ein User über ein Element hovert.	»Übersetze die folgenden Tooltipps ins Japanische: Click to save, Click to open a new file, Click to print.«

Es kann schwierig sein, bestimmte Begriffe oder Namen richtig zu benutzen, insbesondere wenn es in einer anderen Sprache keine exakte Übereinstimmung gibt. Und dann müssen Sie auch noch den Ton und den Stil richtig treffen. Es geht nicht nur darum, welche Wörter Sie sagen, sondern auch, wie Sie das tun. Das kann von Sprache zu Sprache und von Kultur zu Kultur unterschiedlich sein.

Wenn Sie einen Sprachspezialisten oder eine Linguistin auf Ihre Ausgabe schauen lassen, kann Ihnen das später viel Ärger ersparen.

Eingabe von Inhalten

Entwerfen Sie Prompts, ist es nützlich, spezielle Symbole wie ### oder """ zu verwenden, um Ihre Anweisungen klar von Inhalten oder Informationen zu trennen, mit denen das LLM arbeiten soll. Diese Symbole agieren als Grenzen oder Markierungen und machen klar, wo die Anweisungen enden und wo der Inhalt beginnt.

Stellen Sie sich ein Szenario vor, in dem Sie beim Entwickeln von Software Hilfe brauchen, um die wichtigsten Punkte einer längeren Dokumentation zu einer neuen API zu erfassen, die Sie integrieren wollen. So könnten Sie den Prompt strukturieren:

> *Prompt: Ermittle die wichtigsten Implementierungsschritte für die API aus dem folgenden Text:*
>
> *Dokumentation:* """
>
> *{API-Dokumentationstext hier}*
>
> """

Mit den """-Begrenzern teilen Sie die Anweisungen deutlich vom API-Dokumentationstext ab. Das LLM erkennt dann besser, was zu tun ist, und es steigen die Chancen, eine gute Zusammenfassung der wichtigsten Schritte zu erhalten. Zudem machen diese Begrenzer den Prompt leichter lesbar, was bei längeren oder komplexeren Texteingaben ausgesprochen hilfreich sein kann.

Format

In Ihrem Prompt können Sie das LLM dazu anweisen, wie es die Ausgabe formatieren soll. Hier ein Beispiel:

> *Prompt: Erstelle eine Python-Funktion, die eine Liste mit Benutzerobjekten übernimmt (jedes bestehend aus einer User-ID und einem Namen) und ein JSON-Objekt zurückgibt, das die User-IDs auf die Namen abbildet. Formatieren die Ausgabe als JSON.*
>
> *ChatGPT:*

```
{
    "code": "def map_user_ids_to_names(users):\n
      user_map = {user['id']: user['name'] for user in users}\n
      return user_map",
    "example_usage": {
        "input": [
            {"id": 1, "name": "Alice"},
            {"id": 2, "name": "Bob"},
            {"id": 3, "name": "Charlie"}
        ],
```

```
            "output": {
                "1": "Alice",
                "2": "Bob",
                "3": "Charlie"
            }
        }
    }
```

Es gibt weitere Möglichkeiten, die Ausgabe zu formatieren. In Tabelle 3-3 sind einige davon aufgeführt.

Tabelle 3-3: Prompts zum Formatieren der Ausgabe

Formattyp	Beispiel-Prompt
Tabelle	»Erstelle eine Tabelle, in der die Syntax, Leistung und Anwendungsfälle von Python, Java und C++ verglichen werden.«
Liste	»Gibt die Schritte zum Debuggen einer langsam ladenden Webseite als Liste aus.«
Markdown/HTML	»Erläutere die Unterschiede zwischen GET- und POST-HTTP-Methoden in Markdown.«
Texthierarchie	»Liefere einen strukturierten Überblick des Software Development Life Cycle (SDLC) einschließlich seiner Phasen und wichtigsten Aktivitäten in jeder Phase.«
LaTeX-Formatierung	»Gib die zeitliche Komplexität des Algorithmus zur Binärsuche in LaTeX-Notation aus.«

Bei einem Prompt können Sie auch die Länge der Antwort festlegen. Sie können das LLM mit einer Anweisung wie »Gib eine kurze Zusammenfassung« oder »Schreibe eine detaillierte Erläuterung« leiten. Oder Sie sind spezifischer und sagen beispielsweise, dass die Antwort nicht mehr als 300 Wörter haben soll. Das LLM überschreitet eventuell die angegebene Grenze, aber Sie werden zumindest ungefähr im gewünschten Bereich landen.

Best Practices

Schauen wir uns jetzt ein paar der Best Practices an, um Prompts zu schreiben, die Ihnen dabei helfen werden, die gewünschten Antworten zu bekommen. Sehen Sie diese Tipps aber nicht als strikte Regeln an. Die Vorschläge sind eher allgemeiner Natur – und manchmal auch subjektiv – und keine Gesetze. Wenn Sie mehr Zeit im Dialog mit LLMs verbringen, werden Sie vermutlich auf eigene hilfreiche Wege stoßen, wie Sie Fragen stellen. Das ist alles Teil der großen Reise.

Seien Sie spezifisch

Wenn Sie gute Prompts schreiben, ist das manchmal so, als ob Sie den richtigen Punkt in einem Gespräch finden, und das ist oft der wichtigste Schritt bei der Arbeit mit diesen texterzeugenden Systemen. Je mehr Details, desto besser. Sie müssen außerdem klar sein. Denn ansonsten trifft das LLM möglicherweise Annahmen oder halluziniert sogar.

Schauen wir uns zuerst ein paar Prompts an, die zu vage sind.

> *Prompt: Entwickle ein Feature, um den Datenschutz zu verbessern.*

> *Prompt: Kannst du ein Tool bauen, um den Prozess zu automatisieren?*

> *Prompt: Optimiere den Code.*

> *Prompt: Wir brauchen eine Funktion, um Transaktionen zu verarbeiten.*

Die folgenden Prompts enthalten viel mehr Details und sollten bessere Ergebnisse liefern:

> *Prompt: Entwickle eine Python-Funktion, um Datumswerte aus Strings zu parsen. Die Funktion sollte die Formate YYYY-MM-DD, MM/DD/YYYY und Monat DD, YYYY verstehen. Sie sollte ein Datetime-Objekt zurückgeben. Liefere ein Skript mit, das den Umgang mit der Funktion anhand von mindestens drei Beispielen demonstriert, dazu eine Dokumentation, die alle Abhängigkeiten aufführt, die in der Funktion genutzte Logik erläutert und Anweisungen enthält, wie das Skript auszuführen ist.*

> *Prompt: Entwickle eine SQL-Abfrage, mit der aus unserer Datenbank eine Liste mit Kunden geliefert wird, die im letzten Quartal 2023 für mindestens 500€ bestellt haben. Die Abfrage sollte den vollständigen Namen des Kunden, seine E-Mail-Adresse, die Gesamtsumme der Bestellungen und das Datum der letzten Bestellung enthalten. Das Ergebnis sollte nach der Gesamtsumme der Bestellungen absteigend sortiert werden. Stelle bitte sicher, dass die Abfrage auf Performance optimiert ist.*

Akronyme und technische Begriffe

Es ist wichtig, beim Entwerfen eines Prompts technische Begriffe und Akronyme sauber zu verwenden. In unterschiedlichen Kontexten kann dieser Jargon oft auch unterschiedliche Bedeutungen haben, was zu wenig hilfreichen Antworten führen kann. Daher ist es keine schlechte Idee, Akronyme auszuschreiben und klare Definitionen oder Erläuterungen der verwendeten technischen Begriffe mitzugeben.

Stellen Sie sich beispielsweise vor, Sie nutzen ChatGPT, um dabei zu helfen, ein Problem mit der Datenbankverbindung zu lösen. Ein schlecht geschriebener Prompt könnte so aussehen:

> *Prompt: Ich habe Verbindungsprobleme mit der DB. Wie behebe ich die?*

In diesem Prompt ist »DB« nicht eindeutig, es kann sich auf unterschiedliche Datenbanksysteme wie MySQL, PostgreSQL oder andere beziehen, und die Art des Verbindungsproblems ist auch nicht angegeben.

Ein effektiverer Prompt sähe so aus:

> *Prompt: Ich bekomme ein Time-out-Problem mit der Verbindung, wenn ich versuche, mich über JDBC mit meiner PostgreSQL-Datenbank zu verbinden. Wie kann ich das lösen?*

Dieser Prompt gibt das genutzte Datenbanksystem, die Verbindungsmethode und das genauere Problem an.

> Mark Twain hat einmal geschrieben (*https://de.wikiquote.org/wiki/Mark_Twain#Briefe*): »Der Unterschied zwischen dem richtigen Wort und dem beinahe richtigen ist derselbe Unterschied wie zwischen dem Blitz und dem Glühwürmchen.«[1] Das lässt sich durchaus auch über das Schreiben eines Prompts sagen.

Zero- und Few-Shot Learning

Beim *Zero-Shot Learning* geben Sie einen Prompt an und erhalten die gewünschte Antwort. Das funktioniert oft sehr gut. Aber angesichts der Komplexität von Programmiersprachen und Frameworks kommt es immer wieder vor, dass Sie das LLM in die richtige Richtung stupsen müssen.

Das können Sie mit dem *Few-Shot Learning*. Es bezieht sich auf die Fähigkeit eines LLM, eine Aufgabe mit sehr wenigen Beispielen oder Trainingsdaten zu verstehen. Dies ist ein signifikanter Vorteil gegenüber klassischen Machine-Learning-Modellen, die eventuell eine große Menge Trainingsdaten brauchen, um eine Aufgabe vernünftig erledigen zu können. Das LLM kann das vor allem

1 Im Original klingt das viel passender: »The difference between the almost right word and the right word is the difference between the lightning-bug and the lightning.«

aufgrund des umfangreichen Vortrainings mit sehr unterschiedlichen Texten aus dem Internet, bevor es dann für eine spezifische Aufgabe optimiert wird.

Schauen wir uns ein Beispiel für ein Few-Shot Learning an. Wir wählen ein Szenario, in dem wir eine Funktion generieren wollen, die eine gegebene Liste mit Zahlen normiert, sodass die Werte in einem Bereich von 0 bis 1 liegen. In den Anweisungen nehmen wir eine Liste mit ein paar Beispielen aus Eingaben und normierten Ausgaben auf.

> *Prompt: Basierend auf folgenden Beispielen für das Normieren einer Liste mit Zahlen im Bereich [0, 1]:*
>
> *1. Eingabe: [2, 4, 6, 8] Ausgabe: [0, 0.3333, 0.6667, 1]*
>
> *2. Eingabe: [5, 10, 15] Ausgabe: [0, 0.5, 1]*
>
> *3. Eingabe: [1, 3, 2] Ausgabe: [0, 1, 0.5]*
>
> *Erzeuge eine Funktion in Python, die eine Liste mit Nummern als Eingabe übernimmt und eine Liste mit normierten Nummern zurückgibt.*

ChatGPT wird aus den Daten »lernen« und entsprechenden Code liefern:

> *ChatGPT:*

```
def normalize(numbers):
    if not numbers:
        return []

    min_num = min(numbers)
    max_num = max(numbers)

    # Vermeidung der Division durch null
    if min_num == max_num:
        return [0.0] * len(numbers)

    return [(num - min_num) / (max_num - min_num) for num in numbers]

# Beispielverwendung
print(normalize([2, 4, 6, 8])) # Ausgabe: [0, 0.3333, 0.6667, 1]
```

Leitende Wörter

Das Konzept der *leitenden Wörter* nutzt spezifische Schlüsselwörter oder Phrasen, die ein LLM zu einer bestimmten Art von Ausgabe leiten können. Manchmal erreichen Sie das gewünschte Ergebnis mit nur einem Schlüsselwort. Hier ein Beispiel:

Prompt:

 # Erstelle eine einfache Python-Funktion, die

 # 1. mich nach einer Temperatur in Fahrenheit fragt

 # 2. Fahrenheit nach Celsius umwandelt

def

Das Wort *def* als leitendes Wort informiert das Modell darüber, dass es damit beginnen soll, eine Python-Funktion zu schreiben. In Tabelle 3-4 finden Sie mehr Beispiele für leitende Wörter.

Tabelle 3-4: Beispiele für Leitende-Wörter-Prompts

Kontext	Leitendes Wort
JavaScript-Funktion	Function
HTML-Element	<button
CSS-Styling	P{
SQL-Insert-Query	INSERT INTO
Java-Methode	public

Chain-of-Thought-(CoT-)Prompting

Im Jahr 2022 haben Google-Forschende das Konzept des *Chain-of-Thought-(CoT-)Prompting* in ihrem Artikel »Chain-of-Thought Prompting Elicits Reasoning in Large Language Models« (*https://arxiv.org/abs/2201.11903*) vorgestellt. Bei diesem Ansatz werden die Schlussfolgerungsfähigkeiten von LLMs verbessert, indem ein komplexes Problem in mehrere Schritte aufgeteilt wird. Das entspricht mehr oder weniger dem Few-Shot Learning, das ebenfalls das Modell in die richtige Richtung stupst.

CoT-Prompting kann beim Generieren von Softwarecode sehr nützlich sein. Schauen wir uns ein Beispiel an und gehen wir davon aus, dass Sie eine Webanwendung mit der Möglichkeit zum Registrieren und Anmelden schreiben wollen. Dabei soll Flask zum Einsatz kommen – ein Python-Web-Framework. Tabelle 3-5 zeigt die CoT-Prompting-Schritte.

Tabelle 3-5: Beispiel für Chain-of-Thought-Prompts

Aktivität	Prompt
Die Anforderung verstehen	»Ich muss eine Webanwendung mit Flask erstellen. Die Anwendung soll die Möglichkeit zum Registrieren und zum Anmelden bieten. Wie soll ich anfangen?«
Flask-Anwendung aufsetzen	»Beginnen wir damit, eine einfache Flask-Anwendung aufzusetzen. Wie kann ich das tun?«
User-Modell erstellen	»Jetzt ist die Flask-Anwendung aufgesetzt und ich muss ein User-Modell für das Registrieren und die Anmeldung erstellen. Wie sollte ich dieses Modell strukturieren?«
Registrierung implementieren	»Wie kann ich mit diesem User-Modell eine Registrierungsseite mit den erforderlichen Feldern implementieren?«
Anmeldung implementieren	»Jetzt zum Erstellen einer Anmeldeseite. Wie kann ich eine sichere Anmeldung sicherstellen?«
Session-Management	»Wie sollte ich User Sessions managen, nachdem sich ein User angemeldet hat und durch die App navigiert?«
Abmeldung implementieren	»Wie kann ich schließlich eine Abmeldefunktion implementieren, mit der User sicher von der Anwendung abgemeldet werden?«

Leitende Fragen

Leitende Fragen können in einem Prompt oft dafür sorgen, dass Sie wacklige Antworten vom LLM bekommen. Es ist besser, neutral und unvoreingenommen zu bleiben. Zudem ist es ein gutes Vorgehen, Annahmen vermeiden zu lassen – sprechen Sie die Dinge stattdessen aus.

Dieser Prompt ist eine leitende Frage:

> *Prompt: Stimmt es nicht, dass das Migrieren zu einer Microservices-Architektur die Systemskalierbarkeit immer verbessern wird?*

Ein ausgewogenerer Prompt sähe so aus:

> *Prompt: Was sind die Vorteile und möglichen Herausforderungen beim Migrieren zu einer Microservices-Architektur in Bezug auf Systemskalierbarkeit?*

Nach Beispielen und Analogien fragen

Stellen Sie sich vor, Sie würden das Konzept der Vererbung in der objektorientierten Programmierung nicht kennen. Also gehen Sie zu ChatGPT und geben diesen Prompt ein:

> *Prompt: Erkläre Vererbung in objektorientierter Programmierung.*

Sie werden eine detaillierte Antwort erhalten. Aber vielleicht wollen Sie etwas haben, das leichter verständlich ist. Dann ist es eine gute Idee, das LLM nach einer Analogie zu fragen:

> *Prompt: Erkläre Vererbung in objektorientierter Programmierung anhand einer Analogie.*
>
> *ChatGPT: Vererbung in der objektorientierten Programmierung lässt sich gut mit einer familiären Analogie erklären. Stellen wir uns eine Familie vor, in der bestimmte Eigenschaften und Fähigkeiten von Eltern an ihre Kinder weitergegeben werden …*

Nun geht ChatGPT mehr ins Detail und erklärt anhand der Analogie die zentralen Elemente von Vererbung.

Halluzinationen verringern

In Kapitel 2 haben Sie gelernt, dass Prompts bei einem LLM zu einer Antwort führen können, die eine *Halluzination* ist, zum Beispiel durch falsche oder irreführende Inhalte, während das LLM so tut, als ob sie wahr wären. Halluzinationen können gerade in der Softwareentwicklung gefährlich sein, weil es dort um Genauigkeit geht.

Wenn Sie die Tipps aus diesem Abschnitt beherzigen, werden solche Probleme zweifelsohne geringer werden, aber selbst ein sorgsam durchdachter Prompt kann Halluzinationen auslösen. Dafür gibt es eine Reihe von Gründen:

Fehlende Überprüfung der Trainingsdaten (Ground Truth Verification)
: LLMs erzeugen Antworten basierend auf Mustern, die sie über Trainingsdaten gelernt haben – sie können aber nicht überprüfen, ob diese Informationen stimmen.

Overfitting und Memorieren
: LLMs können falsche oder irreführende Informationen in ihren Trainingsdaten memorieren, insbesondere wenn solche Daten wiederholt oder sehr häufig vorkommen.

Voreingenommenheit in Trainingsdaten
: Finden sich in den Trainingsdaten Voreingenommenheit, Ungenauigkeiten oder Unwahrheiten, wird das Modell diese sehr wahrscheinlich in seinen Ausgaben replizieren.

Extrapolation und Spekulation
: Manchmal extrapolieren LLMs Daten aus den Mustern, um Informationen über Themen oder Fragen zu erzeugen, die in den Trainingsdaten nicht ausreichend behandelt wurden.

Fehlender oder missverstandener Kontext
LLMs können den notwendigen Kontext missverstehen, oder er ist nicht ausreichend genug vorhanden, um bestimmte Prompts adäquat zu beantworten. Das Modell versteht dann die Nuancen oder die Implikationen solcher Fragen nicht vollständig.

Slang und Idiome
Diese Arten von Sprache können zu Mehrdeutigkeiten führen, sodass das Modell dann die gemeinte Bedeutung fehlinterpretiert – insbesondere wenn es beim Training nicht genug Beispiele für den Slang oder das Idiom zu Gesicht bekommen hat.

Wie kann man dann Halluzinationen reduzieren? Zum einen ist es wichtig, offene Fragen zu vermeiden, wie zum Beispiel:

> *Prompt: Was für Möglichkeiten gibt es, um eine Datenbank zu optimieren?*

Solche Prompts regen das LLM dazu an, zu spekulieren oder zu sehr zu verallgemeinern. Das Modell interpretiert vielleicht auch die Intention der Frage oder die gewünschte Art der Antwort falsch, was zu Reaktionen führt, die nichts mit dem Thema zu tun haben oder komplett ausgedacht sind. Es kann sogar eine Kaskade mit Halluzinationen geben.

Eine effektive Technik ist, eine Reihe vordefinierter Optionen mitzugeben und die KI zu bitten, daraus zu wählen. Der vorherige Prompt könnte zum Beispiel wie folgt umformuliert werden:

> *Prompt: Welches des Folgenden ist eine Methode zum Optimieren einer Datenbank: Indexieren, Defragmentieren oder Komprimieren?*

Ein weiteres Beispiel: Sie fragen das LLM nach einer bestimmten Art von Schlussfolgerung. Dies ist ein effektiver Prompt:

> *Prompt: Ist die folgende Syntax zum Initialisieren eines Arrays in Java korrekt? Antworte mit »Ja« oder »Nein«.*

Oder Sie können mehrere Schritte in den Prompt aufnehmen, um das Modell besser durch einen strukturierten Prozess zu leiten und die Möglichkeiten, falsch abzubiegen, zu reduzieren:

> *Prompt:*
>
> *Schritt 1: Erstelle einen Generator für eine Fibonacci-Sequenz.*
>
> *Schritt 2: Nutze die iterative Methode.*
>
> *Schritt 3: Schreibe eine Python-Funktion mit dem Namen generate_fibonacci, die einen Integer-Parameter n als Argument übernimmt.*
>
> *Schritt 4: Die Funktion gibt die ersten n Zahlen der Fibonacci-Sequenz als Liste zurück.*

Sicherheit und Datenschutz

Es ist wichtig, beim Schreiben von Prompts Sicherheit und Datenschutz im Hinterkopf zu haben. Tatsächlich sollte es Teil der Firmenrichtlinien sein, passende Schutzmechanismen umzusetzen. Es ist entscheidend, Ihre Prompts von vertraulichen oder persönlichen Informationen frei zu halten, wie zum Beispiel Personally Identifiable Information (PII). Hier ein Beispiel für einen Prompt, der solche Informationen enthält:

> *Prompt: Wie würdest du ein Anmeldeproblem lösen, das von John Doe unter john.doe@example.com gemeldet wurde?*

Es ist besser, so vorzugehen:

> *Prompt: Wie würdest du ein Anmeldeproblem angehen, das von einem User gemeldet wurde?*

Damit bleiben private Informationen privat.

Es ist außerdem klug, keinerlei vertrauliche Systemdetails in den Prompts preiszugeben. Vermeiden Sie so etwas:

> *Prompt: Wie löst du einen Verbindungsfehler zu einer Datenbank auf unserem Produktivserver mit der IP 192.168.1.1?*

Es ist stattdessen sicherer, eine allgemeinere Frage zu stellen:

> *Prompt: Wie löst du allgemein einen Verbindungsfehler zu einer Datenbank?*

Zudem müssen Sie sicherstellen, dass Ihre Prompts niemanden unabsichtlich in eine zwielichtige Richtung lenken. Ein Prompt wie der folgende ist aus Sicherheitsaspekten in Ordnung:

> *Prompt: Wie erkennst und verhinderst du SQL Injection?*

Dieser ist es nicht, denn er könnte jemanden zu falschen Ideen verleiten:

> *Prompt: Wie nutzt du SQL-Schwachstellen in einer Website aus?*

Neben dem Befolgen von Sicherheits- und Datenschutzvorgaben ist es wichtig, beim Schreiben von Prompts auf Diversität und Inklusion zu achten. Machen Sie sich mit dem Konzept des Bias vertraut, der oft in den Trainingsdaten enthalten ist. Nutzen Sie in Prompts neutrale und inklusive Sprache, um diskriminierende oder ausschließende Sprache zu vermeiden. Es kann auch helfen, sich Feedback von einer diversen Gruppe von Menschen zu holen. Damit wird nicht nur die Fairness und Inklusivität bei der Interaktion mit dem LLM verbessert, es hilft auch dabei, ein genaueres und umfassenderes Verständnis für die aktuellen Themen zu erlangen.

Autonome KI-Agenten

Wir haben gesehen, wie Sie LLMs dazu bringen können, die Schritte für einen Prozess aufzuführen. Das ist der Kern der Codegenerierung.

Aber KI-Agenten können das Ganze noch weitertreiben. Sie folgen nicht einfach nur Prompts. Sie können mit LLMs kreativ werden, um einen größeren Plan für ein Ziel zu entwerfen, das Sie ihnen vorgeben. Dabei greifen sie auf spezialisierte Datenbanken wie Pinecone oder Chroma DB zu. Sie jonglieren dabei mit komplexen Wort-Embeddings, die die Modelle verstehen.

Autonome KI-Agenten basieren auf akademischer Forschung und sind im Allgemeinen Teil von Open-Source-Projekten. Ihre eigentliche Kernkompetenz ist das Automatisieren. Dazu wollen wir uns ein Beispiel anschauen. Stellen Sie sich vor, Sie geben folgendes Ziel vor:

> *Prompt: Erstelle eine einfache Wetter-Applikation mit einem User-Login-System.*

Tabelle 3-6 zeigt einen Prozess, den ein autonomer Agent möglicherweise verfolgt.

Tabelle 3-6: Prozess für einen autonomen Agenten

Phase	Aufgabe
Dinge erstellen	Benutzeroberfläche (UI) entwerfen. Grundlegendes Layout des Dashboards skizzieren. Farbschema und Schriften wählen. Icons und andere grafische Elemente entwerfen.
API-Integration für Wetterdaten	Im Internet nach zuverlässigen Wetterdaten-APIs suchen. Die anzuzeigenden Datenpunkte bestimmen. Code zum Auslesen und Aktualisieren der Wetterdaten schreiben.
Funktionalität zum Auswählen des Standorts	Suchfeld oder Auswahlmenü für User erstellen, damit diese ihren Standort wählen können. Diesen mit dem API-Code verbinden.
Fehlerbehandlung	Fehler wie fehlgeschlagene API-Aufrufe oder ungültige Standorte handhaben.
Aufgaben priorisieren	Aufsetzen der API-Integration priorisieren. Fokus auf dem UI. An Standortwahl und Fehlerbehandlung arbeiten.
Iteration	Generierten Code und aktuellen Stand des Wetter-Dashboards reviewen. Verbleibende oder während der Ausführung neu hinzugekommene Aufgaben identifizieren. Erstell- und Priorisierungsschritte wiederholen.

Diese Technologie ist noch ganz neu, und sie hat viel Potenzial. Aber sie ist auch nicht ohne Hürden:

Ressourcenfresser
: Agenten können große Mengen an Rechenleistung verbraten. Das kann Ihren Prozessor und Ihre Datenbanken in Bedrängnis bringen, zu mehr Wartezeit, weniger Zuverlässigkeit und ganz allgemein zu Verzögerungen führen.

In Endlosschleifen gefangen sein
: Manchmal laufen Agenten einfach nur im Kreis, weil es nicht vorangeht oder weil das Belohnungssystem repetitiv ist.

Experimenteller Status
: Agenten können noch nicht rund laufen. Sie bringen ein paar Bugs oder unerwartete Verhaltensweisen mit sich und sind abhängig von Ihren Anforderungen eventuell noch nicht bereit für die erste Liga.

Vergesslichkeit
: Agenten vergessen eventuell bestimmte Schritte oder Anweisungen.

Probleme beim Verwalten einer großen Menge an Aufgaben
: Sie haben eine lange Liste mit Aufgaben? Da können diese Agenten ins Stolpern geraten.

Durch irrelevante Details abgelenkt werden
: Agenten können durch kleine Dinge abgelenkt werden, die nicht wirklich wichtig sind, sie aber bei der Wahl von Tools in die falsche Richtung laufen lassen.

Eine weitere Innovation, die LLMs unterstützen, ist die *Retrieval Augmented Generation* (RAG). Mit RAG greift eine generative KI-Anwendung – beispielsweise in einem Framework wie LangChain geschrieben – auf externe Datenquellen (meist Vektordatenbanken) zu. Damit erhält das Modell für bestimmte Wissensbereiche bessere Grundlagen, was seine Antworten verbessern sollte.

RAG kann insbesondere dann nützlich sein, wenn komplexe Softwareentwicklungsaufgaben zu lösen sind, etwa in diesen Szenarien:

Bugs und kleine Defekte angehen
: Wenn man beim Entwickeln auf Bugs oder Fehler trifft, sucht RAG nach Korrekturen oder Workarounds im Web, wie zum Beispiel in Foren oder Bug-Datenbanken. RAG kann eigene Lösungen oder Codepatches vorschlagen, die Ihr Problem beheben.

Code Reviews besser machen
: RAG kann all die Best Practices, Standards und zu befolgenden Regeln aus den internen Quellen einer Firma hinzuziehen. Dadurch werden Ihre Code Reviews besser, und Sie erhalten Tipps und Tricks, um Ihren Code glänzen zu lassen.

Mehr testen

Wenn es Zeit wird, Ihren Code auf Herz und Nieren zu testen, kann RAG Ihre Boxen-Crew sein. Sie findet alle möglichen Testszenarien und -muster, passt sie so an, dass sie zu den Anforderungen Ihres Projekts passen, und hilft Ihnen dabei, Test Cases oder Testskripte schneller auszurollen.

Note

Manchmal wird ein LLM anmeckern, dass es ein Problem mit Ihrem Prompt gibt. Wenn Sie beispielsweise Folgendes schreiben:

> *Prompt: Schreibe eine REST-API in Assembler.*

... dann wird ChatGPT antworten:

> *ChatGPT: Das Schreiben einer vollständigen REST-API in Assembler ist äußerst komplex und unüblich, da Assembler sehr niedrige Abstraktionsebenen bietet und sich besser für systemnahe Programmierung und performancekritische Anwendungen eignet.*

Zusammenfassung

Zum Schreiben des perfekten Prompts muss Wissenschaft mit einem ordentlichen Schuss Kreativität vermischt werden. Es geht darum, die richtigen Zutaten zu finden – ein bisschen Kreativität, ein bisschen Bauchgefühl und ein strukturiertes Vorgehen –, um Prompts zu backen, die die LLMs dazu bringen, Ihnen die Antwort zu liefern, die Sie haben wollen. Es gibt kein Patentrezept, aber wenn Sie klar schreiben, ein paar Beispiele ins Spiel bringen und Ihre Prompts ordentlich aufbauen, werden Sie auch bessere Antworten bekommen.

Das Ganze ist ein Prozess. Sie probieren etwas aus, sehen, wie es funktioniert, passen es an und versuchen es erneut. Und wie bei jeder Fertigkeit werden Sie besser werden, je mehr Sie es mit unterschiedlichen Themen und Aufgaben üben.

KAPITEL 4

GitHub Copilot

In diesem Kapitel werden wir uns mit GitHub Copilot befassen, den ich nur kurz als »Copilot« bezeichnen werde. Er ist in der Welt der KI-Programmierassistenten das Schwergewicht. Die Leute bezeichnen ihn sogar als die »Killer-Applikation« der generativen KI. Das liegt vor allem an seinen fortschrittlichen Fähigkeiten beim Vorschlagen von Code, beim Erzeugen und beim Erläutern, die die Entwicklungsproduktivität deutlich verbessern. Indem der Copilot Codemuster aufgrund des Kontexts verstehen und vorhersagen kann, spart er nicht nur Zeit, sondern unterstützt auch noch beim Schreiben von effizienterem und fehlerfreierem Code.

In diesem Kapitel werden wir uns recht umfassend mit Copilot beschäftigen: wie viel er kostet, wie er eingerichtet wird und was für coole Features er bietet. Und wir werden auch ehrlich über seine Nachteile schreiben. Zudem werde ich ein paar praktische Tipps dazu geben, wie Sie das Beste aus ihm herausholen können. Das ist aber noch nicht alles: Wir werden auch sehen, wie sich Copilot mit dem Copilot Partner Program mit anderen Firmen zusammentut. Dieses Kapitel dreht sich also darum, was der Copilot alles kann.

GitHub Copilot

Im Juni 2021 hat Microsoft den GitHub Copilot vorgestellt. GitHubs CEO Nat Friedman beschrieb ihn in einem Blogpost (*https://oreil.ly/L4JcE*) als »AI Pair Programmer«, der dazu gedacht ist, die Entwicklungsarbeit zu beschleunigen, indem er effizienter beim Erledigen von Aufgaben hilft.

Der Copilot ist das Ergebnis einer Partnerschaft zwischen Microsoft und OpenAI. Zunächst wurde ein Large Language Model namens Codex eingesetzt – eine Variante von GPT-3, die für das Programmieren angepasst wurde. Die

Fähigkeiten dieses LLM wurden dann von Microsoft durch das Integrieren eines neuen Ansatzes verbessert, der als *Fill-in-the-Middle* (FIM) bekannt ist und den Kontext von Code besser versteht. Damit wurde die Qualität von Codevorschlägen verbessert, und die Antwortzeiten wurden verkürzt. Unterstützt durch das ausgefeiltere GPT-3.5 Turbo, führte diese Verbesserung zu einer merklich erhöhten Akzeptanz der Codevorschläge. Um die Sicherheit zu verstärken, band das Tool ein KI-System ein, um riskante Codemuster direkt zu blockieren und sich auf Schwachstellen wie hartcodierte Credentials oder SQL Injections zu fokussieren.

Preise und Versionen

Es gibt eine für 30 Tage kostenlose Testversion von Copilot. Danach haben Sie drei Möglichkeiten:

Copilot Individual
: Dieser Plan kostet 10 $ pro Monat oder 100 $ jährlich. Er bietet Features wie mehrzeilige Funktionsvorschläge, die Ihren Coding-Workflow verbessern können. Ein besonderes Feature ist die Möglichkeit, Tests schneller zu erzeugen – ein wichtiges Element, um Ihren Code zuverlässiger und stabiler zu machen. Zudem gibt es hier ein Feature, das angreifbare Coding-Muster aufzeigt. Und es verhindert Vorschläge, die eventuell öffentlichen Code verwenden, sodass sichergestellt ist, dass Ihre Code einzigartig und original ist.

Copilot Business
: Dieses Paket ist umfangreicher und kostet 19 $ pro User und Monat. Es enthält alles aus Copilot Individual und noch ein paar zusätzliche Add-ons für das geschäftliche Umfeld. Das Lizenzmanagement wird vereinfacht, was für Firmen ein großer Vorteil beim Handhaben ihrer Subskriptionen und des Zugriffs ist. Es gibt zudem ein Feature für das Managen von Policies innerhalb der Organisation, um sicherzustellen, dass in allen Projekten Governance und Konsistenz gleich behandelt wird. Ein zentrales Highlight sind die ausgezeichneten Privacy-Safeguards, die unabdingbar sind, um kritische Geschäftsdaten sicher zu verwahren. Zudem werden Unternehmensproxies unterstützt, die eine sichere und problemlose Verbindung im Firmennetzwerk garantieren.

Copilot Enterprise
: Hier zahlen Sie 39 $ pro User und Monat. Zentrales Feature des Enterprise-Plans ist, dass das System mit internen Codebasen trainiert werden

kann. Die Enterprise-Version verbessert die Effizienz beim Entwickeln weiter, weil das Tool noch passendere Codevorschläge bietet. Es hilft dabei, sich bessere Praktiken anzugewöhnen und sich an Sicherheitsregeln zu halten. Zudem passt es sich besser an die Art und Weise an, wie man beim Entwickeln intern vorgeht und welche APIs, Frameworks und Pakete bevorzugt werden.

Ein weiterer Vorteil der Enterprise-Version besteht darin, dass Sie sie mit klassischen Sprachen wie COBOL oder Fortran trainieren können. Allgemein nutzbare LLMs sind da meist nicht so effektiv, weil Trainingsdaten aus öffentlichen Repositories fehlen. Natürlich wüssten diese auch nichts über proprietäre Sprachen, die nur in Ihrer Firma eingesetzt werden.

Das GitHub-System macht das Modell für die Enterprise Edition auch noch stärker, indem es die Repositories der Firma kontinuierlich scannt. So berücksichtigt es beispielsweise aktuelle Pull Requests und Merges, aber auch Daumen-hoch- und Daumen-runter-Feedback. All das hilft dabei, die neuesten Methoden und Strategien zu erkennen, die eine Firma nutzt.

Eigene Modelle helfen dabei, Know-how in der Organisation zu verteilen. Die KI sucht sich das subtile Wissen heraus, das im Code versteckt ist, und teilt es mit anderen. Mit fortlaufendem Training hält die KI mit der sich ändernden Codebasis Schritt und macht ihre Hilfe immer besser. Trotzdem ist es ausgesprochen wichtig, dass sich Firmen um die Risiken bezüglich Datenschutz und geistigen Eigentums kümmern, die entstehen, wenn sich KI-Tools in den Entwicklungsprozess einmischen.

Im Jahr 2023 hat Forschung bei Gartner (*https://oreil.ly/zXAQ-*) gezeigt, dass weniger als 10% der großen Unternehmen damit begonnen haben, KI-gestützte Programmiertools einzusetzen. Dieses Zögern beruht zum Teil auf Sorgen um Sicherheit und Korrektheit. Mit den rasanten Fortschritten dieser Technologie ist aber davon auszugehen, dass mehr und mehr Firmen in naher Zukunft diese Tools einsetzen werden. Kurz gesagt: Die Vorteile sind einfach zu groß, um sie übersehen zu können.

Anwendungsfall: Hardware programmieren

Eine interessante Fallstudie mit eigenen Modellen bezieht sich auf Advanced Micro Devices (AMD). Gegründet im Jahr 1969, ist die Firma ein Pionier im Feld der CPUs (*Central Processing Units*). Heutzutage ist sie führend (*https://*

oreil.ly/pOoMj) bei Halbleitern für Data Center, Embedded Systems, Spieleplattformen und PCs.

Bevor wir uns das näher anschauen, wollen wir erst noch ein paar Grundlagen zum Entwickeln für Hardwaresysteme betrachten. Das ist ein ganz anderes Kaliber als das Bauen von Software für so etwas wie eine Webanwendung. Die zentrale Herausforderung ist, dass man beim Entwickeln das Hardwaresystem in- und auswendig kennen muss. Anders als bei normaler Software, die auf universell nutzbaren Computern läuft, redet die Firmware direkt mit der Hardware. Das erfordert einen deutlich höheren Anspruch an Präzision und Kompatibilität.

Diese Art von Präzision ist entscheidend, weil Fehler in der Firmwareentwicklung richtig teure Konsequenzen haben können. Ein einzelner Fehler kann schon in die Millionen gehen. Und es geht nicht nur um Geld – Zeit ist ebenfalls ein entscheidender Faktor. Zum Beheben eines Firmwareproblems muss im Allgemeinen der Herstellungsprozess überarbeitet werden, was die Zeitplanung um Monate zurückwerfen kann. Solch eine Verzögerung betrifft nicht nur den Release-Zeitplan, sondern auch, wie gut sich das Produkt im Markt noch behaupten kann.

In diesem Setting funktioniert die Mentalität »move fast and break things« der agilen Softwareentwicklung nicht. Die Risiken sind dafür zu groß. Darum müssen Firmwareentwickler und -entwicklerinnen Zeit und Aufwand in das Erstellen detaillierter Pläne stecken und umfangreiche Tests durchführen. Dieses vorsichtige Vorgehen stellt sicher, dass die Firmware so solide und fehlerfrei wie möglich ist, bevor sie mit der Hardware verbunden wird.

Als sich AMD den Copilot im Jahr 2023 anschaute, hatte das Unternehmen hohe Ansprüche und war verständlicherweise ziemlich skeptisch. In einem Pilotprojekt baute AMD eine eigene Version von Copilot für verschiedene *Hardware Description Languages* (HDLs) wie Verilog und SystemVerilog. HDLs sind spezifische Arten von Programmiersprachen, die dafür gedacht sind, die Architektur, das Design und die Funktion von elektronischen Schaltkreisen – insbesondere mit digitaler Logik – zu beschreiben. Sie sind für das Modellieren und Simulieren elektronischer Systeme auf unterschiedlichen Abstraktionsebenen von großer Bedeutung.

Das Ergebnis des Pilotprojekts (*https://oreil.ly/TXMvQ*) war deutlich besser als erwartet. Überraschenderweise stimmte der von Copilot generierte Code besser mit den AMD-Standards überein als das, was das eigene Programmiererteam geschrieben hatte. Die Verbesserung war so deutlich, dass manche der Programmierenden sogar von Vim – einem sehr weitgehend anpassbaren Texteditor – zu Visual Studio Code als IDE wechselten.

Anwendungsfall: Shopify

Eine weitere interessante Fallstudie ist Shopify. Diese Firma betreibt eine Plattform, auf der Kunden E-Commerce-Websites aufsetzen können. Shopify hat in den USA einen Marktanteil von etwa 10 %, in Europa von 6 %.

Zweifelsohne ist dafür sehr viel Infrastruktur erforderlich. Es gibt etwa 300 öffentliche und 5.000 private Repositories. Zudem führt Shopify jeden Tag ungefähr 1.500 Deployments ihres Codes durch.

Shopify war eine der ersten Firmen, die auf den Copilot-Zug aufsprangen, und es hat die Entwicklung deutlich produktiver gemacht. Aktuell nutzen nahezu 2.000 Shopify-Entwicklerinnen und -Entwickler das Tool (*https://oreil.ly/ZI_9K*). Das Coole daran: 70 % finden es hilfreich und 75 % nutzen es viel. Ungefähr 26 % der Codevorschläge von Copilot werden akzeptiert.

Sicher gibt es ein paar Features, die sich nicht durchgesetzt haben, wie zum Beispiel die Integration mit der Befehlszeilenschnittstelle (*Command-Line Interface*, CLI). Aber trotzdem nutzen viele die Codevervollständigung und den Chat tagtäglich.

Hier ein paar interessante Erkenntnisse:

Wert von Codevorschlägen
: Auch wenn man beim Entwickeln einen Vorschlag nicht nutzt, ist dieser nicht komplett verloren. Jeder Vorschlag kann als Idee für das Schreiben besseren Codes dienen.

Übernahmerate
: Die Anwendungsrate steigt wenig überraschend mit der Zeit an. Es dauert ein bisschen, die täglichen Workflows anzupassen und sich mit neuen Features vertraut zu machen. Zudem gibt es auch beim Copilot eine Lernkurve.

Akzeptanz der Senior-Entwickler
: Zu Beginn des Einsatzes von Copilot waren die erfahreneren Entwicklerinnen und Entwickler nicht allzu begeistert davon. Sie tendieren dazu, das Tool eher als Spielzeug denn als ernsthaftes Werkzeug zu betrachten. Aber mit der Zeit sahen sie, wie andere gute Ergebnisse erzielten, und freundeten sich damit an.

Verbessertes Lernen
: Shopify stellte fest, dass Copilot gut darin ist, die Menschen dazu zu bringen, eine neue Sprache oder ein neues Framework auszuprobieren. So gab es beispielsweise einen deutlichen Anstieg der Verwendung von Rust.

Etwa eine Million Zeilen der Shopify-Codebasis wurde unter Begleitung dieses Tools geschrieben, was zeigt, dass Copilot für dieses Geschäft sehr hilfreich ist.

Anwendungsfall: Accenture

Accenture ist eine große Beratungsorganisation, die Klienten dabei hilft, ihre Arbeitsabläufe und ihr Wachstum mithilfe innovativer Technologien und Systeme zu verbessern. Die Firma hat über 733.000 Mitarbeitende (*https://investor.accenture.com*) in mehr als 120 Ländern.

Im Jahr 2023 testete Accenture Copilot mit 450 seiner internen Entwicklerinnen und Entwickler (*https://oreil.ly/ku8Nd*). Die Firma gab dabei keine spezifischen Aufgaben oder Ziele vor. Stattdessen baten die Manager alle Beteiligten, einfach mit ihrer Arbeit wie bisher weiterzumachen.

Der Versuch lief bei Accenture über sechs Monate. Was ist in der Zeit geschehen? Aus Coding-Sicht gab es eine 35%ige Akzeptanzrate für die Vorschläge von Copilot, von denen 88 % auch ein Code Review überlebten. Die Produktivität stieg ebenfalls deutlich an.

Es gab 50 % mehr Pull Requests und eine um 15 % gestiegene Merge-Rate. Ebenso nahm die Effizienz stark zu: 50 % mehr Builds und eine um 45 % gestiegene Erfolgsrate. Und das Entwicklerteam? Es war sehr glücklich damit – 96 % fühlten sich von Tag eins an erfolgreich.

Aufgrund dieser Ergebnisse entschied sich Accenture dazu, Copilot global an seine 50.000 Entwickler und Entwicklerinnen (*https://oreil.ly/UgdoL*) auszurollen.

Sicherheit

Garner hat im Jahr 2023 mehr als 2.000 Chief Information Officers (CIOs) befragt (*https://oreil.ly/k1oVc*) und herausgefunden, dass 66 % davon planen, die meisten Ressourcen in Cyber- und Informationssicherheit zu investieren. Dieser Trend besteht schon seit Jahren. In einer Zeit, da Cyberbedrohungen komplexer und verbreiteter werden, kann ein Einbruch in Systeme zu großen finanziellen Schäden, Reputationsverlust, juristischem Ärger und Unterbrechungen der Geschäftstätigkeit führen. Zudem werden Datenschutzrichtlinien strikter, und CIOs müssen sorgfältig darauf achten, dass die Firma korrekt vorgeht, um Strafen zu vermeiden und das Vertrauen der Kundinnen und Kunden aufrechtzuerhalten.

Darum ist Sicherheit für GitHub bei ihrem Copilot-Programm ein wichtiges Thema. GitHub hat ein System entwickelt, das auf LLMs basiert und unsichere Coding-Muster direkt erkennt und korrigiert.

Darüber hinaus gibt es die Advanced Security Features (*https://oreil.ly/fZamu*) von GitHub, die durch Copilot unterstützt werden. Dies sind die wichtigsten:

Code Scanning
: Advanced Security sucht in Echtzeit nach Sicherheitslücken und Coding-Fehlern.

Secret Scanning
: Das Produkt kann Secrets wie Schlüssel oder Tokens ausfindig machen, die in private Repositories eingecheckt wurden.

Dependency Review
: Damit werden die Auswirkungen von Änderungen an Abhängigkeiten aufgezeigt. Sie erhalten zudem Details zu Schwachstellen, wenn Sie einen Pull Request mergen.

> Für Studenten, Dozenten und Betreuer beliebter Open-Source-Projekte ist Copilot kostenlos, aber es gibt einen Verifikationsprozess.

Los geht's

Um mit Copilot zu starten, müssen Sie zuerst einen GitHub-Account erstellen. GitHub ist ein Onlineservice, der Versionsverwaltung und gemeinschaftliche Softwareentwicklung unterstützt. Er baut auf Git auf – einem Tool, das Code Reviews und Projektmanagement-Features bietet.

Nachdem Sie Ihren Account eingerichtet haben, klicken Sie auf Ihr Profilfoto rechts oben auf dem Bildschirm. Es öffnet sich ein Drop-down-Menü wie das in Abbildung 4-1.

Wählen Sie *Copilot* aus und klicken Sie dann auf *Enable GitHub Copilot*. Sie können den gewünschten Plan auswählen, danach klicken Sie auf *Continue*. Nun geben Sie Ihr Bezahldaten an, sofern Sie nicht zu einem kostenlosen Account berechtigt sind.

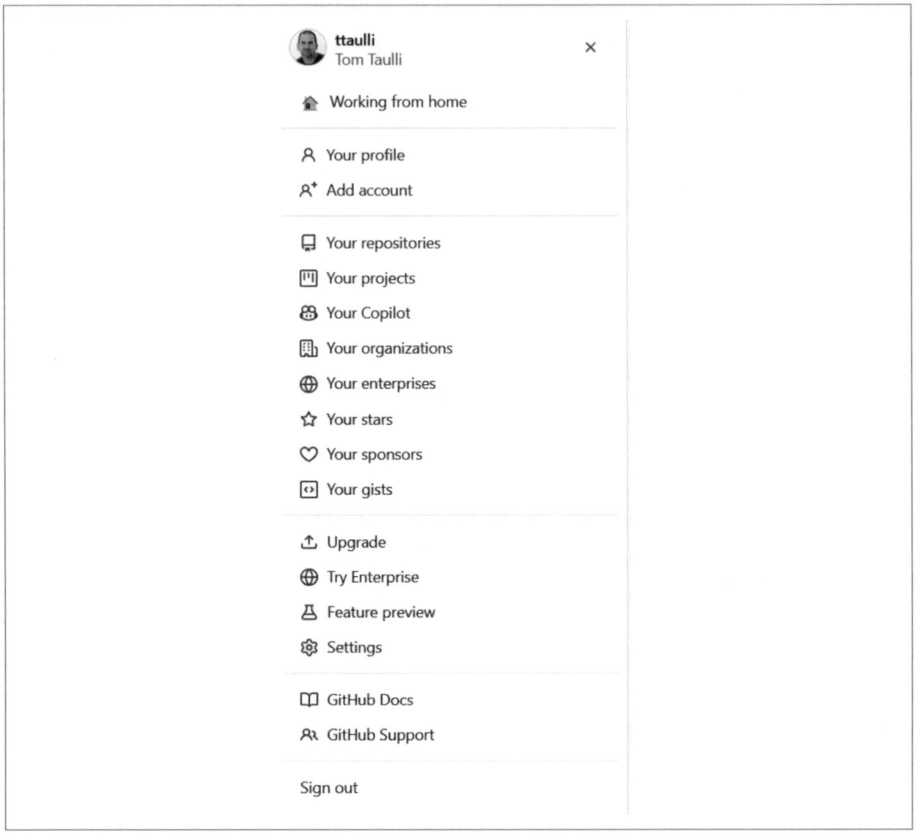

Abbildung 4-1: Copilot im Auswahlmenü aktivieren, das per Klick auf das Profilfoto erscheint

Codespaces und Visual Studio Code

Es gibt zwei Möglichkeiten, Copilot einzusetzen. Der eine ist der Weg über Codespaces, eine cloudbasierte Entwicklungsumgebung, die auf Visual Studio Code (VS Code) läuft und direkt über *https://github.com* verfügbar ist.

Alternativ können Sie die Copilot-Extension nutzen, wenn Sie die Desktopversion von Visual Studio Code einsetzen. In diesem Buch werden wir uns vor allem mit der VS-Code-Extension befassen.

Die IDE selbst ist kostenlos. Abbildung 4-2 zeigt das Hauptfenster von VS Code. Sie können dieses System auf diversen Plattformen ausführen, unter anderem auf Windows (Versionen 7, 8, 10 und 11), macOS und verschiedenen Linux-Distributionen wie Ubuntu, Debian oder Fedora.

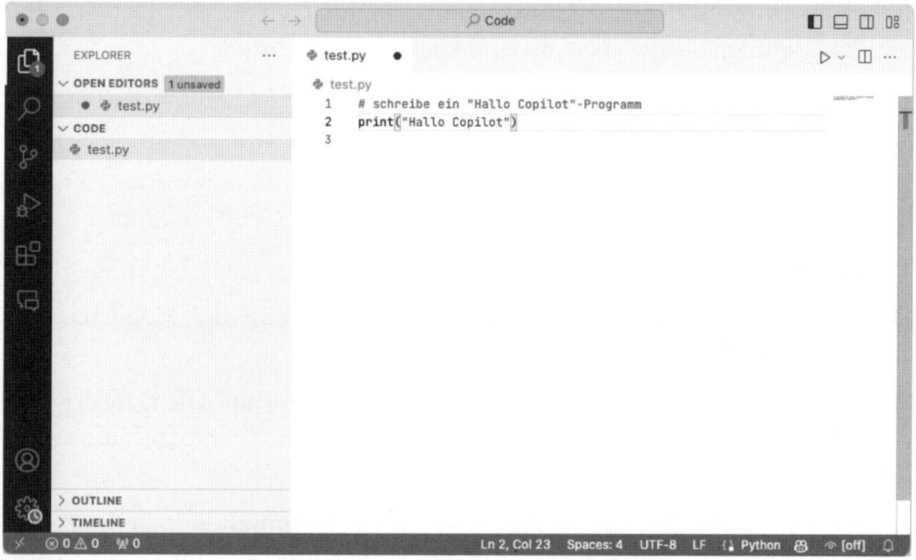

Abbildung 4-2: Das Hauptfenster von Visual Studio Code zeigt eine Activity Bar und einen Bereich, in dem Code generiert und angezeigt wird.

Auf der linken Seite befindet sich die Activity Bar – eine Reihe von Icons. Darüber können Sie Datei und Ordner laden. Oder Sie wählen das fünfte Icon aus – eine Gruppe von Quadraten –, um in den Bereich zum Installieren von Extensions zu gelangen (siehe Abbildung 4-3).

Abbildung 4-3: Sie können in VS Code Extensions installieren, zum Beispiel für den Copilot.

Geben Sie in der Suchbox »github copilot« ein, erhalten Sie eine Liste mit Extensions. Wählen Sie die erste aus und klicken Sie auf *Install*.

Dann schauen Sie unten rechts auf den Bildschirm. Sehen Sie dort das Copilot-Icon, steht der Service zur Verfügung.

In der Mitte des Fensters sehen Sie, wie der Code »Hallo Copilot!« ausgibt. Das wurde mit folgendem Prompt erreicht, den Copilot in Code verwandelt hat:

Prompt: # schreibe ein »Hallo Copilot!«-Programm

Das Zeichen # definiert einen Kommentar. Das ist eine der Möglichkeiten, Copilot anzuweisen, Code zu generieren.

Sie sehen, dass der Code in Python geschrieben ist. Warum? Die Dateierweiterung ist hier *.py*. Copilot nutzt die Dateierweiterung, um herauszufinden, welche Sprache zu verwenden ist.

Oben rechts im Fenster gibt es ein Icon, um das Programm auszuführen. Klicken Sie es an, wird VS Code das Terminal starten, und Sie sehen die ausgegebene Nachricht.

Vorschläge

Es ist ganz einfach, mit Copilot in VS Code loszulegen. Wenn Sie damit beginnen, Code einzutippen, springt das Tool an, macht Codevorschläge und erzeugt abhängig von Ihrer Eingabe Codeschnipsel.

Angenommen, Sie geben den Header für eine Funktion in Python ein:

```
def find_factorial(number):
```

Copilot wird direkt einen vollständigen Funktionsrumpf vorschlagen (siehe Abbildung 4-4). Dieses generierte Coding wird als *Ghost Text* bezeichnet und erscheint in Grau.

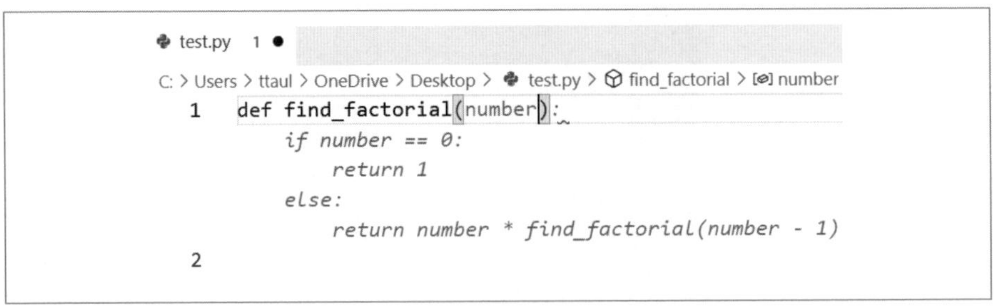

Abbildung 4-4: Copilot schlägt Code vor, wenn ein User einen Funktionsheader schreibt.

Denken Sie daran, dass der Code auf Ihrem Rechner etwas anders aussehen kann. Das ist normal, da das zugrunde liegende LLM mit einem komplexen Satz an Wahrscheinlichkeiten arbeitet.

Aber das Spannende ist: GitHub versteht, dass Sie versuchen, eine Funktion zum Berechnen einer Fakultät zu schreiben, die einen Parameter übernimmt. Daher schlägt es die `if`-Struktur vor, die Sie brauchen, um das richtige Ergebnis zu erhalten. Sie können die Tab-Taste drücken, um den Codevorschlag zu akzeptieren. Wenn das nicht der Code ist, nach dem Sie Ausschau halten, drücken Sie einfach die Esc-Taste, um ihn zu verwerfen.

Hovern Sie über den generierten Code, werden Sie, wie in Abbildung 4-5 gezeigt, ein paar mehr Optionen sehen.

Sie können auf *Accept* klicken, um den Codevorschlag zu akzeptieren – das entspricht dem Drücken der Tab-Taste –, oder Sie wählen *Accept Word*, um Schritt für Schritt die Wörter im Code zu akzeptieren. Klicken Sie auf die drei Pünktchen, erhalten Sie ein Menü, über das Sie eine Zeile akzeptieren oder die Toolbar immer anzeigen können.

Klicken Sie auf das *1/2* links, erhalten Sie Alternativen für den generierten Code – in Abbildung 4-5 gibt es zwei Alternativen, und die erste wird gerade angezeigt. Durch Klick auf > wechseln Sie zu Version 2, klicken Sie dann auf <, landen Sie wieder bei Version 1.

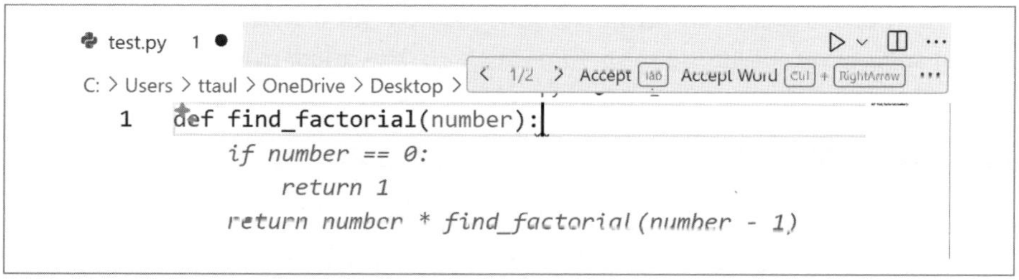

Abbildung 4-5: Beim Hovern über den generierten Code tauchen oben rechts mehr Optionen auf.

Sie können auch die Tastenkürzel aus Tabelle 4-1 verwenden, um durch die Optionen zu navigieren.

Tabelle 4-1: Tastenkürzel für das Scrollen durch die Codevorschläge

OS	Nächster Vorschlag	Vorheriger Vorschlag
macOS	Option (?) oder Alt+]	Option (?) oder Alt+[
Windows	Alt+]	Alt+[
Linux	Alt+]	Alt+[

Drücken Sie Strg+Enter, erzeugt VS Code einen neuen Tab mit zehn alternativen Lösungen (siehe Abbildung 4-6).

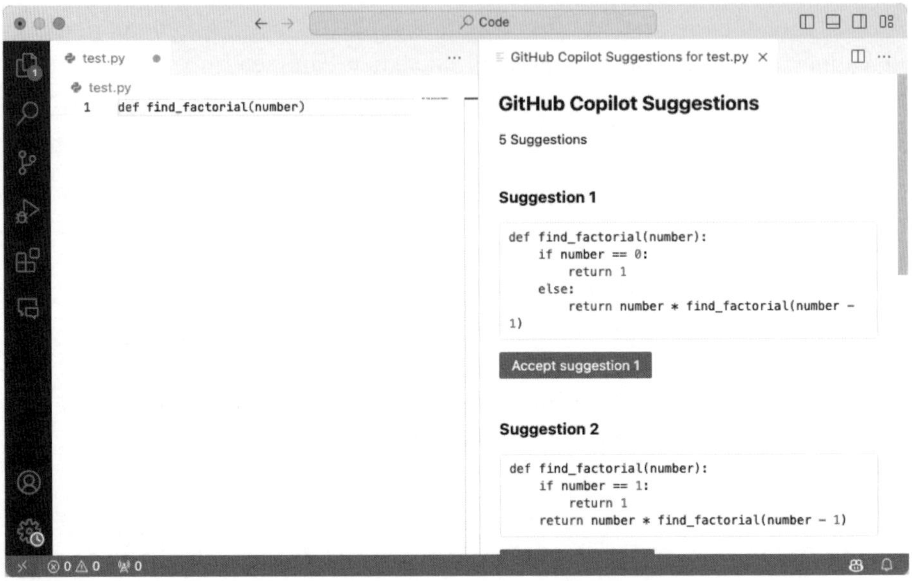

Abbildung 4-6: Mit Strg+Enter erhalten Sie einen Tab mit zehn verschiedenen Versionen des Codes.

Um eine der Alternativen auszuwählen, klicken Sie unterhalb des Codes auf *Accept suggestion*. Oder Sie schließen den Tab, um alle zurückzuweisen.

Kommentare

Weiter oben in »Codespaces und Visual Studio Code« auf Seite 100 haben wir uns angeschaut, wie Sie Copilot dazu bringen können, mithilfe von Kommentaren Code zu erzeugen. Dazu geben Sie den Kommentar in der Syntax der aktuell genutzten Programmiersprache an.

Aber es geht noch mehr. Sie können Kommentare nutzen, um mit dem System so zu interagieren, als würde es sich um ChatGPT handeln. Schauen wir uns ein Beispiel an:

> *Prompt: # q: Was ist eine Klasse in objektorientierter Programmierung?*
>
> *Copilot: # a: Eine Klasse ist ein Bauplan für Objekte. Sie definiert die Eigenschaften und Methoden, die ein Objekt haben kann.*

Wenn es passt, berücksichtigt die Antwort auch den Kontext der Sprache, in der Sie programmieren. Nehmen wir nun an, dass Sie Copilot fragen, wie das System funktioniert:

> *Prompt: # q: Was ist das Tastenkürzel, um einen Inline-Vorschlag zu akzeptieren?*
>
> *Copilot: # a: Das Tastenkürzel, um einen Inline-Vorschlag in VS Code zu akzeptieren, ist »Tab«.*

Sie können Copilot zu Features von VS Code befragen:

> *Prompt: # q: Was ist das Tastenkürzel für die User Settings in VS Code?*
>
> *Copilot: # a: Das Tastenkürzel für die User Settings in VS Code ist »Ctrl + ,«.*

Auch zu Tastenkürzeln anderer IDEs können Sie Fragen stellen:

> *Prompt: # q: Was ist das Tastenkürzel für eine neue Datei im Atom-Editor?*
>
> *Copilot: # a: Das Tastenkürzel für eine neue Datei im Atom-Editor ist »Ctrl + N«.*

Chat

Copilot Chat ist vergleichbar mit ChatGPT, aber für Ihre Programmierumgebung. Es ist praktisch, um damit über Code zu chatten, wenn Sie zum Beispiel etwas über die Syntax herausfinden, Bugs beheben, Test Cases festlegen oder einfach so über verschiedene Programmierideen reden wollen. Chat wird durch GPT-4 und GPT-3.5 Turbo von OpenAI bestückt, dazu kommt ein wenig von Microsofts eigenen LLMs.

Sie können direkt über *https://github.com* in die Chat-Funktion einsteigen. So lässt sich Code analysieren, Pull Requests können verwaltet werden, Sie können in Dokumentationen stöbern oder einfach eine beliebige Programmierfrage stellen. Zudem steht Chat in den GitHub-Apps für iOS und Android zur Verfügung, sodass Sie auch unterwegs damit arbeiten können.

Hier wollen wir uns aber auf die Zusammenarbeit von Chat und VS Code konzentrieren. Dafür müssen wir eine neue Extension installieren – suchen Sie einfach nach »GitHub Copilot Chat«. Haben Sie sie installiert, werden Sie links im Fenster ein neues Icon in Form von zwei kleine Sprechblasen sehen, wie in Abbildung 4-7 dargestellt.

Abbildung 4-7: Ein Chat-Icon ist links im Fenster aufgetaucht.

Im Chat-Panel auf Ihrem Bildschirm sehen Sie oben eine Gruppe von Icons in einem Menü. Das erste besteht aus horizontalen Linien und einem kleinen x. Damit löschen Sie Ihren Chat-Verlauf. Das ist aufgrund der Art und Weise wichtig, wie ein Kontext funktioniert. Geben Sie einen Prompt ein, schaut sich das LLM den Gesprächsverlauf an. Wechseln Sie dabei dauernd das Thema, erhalten Sie eventuell keine besonders hilfreiche Antworten. Darum ist es nicht verkehrt, jeden Chat auf ein Thema zu konzentrieren und für neue Themen auch neue Chats zu starten.

Das nächste Icon mit einer Person und einer Sprechblase ermöglicht Ihnen, Feedback über das System zu schicken. Dann gibt es den History-Button – eine Uhr –, die die vorherigen Gesprächsverläufe zeigt.

Klicken Sie auf die drei Punkte, können Sie den Chat innerhalb des Editors nutzen, wo Sie viel mehr Platz haben.

Unten in der Chatbox gibt es einen Eingabebereich, in dem Sie dem System Fragen stellen können.

Das Chat-System hat eine Reihe von Kurzverweisen. Einer davon ist *@workspace*, der sich auf die Dateien bezieht, die in Ihrem Workspace geöffnet sind. Haben Sie beispielsweise ein Taschenrechnerprogramm in Python, können Sie Folgendes eingeben:

> *Prompt: @workspace /explain*

Abbildung 4-8 zeigt, dass Chat die Programmdatei analysiert und eine umfangreiche Erläuterung geliefert hat.

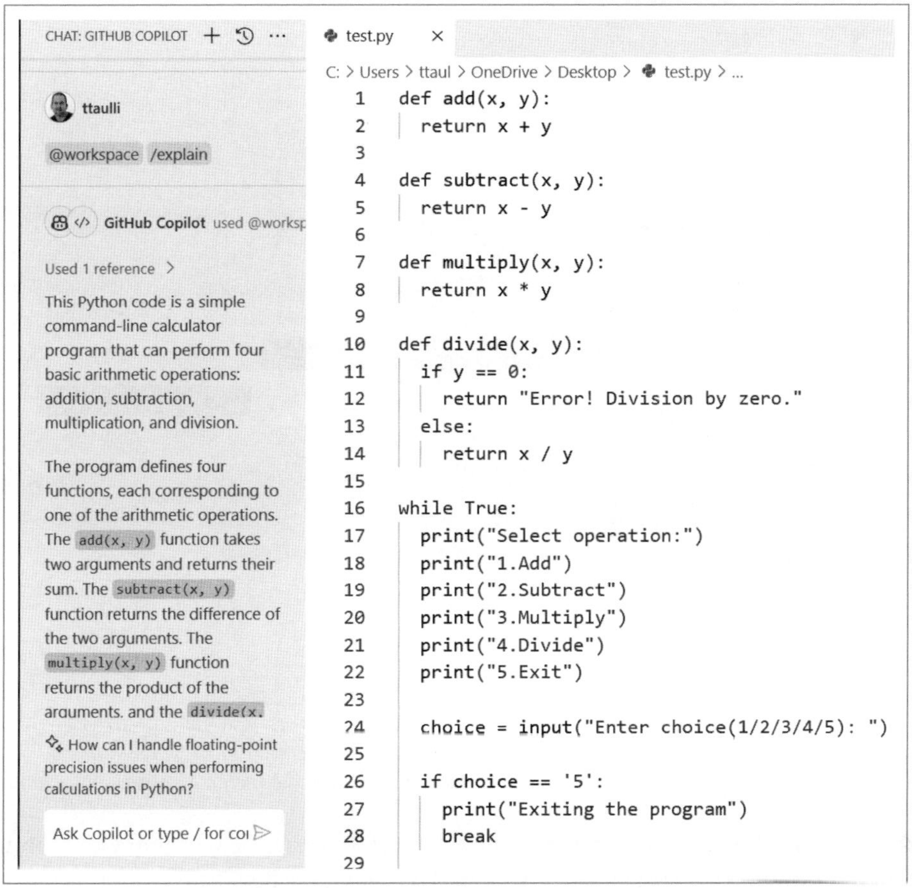

Abbildung 4-8: Chat kann zum Erläutern von Code genutzt werden – hier zum Beispiel für ein Taschenrechnerprogramm.

Sie können Chat bitten, nur einen Teil des Codes zu erklären. Markieren Sie den für Sie interessanten Bereich und drücken Sie die rechte Maustaste. So erhalten Sie ein Menü (siehe Abbildung 4-9).

Haben Sie Chat angewiesen, sich auf nur einen Teil des Codes zu konzentrieren, können Sie ihn sich nicht nur erklären lassen, sondern ihn auch korrigieren, Dokumentation erzeugen oder Tests erstellen.

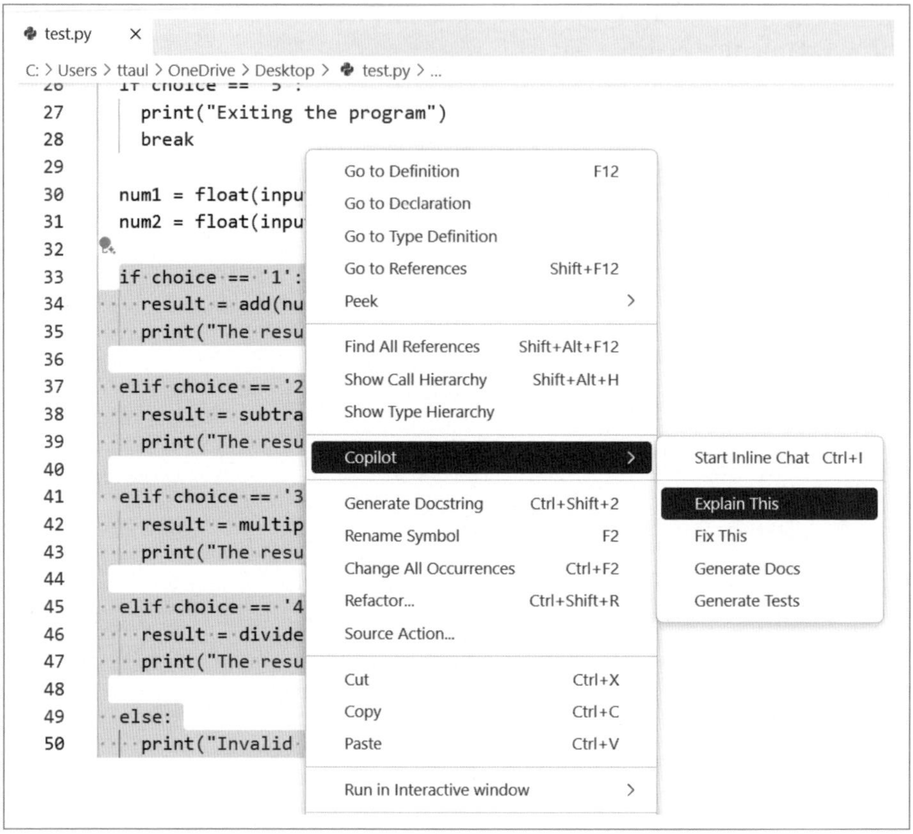

Abbildung 4-9: Sorgen Sie dafür, dass Chat sich auf einen Bereich Ihres Codes konzentriert, indem Sie diesen markieren und dann die rechte Maustaste drücken.

Ein weiterer hilfreicher Kurzverweis ist der Befehl */new*. Er wird ein Gerüst für ein neues Projekt oder Feature erstellen. Hier ein paar Beispiele:

> *Prompt: /new Erstelle ein Python-Skript, um Daten von einer Website zu lesen*

> *Prompt: /new Erzeuge eine Java-Klasse für einen Studenten mit Feldern für Name, Alter und Semester*

> *Prompt: /new Baue eine einfache REST-API mit Flask*

> *Prompt: /new Erstelle eine JavaScript-Funktion, um ein Array mit Zahlen in aufsteigender Reihenfolge zu sortieren*

> *Prompt: /new Entwerfe ein SQL-Datenbank-Schema für ein Blog mit Tabellen für User, Posts und Kommentare*

Als Reaktion auf diese Prompts wird das Chat-System die wichtigsten Schritte mitsamt dem zugehörigen Code vorstellen. Sie haben dann eine Reihe von Optionen dazu, was Sie damit anfangen wollen. Wie in Abbildung 4-10 zu sehen, gibt es oben ein paar Menüeinträge.

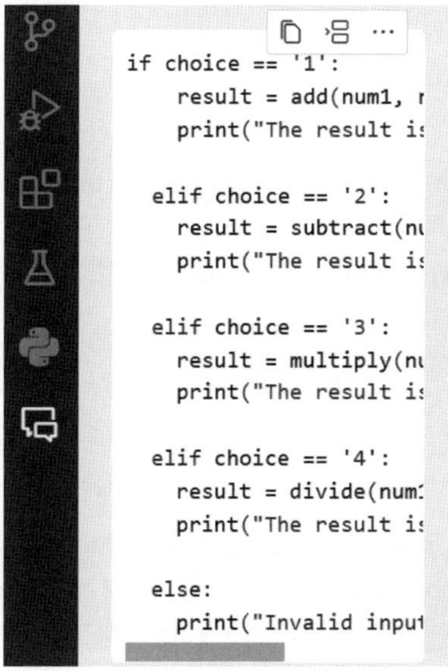

Abbildung 4-10: Oberhalb des Codelistings für Chat zeigen Optionen, was mit dem Code angestellt werden kann.

Das erste Icon kopiert den Code, das nächste fügt ihn dort ein, wo sich der Cursor in der Datei befindet (Sie können auch Strg+Enter drücken). Wählen Sie die drei Punkte, können Sie den Code in eine neue Datei oder in das Terminal übertragen.

Es gibt auch einen Kurzverweis für das Erstellen eines neuen Jupyter Notebook: */newNotebook*. Sie müssen angeben, was das Notebook tun soll. Hier ein paar Beispiel-Prompts:

> *Prompt: /newNotebook Erstelle ein Notebook, um Daten aus einer CSV-Datei mit matplotlib zu visualisieren*

> *Prompt: /newNotebook Erstelle ein Notebook, um einen Datensatz für Machine Learning vorzuverarbeiten und zu säubern*

> *Prompt: /newNotebook Erstelle ein Notebook, um ein einfaches lineares Regressionsmodell mit scikit-learn zu implementieren*

> *Prompt: /newNotebook Erstelle ein Notebook, um Zeitserien-Daten zu analysieren*

> *Prompt: /newNotebook Erstelle ein Notebook, um Daten von einer Website zu holen und zu analysieren*

Chat bietet des Weiteren einen */terminal*-Befehl. Sie können Frage zum Terminal oder zu Befehlszeilenprogrammen stellen, wie zum Beispiel zum Navigieren in Verzeichnissen, zum Ausführen von Skripten oder zum Installieren von Paketen. Hier ein paar Beispiel-Prompts:

> *Prompt: /terminal Wie lautet der Befehl, um alle Umgebungsvariablen aufzuführen?*

> *Prompt: /terminal Wie nutze ich grep, um einen Text in mehreren Dateien zu finden?*

> *Prompt: /terminal Wie kann ich mit dem find-Befehl anhand von Berechtigungen nach Dateien suchen?*

> *Prompt: /terminal Wie kann ich die Ausgabe eines Befehls in eine Datei umleiten?*

> *Prompt: /terminal Wie nutze ich awk, um Textdateien zu verarbeiten?*

Es gibt auch noch *@vscode*, das als *Agent* bezeichnet wird. Damit können Sie Fragen zu Aspekten von VS Code stellen oder allgemein Hilfe bekommen – zum Beispiel zu Features, der Navigation, der Konfiguration oder zu einer Erweiterung.

Hier ein paar Beispiel-Prompts:

> *Prompt: @vscode Wie teile ich den Editor in mehrere Fenster auf?*

> *Prompt: @vscode Wie kann ich meine Tastenkürzel anpassen?*

> *Prompt: @vscode Wie kann ich einen Multi-Root-Workspace aufsetzen?*

> *Prompt: @vscode Wie konfiguriere ich eine Task-Automation in VS Code?*

> *Prompt: @vscode Wie kann ich Docker in VS Code einrichten und nutzen?*

Schließlich gibt es noch den Befehl */api*. So können Sie Fragen zu Aspekten der API-Entwicklung oder zu ihrem Einsatz stellen – unter anderem zum Erzeugen, Testen oder zur Integration. Hier ein paar Beispiele:

> *Prompt: /api Wie führe ich einen POST-Request mit JSON-Daten in Node.js durch?*

> *Prompt: /api Wie kann ich CORS-Probleme in einer Express.js-API vermeiden?*

> *Prompt: /api Wie authentifiziere ich einen User in einer REST-API mit Django?*

> *Prompt: /api Wie kann ich Ergebnisse in einer Rails-API paginieren?*

> *Prompt: /api Wie versioniere ich eine API in ASP.NET Core?*

/api lässt sich auch im Kontext von Code nutzen:

> *Prompt: @vscode /api Wie erstelle ich einen neuen Befehl in einer VS-Code-Extension?*
>
> *Prompt: @vscode /api Wie kann ich Einstellungen in einer VS-Code-Extension lesen und schreiben?*
>
> *Prompt: @vscode /api Wie erstelle ich ein neues webview-Panel in einer VS-Code-Extension?*
>
> *Prompt: @vscode /api Wie kann ich in einer VS-Code-Extension mit dem Dateisystem interagieren?*
>
> *Prompt: @vscode /api Wie füge ich ein neues Item zur Activity Bar in einer VS-Code-Extension hinzu?*

Wollen Sie den Chat leeren, können Sie */clear* verwenden.

Inline Chat

Sie können das Chat-Feature auch innerhalb Ihres Codelistings nutzen. Heben Sie den Code hervor und drücken Sie Strg+I unter Windows oder Cmd+I unter macOS. Dann erhalten Sie ein Pop-up wie in Abbildung 4-11.

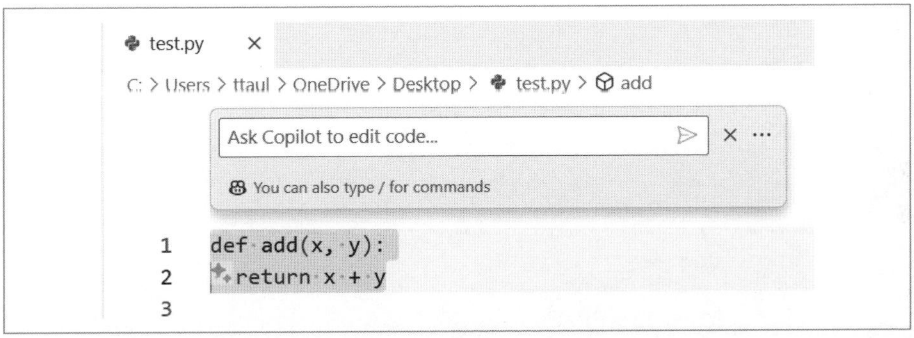

Abbildung 4-11: Das Inline-Chat-Feature ermöglicht Ihnen, innerhalb Ihres Codes zu chatten.

Laut GitHub ist Inline Chat ein beliebtes Feature geworden. Denn ein Entwickler oder eine Entwicklerin kann so im »Flow« bleiben.

Sie können die weiter oben beschriebenen Kurzverweise auch nutzen, um Fragen über den Code zu stellen. Die Erläuterungen erscheinen dann im Chat-Panel.

Beachten Sie das orangefarbene Sternchen-Icon neben dem Code. Klicken Sie es an, erhalten Sie ein paar Optionen – den Code korrigieren, erläutern lassen oder neu schreiben –, was Sie in Abbildung 4-12 sehen.

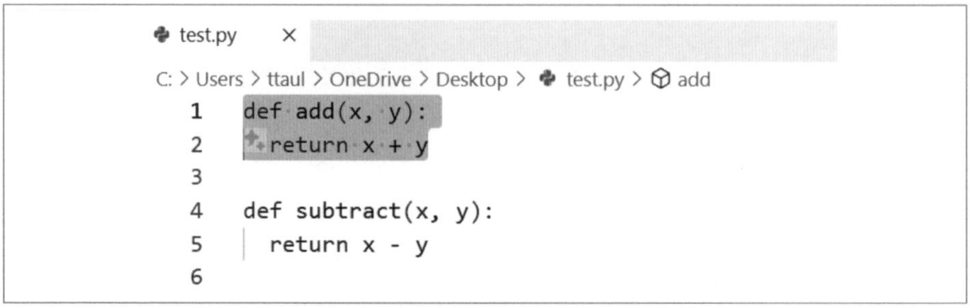

Abbildung 4-12: Ein Klick auf das orangefarbene Sternchen ermöglicht Ihnen eine direkte Interaktion mit dem Code.

Probieren wir ein Beispiel mit Inline Chat aus und nutzen wir diesen Prompt:

> *Prompt: Erstelle eine Funktion für ein Bubble Sort*

Chat erstellt dafür Code. Aber vielleicht wollen wir ja herausfinden, ob es eine schnellere Sortiermöglichkeit gibt. Markieren Sie die Funktion und starten Sie den Inline Chat. Abbildung 4-13 zeigt die Antwort.

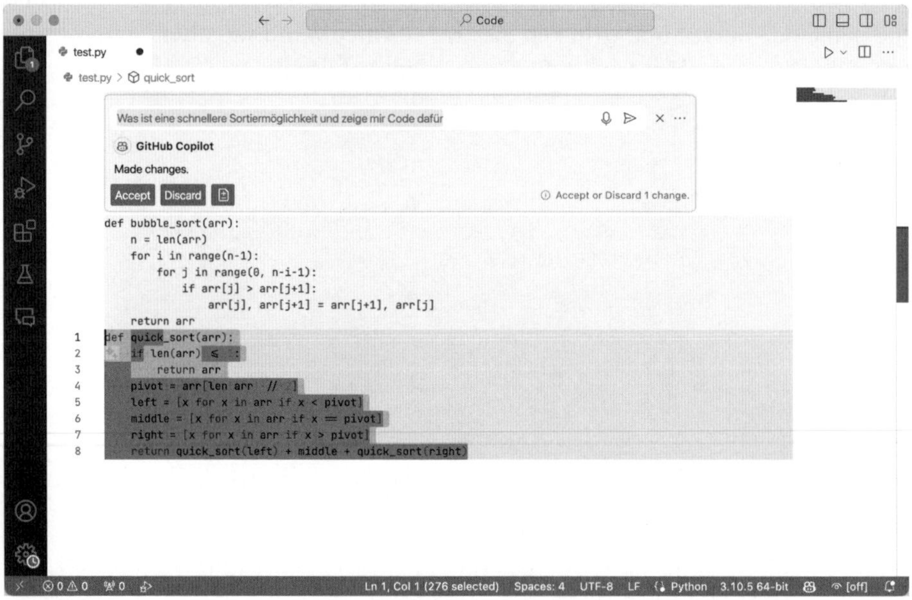

Abbildung 4-13: Inline Chat hat auf eine Anfrage zum Erstellen einer schnelleren Sortierung geantwortet.

Chat schlägt ein Quick Sort vor und zeigt dieses im »Diff Mode« an. So können Sie die beiden Vorgehensweise vergleichen und gegenüberstellen. Anschließend können Sie den neuen Code entweder komplett oder teilweise akzeptieren.

Open Tabs

Wenn Sie an einem normalen Softwareentwicklungsprojekt arbeiten, ist Ihre IDE im Allgemeinen vollgestopft mit einem Haufen Dateien, die jeweils ihren Teil im App-Framework beizutragen haben. Nehmen wir ein Webprojekt mit React als Beispiel. Sie haben *.jsx*- und *.js*-Dateien für die Komponenten, dazu HTML- und CSS-Dateien und natürlich auch noch *.json*- und *.env*-Dateien.

Was heißt das für Copilot? Nun, es ist eine große Hilfe. Copilot wird umso besser, je mehr es den Kontext Ihrer Arbeit versteht. Das bedeutet, dass es in der aktuellen Datei, an der Sie gerade arbeiten, alles einbezieht. Die anderen offenen Dateien scannt das LLM nicht komplett. Es bezieht nur die Teile ein, die für das, was Sie tun, relevant sind. Zudem schaut sich Copilot den Rest der Dateien in Ihrem Projekt nicht an – vermutlich, um Ihre Privatsphäre zu respektieren.

Befehlszeilenschnittstelle

Sie können Copilot in Ihrer CLI einsetzen. Die zwei Hauptfunktionen von Copilot sind dort das Erklären und das Vorschlagen von Befehlen.

Dazu müssen Sie die GitHub-CLI (*https://cli.github.com*) installieren und sich dann an Ihrem GitHub-Account anmelden:

```
gh auth login
```

Jetzt installieren Sie Copilot:

```
gh extension install github/gh-copilot
```

Sie können die Extension auch upgraden:

```
gh extension upgrade gh-copilot
```

Hier ein Beispiel, in dem Copilot gebeten wird, einen CLI-Befehl zu erläutern:

Prompt: gh copilot explain xcopy

Abbildung 4-14 zeigt die Ausgabe.

So bekommen Sie Copilot dazu, einen Befehl vorzuschlagen:

Prompt: gh copilot suggest

Als Nächstes wird Copilot fragen, für welche Art von Befehl Sie Hilfe benötigen – für einen generischen Shell-Befehl, einen gh-Befehl oder einen git-Befehl –, also geben Sie das an. Dann werden Sie gefragt, was der Befehl tun soll. Hier ein Beispiel:

Prompt: What are the commands for viewing and setting environment variables in the system?

```
PROBLEMS    OUTPUT    DEBUG CONSOLE    TERMINAL    PORTS

PS C:\Users\ttaul> gh copilot explain xcopy

Welcome to GitHub Copilot in the CLI!
version 0.5.3-beta (2023-11-09)

I'm powered by AI, so surprises and mistakes are possible.
 Make sure to verify any generated code or suggestions, an
d share feedback so that we can learn and improve.

Explanation:

  • xcopy is a command used in Windows to copy files and d
irectories.
    • It has various options and parameters that can be us
ed to control the
    behavior of the copy operation.
    • Some commonly used options include:
      • /s - Copies directories and subdirectories, exclud
ing empty ones.
      • /e - Copies directories and subdirectories, includ
ing empty ones.
```

Abbildung 4-14: Copilot erklärt den xcopy-Befehl in einer CLI.

Abbildung 4-15 zeigt die Antwort von Copilot, die Vorschläge für verwendete Befehle enthält. Sie können diese kopieren oder Copilot um mehr Hilfe bitten – etwa den Befehl zu erklären oder zu überdenken.

```
? What kind of command can I help you with?
> generic shell command

? What would you like the shell command to do?
> What are the commands for viewing and setting environment variables in the system?

Suggestion:

  printenv
  export VARNAME=value

? Select an option  [Use arrows to move, type to filter]
> Copy command to clipboard
  Explain command
  Revise command
  Rate response
  Exit
```

Abbildung 4-15: Das Suggest-Feature von Copilot in der CLI schlägt Befehle anhand der angegebenen Parameter vor.

Copilot Partner Program

Entwicklerinnen und Entwickler machen ihre Apps oft schicker und holen mehr aus ihren Daten heraus, indem sie Tools von dritter Seite nutzen. Nehmen Sie beispielsweise *Splunk*. Damit kann man sehr gut in Logs stöbern und Daten analysieren. Beim Entwickeln wird Splunk dafür eingesetzt, Apps zu beobachten, um dank der leistungsfähigen Such- und Berichts-Features Probleme schnell beheben zu können. Dann gibt es *New Relic*, bei dem es darum geht, Ihre App sauber laufen lassen zu können. Sie erhalten Echtzeiteinblicke und Diagnosen, sodass Sie Performanceprobleme erkennen und beheben können, damit Ihre User besser mit der App arbeiten können. Und vergessen wir nicht *Datadog*. Dieses Tool überwacht Ihre Infrastruktur und Ihre Anwendungen. Mit seinen umfangreichen Integrationsmöglichkeiten können Sie mit Datadog in der Entwicklung Daten von allen möglichen Orten sammeln, zusammenführen und anzeigen, sodass es möglich ist, sinnvoll zu entscheiden, wo Sie für mehr Performance sorgen und Ressourcen optimieren.

Angesichts der Wichtigkeit dieser Systeme hat GitHub das Copilot Partner Program aufgesetzt. Darin finden sich mehr und mehr beliebte Integrationsplattformen, die alle über Plug-ins erreichbar sind.

Einer der ersten Partner dieses Programms ist DataStax, die Firma hinter Astra DB – einer Vektordatenbank für das Erstellen ausgefeilter KI-Anwendungen. Dank eines Plug-ins können Sie beim Entwickeln das Erstellen von Datenbanken mithilfe von Chat beschleunigen. So macht Chat beispielsweise Codevorschläge für die Struktur und die Metadaten einer Datenbank, die sich an Coding-Standards orientieren. Das führt zu saubererem und besser wartbarem Code.

Um eine Frage zu stellen, nutzen Sie das Tag *@datastax*. Zu den Beispiel-Pro (*https://oreil.ly/4QQrB*)mpts (*https://oreil.ly/4QQrB*) gehören:

> *Prompt: Erzähle mir etwas über meine chat_prod-Datenbank*
>
> *Prompt: Erzähle mir etwas über das Schema einer Tabelle*
>
> *Prompt: Schreibe eine SQL-Abfrage, um aus der chat-Tabelle zu lesen*

Mary-Brenda Akoda, eine KI-Forscherin mit einem Patent im Bereich der KI für Augenheilkunde, ist eifrige Nutzerin von Copilot. Sie sagt: »Einmal habe ich mit der Hilfe von Copilot Code für einen vollständigen Modell-Entwicklungsprozess in weniger als einer Stunde geschrieben. Das war eine Aufgabe, die normalerweise viel mehr Zeit und Arbeit in Anspruch genommen hätte. Interessanterweise habe ich erst beim Einsatz einer Online-IDE ohne Copilot-Unterstützung festgestellt, wie nervig und langsam der Entwicklungsprozess sein kann.«

Zusammenfassung

Copilot ist schnell zu einem notwendigen KI-Tool beim Programmieren geworden, das die Entwicklungsproduktivität und die Codequalität deutlich verbessert. In diesem Kapitel haben Sie einen Überblick über die wichtigsten Features erhalten, die Fähigkeit, komplexe Codeblöcke vorzuschlagen, die stabilen Sicherheitsmaßnahmen, die beeindruckende Performance und den einfachen Einsatz in VS Code eingeschlossen. Features wie Chat oder Inline Chat machen es bei Copilot möglich, mit der KI zu interagieren, wenn Sie mitten im Coding-Prozess sind. Es ist immer noch ein Tool, das menschliche Begleitung benötigt, aber es ist definitiv ein Blick in die Zukunft der KI-gestützten Programmierung.

KAPITEL 5

Andere KI-gestützte Programmiertools

GitHub Copilot ist der Platzhirsch der KI-gestützten Programmierung, aber es gibt noch viele weitere tolle Tools. Beim Entwickeln greift man durchaus auf mehrere davon zu. Nett daran ist, dass sich viele davon an GitHub Copilot orientieren, sodass es nicht allzu kompliziert ist, sich damit vertraut zu machen. Sie werden einen Kommentar nutzen, um einen Befehl abzufeuern, und auf praktische Tastenkürzel zurückgreifen, um schnelle Vorschläge zu bekommen. Zudem gibt es auch immer ein nettes Chat-Feature.

In diesem Kapitel werden wir uns mit verschiedenen KI-Programmiertools befassen. Wir werden welche von den großen Playern wie Amazon anschauen, aber auch kleine Schätzchen von Start-ups vorstellen. Open Source wird ebenfalls nicht vergessen – wie Code Llama von Meta –, weil diese Tools definitiv einen Blick wert sind.

Amazon Q Developer

Amazon Q Developer (ehemals CodeWhisperer) ist das Schweizer Taschenmesser unter den Erweiterungen für IDEs wie VS Code, PyCharm oder AWS Lambda. Er wird durch ein LLM getrieben, das mit massiven Mengen an Code trainiert wurde und 15 Programmiersprachen versteht. Amazon ist beim Hinzufügen neuer Sprachen eher vorsichtig und konzentriert sich auf Genauigkeit und Sicherheit, statt möglichst schnell im Markt zu sein. Es gibt zwei Versionen von CodeWhisperer:

- Die Free-Tier-Version ist kostenlos – melden Sie sich einfach mit Ihrer AWS Builder ID oder Ihrem Amazon-Log-in an. Sie erhalten Codevorschläge, erfahren, wo Open-Source-Code herkommt, und es werden Sicherheits-Checks durchgeführt.

- Die Pro-Tier-Edition kostet 19 $ pro User und Monat. Darin steckt alles, was es auch bei der Free-Tier-Version gibt, plus zusätzliche Features, die in größeren Firmen nützlich sind. Es gibt ein Admin-System, um zu managen, wer auf was zugreifen darf, und Sie können sogar die Art von Open-Source-Daten steuern, die genutzt werden dürfen.

  Das Coole an der Pro-Tier-Edition ist die Möglichkeit, Dinge anzupassen. Firmen können Q Developer so konfigurieren, dass sie abhängig von ihren eigenen Bibliotheken, APIs und Frameworks relevantere Codevorschläge erhalten. Das bedeutet eine bessere Qualität und weniger Zeitverschwendung mit veraltetem Code. Sie können bis zu acht verschiedenen Konfigurationen anlegen.

Schauen wir uns zwei der Features von Q Developer an:

- Der *Reference Tracker* hält ein Auge darauf, wie Ihr Code im Vergleich zu Open-Source-Code aussieht, und zeigt an, was für Lizenzen der Open-Source-Code nutzt. Das ist hilfreich, um keine rechtlichen Probleme, vor allem in Bezug auf geistiges Eigentum (*Intellectual Property*, IP), zu bekommen. Das Reference Tracking zeigt Anmerkungen zum Projekt-Repository, Dateireferenzen und Lizenzinformationen. Das kann dabei helfen, zu entscheiden, ob Sie den Vorschlag verwenden oder nicht – abhängig von den Compliance-Anforderungen Ihrer Organisation.
- Der *Security Scan* läuft in Ihrer IDE und kontrolliert auf Schwachstellen – einschließlich der Top-10-Bedrohungen des *Open Web Application Security Project* (OWASP) und der *Common Weakness Enumeration* (CWE). Er orientiert sich sogar an Best Practices für Kryptobibliotheken. Stößt der Security Scan auf eine Schwachstelle, bietet er Korrekturen an. Das beschleunigt das Ganze und verringert Entwicklungskosten. Angesichts der Hakeligkeiten bei KI-generiertem Code ist dieses eingebaute Sicherheits-Feature ein großes Plus.

Ein Vorteil von Q Developer ist seine Integration mit AWS-Services. Beim Entwickeln muss man kein AWS-Zauberer sein oder sich durch Berge von Dokumentation durchkämpfen, um AWS nutzen zu können. Hier ein paar Beispiele dafür, was Sie damit tun können:

> *Prompt: # Schreibe eine Python-Funktion, um eine Datei in ein S3 Bucket hochzuladen.*
>
> *Prompt: # Erstelle einen Python Lambda Handler, um Datensätze aus einem Kinesis-Stream zu verarbeiten.*
>
> *Prompt: # Schreibe eine Java-Methode, um Elemente aus der DynamoDB-Tabelle anhand des Sortierschlüssels abzufragen.*

Prompt: # Schreibe ein Bash-Skript, um eine EC2-Instanz mit der AWS CLI über die Instanz-ID zu stoppen.

Prompt: # Erstelle eine RDS-Instanz mit einer PostgreSQL-Engine mithilfe von AWS CDK in TypeScript.

Amazon hat eine Studie (*https://aws.amazon.com/codewhisperer*) mit Kunden erstellt, die (damals noch) CodeWhisperer nutzten, und herausgefunden, dass man bei der Entwicklung mit 27 % mehr Wahrscheinlichkeit Aufgaben erfolgreich abschließt und das um 58 % schneller schafft.

Schauen Sie sich beispielsweise die Erfahrungen von Accenture an. Durch den Einsatz von CodeWhisperer für KI-Projekte konnte die Entwicklungszeit um bis zu 30 % verkürzt werden (*https://oreil.ly/SFmVt*). Aufgaben wie das Vorverarbeiten von Daten, die im Allgemeinen zeitaufwendig und langweilig sind, wurden viel schneller und effizienter. Einfach durch die Verwendung von Prompts wie dem folgenden konnten die Entwickler und Entwicklerinnen ihre Produktivität deutlich steigern:

Prompt: # Create a preprocessing data class script for ML data

Oder betrachten Sie Persistent Systems, eine globale digitale Entwicklungsfirma. Normalerweise brauchten neue Entwickler im Allgemeinen vier Monate, um für ein Projekt fit zu werden. Mit CodeWhisperer wurde diese Zeit auf einen Monat eingedampft (*https://oreil.ly/K4ovC*).

Google Gemini Code Assist

Google ist der Kopf hinter Gemini Code Assist (ehemals Duet AI for Developers). Dieses schicke KI-gestützte Programmiertool unterstützt IDEs wie VS Code, IntelliJ, PyCharm, GoLand, WebStorm, Cloud Workstations oder den Cloud Shell Editor. Zudem erhalten Sie Unterstützung bei über 20 Programmiersprachen. Es baut auf Gemini auf – Googles Top-LLM.

Gemini Code Assist besitzt die Features, die Sie im Allgemeinen von einem KI-gestützten Programmiersystem kennen, wie beispielsweise einen Chat. Es gibt auch Kurzverweise – sogenannte Smart Actions –, die mit einem Klick Dinge wie Codeerläuterungen oder Unit Tests ermöglichen.

Auch die Sicherheit wird hier ernst genommen. All der übliche Schutz und die Sicherheitsnetze, die Sie brauchen, sind vorhanden, wie zum Beispiel Private Endpoints (Private Google Access), VPC Service Controls oder eine unternehmenstaugliche Zugriffskontrolle.

Und vergessen wir nicht die Governance-Regeln. Bringen Sie Ihren Code mit Gemini Code Assist zusammen, können Sie sich entspannen, weil Sie wissen, dass er nicht zum Trainieren gemeinsam genutzter Modelle oder zum Erstellen von Produkten verwendet wird. Sie behalten die vollständige Kontrolle über Ihre Daten und Ihr geistiges Eigentum. Außerdem werden Stellen markiert, bei denen der Gemini Code Assist der Meinung ist, bestimmter Code wurde in größerem Umfang aus einem Repository kopiert.

Ein wichtiges Element von Googles Strategie zu Gemini Code Assist ist der Aufbau eines umfangreichen Partnerschaftsökosystems. So bieten beispielsweise manche Partner Unterstützung beim Entwickeln auf Google Cloud für bestimmte Umgebungen. Das ermöglicht bessere Codevorschläge und mehr Quellen für Dokumentation und Wissen. Hier ein paar Beispiele:

Elastic
: Das ist der große Player im Bereich Search Analytics. Seine Integration mit Gemini Code Assist erlaubt es, Informationen über das Abfragen, Testen und Arbeiten mit Elastic-Daten zu bekommen, ohne die Entwicklungsumgebung verlassen zu müssen.

HashiCorp
: Dies ist ein wichtiger Mitspieler bei der Software zur Automation von Cloud-Infrastruktur. Er hat ein System geschaffen, das es einfach macht, mit Terraform Konfigurationen – basierend auf der HashiCorp Configuration Language (HCL) – und Automationen zu schaffen.

MongoDB
: Das ist die führende NoSQL-Datenbank. Mit Gemini Code Assist erhalten Sie Zugriff auf Best Practices und Hilfe beim Bauen von Apps.

Neo4j
: Dies ist eine der führenden Graph-Datenbanken. Mit Gemini Code Assist erhalten Sie Informationen beispielsweise zur Abfragesprache Cypher. So können Sie verborgene Beziehungen und Muster in komplexen Datensätzen aufdecken.

Gemini Code Assist hat noch ein weiteres Ass im Ärmel, denn das Tool wurde in die Konsole von Google Cloud eingebaut. Um es zu nutzen, klicken Sie oben rechts auf *Activate*. Dann erreichen Sie ein Chat-Panel wie das in Abbildung 5-1 gezeigte. Hier können Sie Prompts für Aufgaben wie das Erstellen von Skripten, das Verstehen von Logs oder das Analysieren von JSON eingeben. Deutsch wird hier allerdings nicht unterstützt, daher sollten Sie die Prompts auf Englisch eingeben.

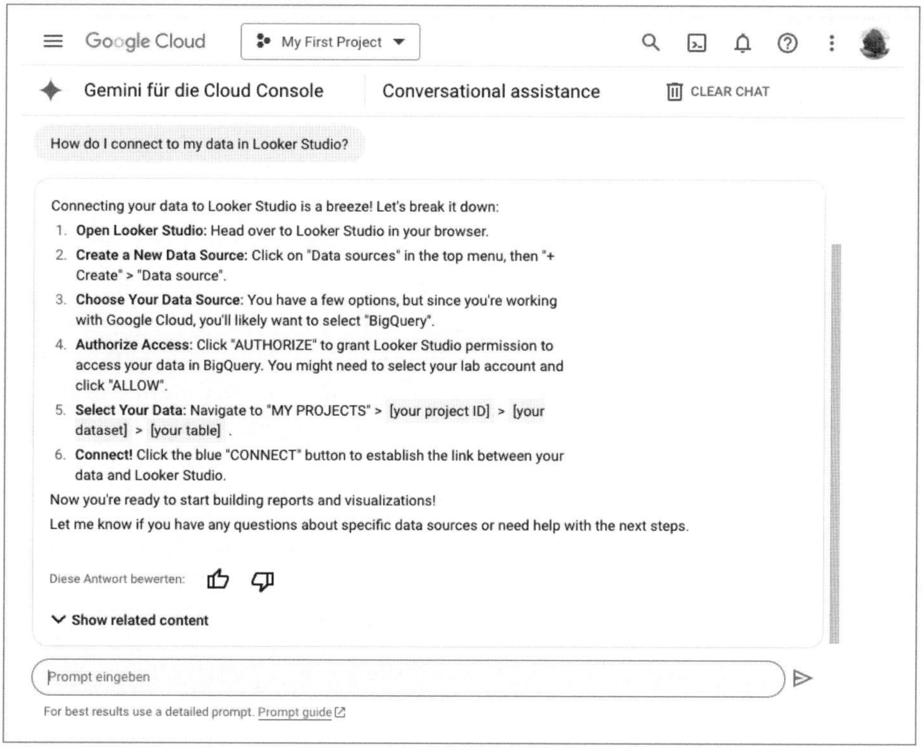

Abbildung 5-1: Das Chat-Panel für Gemini Code Assist in Google Cloud erscheint, wenn Sie oben rechts auf Activate klicken.

Der Chat ist sogar im Google Log Explorer verfügbar. Stoßen Sie auf ein Log, das Ihnen Ärger macht, markieren Sie es und klicken dann auf den Button *Explain this Log*. Damit taucht das Log direkt im Chat-Panel auf, und Sie können dort Fragen stellen, um es sich erklären zu lassen, und sogar Vorschläge dazu bekommen, wie Sie es korrigieren.

Die Kosten für Gemini Code Assist liegen bei 19 $ pro User und Monat. Es gibt auch einen günstigeren Preis für eine jährliche Abrechnung. Sind Sie ein neuer Kunde von Google Cloud, haben Sie 300 $ Guthaben.

> Turing AI, eine KI-Technologie-Servicefirma, hat (damals noch) Duet AI nutzen können. Damit konnte es die Produktivität des Entwicklungsteams um starke 33 % steigern (*https://oreil.ly/76D75*).

Tabnine

Tabnine ist ein Pionier der KI-gestützten Programmiertools. Es begann 2013, als Dror Weiss und Eran Yahav die Firma gründeten. Sie waren schon seit den 1990ern im Softwarebusiness unterwegs und hatten sich auf Codeanalyse und Simulation spezialisiert. Aber es war ihre praktische Erfahrung mit der Komplexität der Entwicklung, die ihnen den Aha-Moment verschaffte: Was, wenn eine KI die Lösung sein könnte?

Und KI half tatsächlich. Das war aber noch vor der Ära der Transformer-Modelle. Die beiden hatten keine andere Option, als die Ärmel hochzukrempeln und ihre eigenen Modelle zu bauen. Dadurch waren sie dazu in der Lage, die Rolle der KI in der Softwareentwicklung wirklich tiefgreifend zu verstehen. In den letzten Jahren hat sich Tabnine aber auch dem Transformer-Modell angenommen.

Die Firma hat stark in die Sicherheit von Systemen investiert. Tippen Sie Ihren Code ein, wird jedes Zeichen in ein Token verwandelt und verschlüsselt, bevor es auf dem Inference-Server von Tabnine landet, der in der Cloud liegen oder vor Ort vorhanden sein kann. Tabnine ist es sehr wichtig, Ihre Daten nicht zu speichern, und keine Mitarbeitenden können sie lesen. Zudem bietet Tabnine SOC-2-Compliance.

Um ihr Modell zu trainieren, nutzt die Firma Open-Source-Code mit einer entsprechend offenen Lizenz, wie zum Beispiel MIT, Apache oder BSD. Das ist für Organisationen wichtig, die ihr geistiges Eigentum schützen wollen. Tabnine ist zudem beim für das Training genutzten Code Transparenz wichtig. Die Firma bietet Entwicklern und Entwicklerinnen sogar die Möglichkeit, bestimmte Repositories auszuschließen, die in Tabnines Trainingsdatensätzen genutzt wurden. Das zeigt, dass die Firma beim Training generativer Modelle sorgsam auf die Lizenzen achtet.

Im Preismodell von Tabnine gibt es drei Stufen:

- Der Starter-Plan ist kostenlos. Er richtet sich an einzelne User und bietet grundlegende Features wie kurze Codevervollständigungen sowie Community-Support.
- Der Pro-Plan kostet 12 $ pro Monat und User. Er ist für professionelle Entwicklerinnen und Entwickler sowie kleine Teams gedacht und beinhaltet fortgeschrittenere Features wie eine Codevervollständigung für eine ganze Zeile oder eine gesamte Funktion oder das Vervollständigen von Code aus natürlicher Sprache. Zudem gibt es hier Standard-Support.
- Der Enterprise-Plan zielt auf größere Organisationen, die ein Gesamtpaket aus Sicherheit, Steuerung und Konfiguration haben wollen. Die Anzahl der

User ist unbegrenzt, es gibt private und eigene KI-Modelle, private Deployment-Optionen und Premium-Support. Preise werden auf Anfrage genannt.

Tabnine hat eine große Userbasis aufgebaut mit über einer Million monatlicher User und Hunderttausenden, die es täglich nutzen. Zu den bekanntesten Kunden gehören Tech-Giganten wie Google, Amazon, Netflix oder Atlassian.

Replit

Replit ist eine vielseitige, webbasierte IDE, die eine Reihe von Programmiersprachen unterstützt und es erlaubt, Anwendungen zu hosten – die sogenannten repls. Seine umfangreichen Features zur Zusammenarbeit ähneln denen, die man in Google Docs findet. Mittlerweile hat Replit auch eine Desktopversion entwickelt, die für macOS, Windows, Linux, Android und iOS zur Verfügung steht. Die Plattform wirbt mit einer ernsthaft arbeitenden Community von 23 Millionen Entwicklerinnen und Entwicklern.

Replit (*https://blog.replit.com/ai4all*) wurde 2016 von Amjad Masad, Faris Masad und Haya Odeh gegründet. Das Konzept für Replit war von Amjad über ein Jahrzehnt vor seiner Umsetzung erdacht worden. In dieser Zeit konnte er seine Fähigkeiten in Entwicklerrollen bei Yahoo! und Facebook verbessern, wo er vor allem mit dem Bauen von Entwicklungstools zu tun hatte. Auch war er an der Gründung von Codecademy beteiligt, wo er sein Engagement für innovative Technologie und Coding-Unterricht ebenfalls zeigen konnte.

Replit bietet drei Modelle an:

- In der kostenlosen Variante gibt es unbegrenzte öffentliche repls und 10 GB Storage.
- Der Hacker-Plan kostet 7 $ pro User und Monat und bietet unbegrenzte private repls. Es gibt unterschiedliche Speicher- und Storage-Mengen, um auch unterschiedliche Bedürfnisse abzudecken.
- Der Pro-Plan steht für 20 $ pro Monat und User zur Verfügung. Er enthält alles, was der Hacker-Plan bietet, dazu gibt es nicht wie bei den beiden günstigeren Stufen ein Basissystem für die Codeentwicklung, sondern exklusiven Zugriff auf das leistungsfähigste KI-Modell und ausgefeilte Features, die ein robusteres Verhalten des Systems bei der Codeentwicklung ermöglichen.

»Replit ist eine All-in-one-Plattform zum Erzeugen von Software«, sagt David Hoang, VP of Marketing and Design bei Replit. »Das Produkterlebnis soll den Entwicklungsprozess für Software reibungslos gestalten: Dev-Umgebung, Code Authoring und Deploying in die Produktivumgebung. Daher kann Replit die KI über das Generieren von Code hinaus integrieren.

Unser Codevervollständigungsmodell wird außerdem durch unser eigenes Sprachmodell unterstützt.«

Das LLM von Replit wird mit einer Billion Tokens trainiert und kann 30 Programmiersprachen verstehen. Bei der Arbeit mit Replit kann der Code, den Sie in öffentlichen repls schreiben – einschließlich der Tastendrücke –, für ein weiteres Training der Replit-KI genutzt werden. Möchten Sie Ihre Arbeit lieber privat halten und nicht im Trainingspool wiederfinden, können Sie sich dazu entscheiden, Ihr repl privat zu machen. Es ist wichtig, darauf hinzuweisen, dass sich Ihre Rechte an Ihrem Code nicht ändern, wenn Sie Replit AI nutzen. Code in öffentlichen repls wird automatisch unter der MIT-Lizenz lizenziert, was in den Lizenzinformationen von Replit auch beschrieben ist.

Abbildung 5-2 zeigt die IDE. Oben links befinden sich ein Dateibaum und ein Suchfeld, in der Mitte ist der Editor, und die Ausgabe (zum Beispiel die Konsole) finden Sie auf der rechten Seite des Fensters. Unten sehen Sie die verfügbaren Tools. Wählen Sie AI, wird das Chat-Feature im rechten Panel angezeigt.

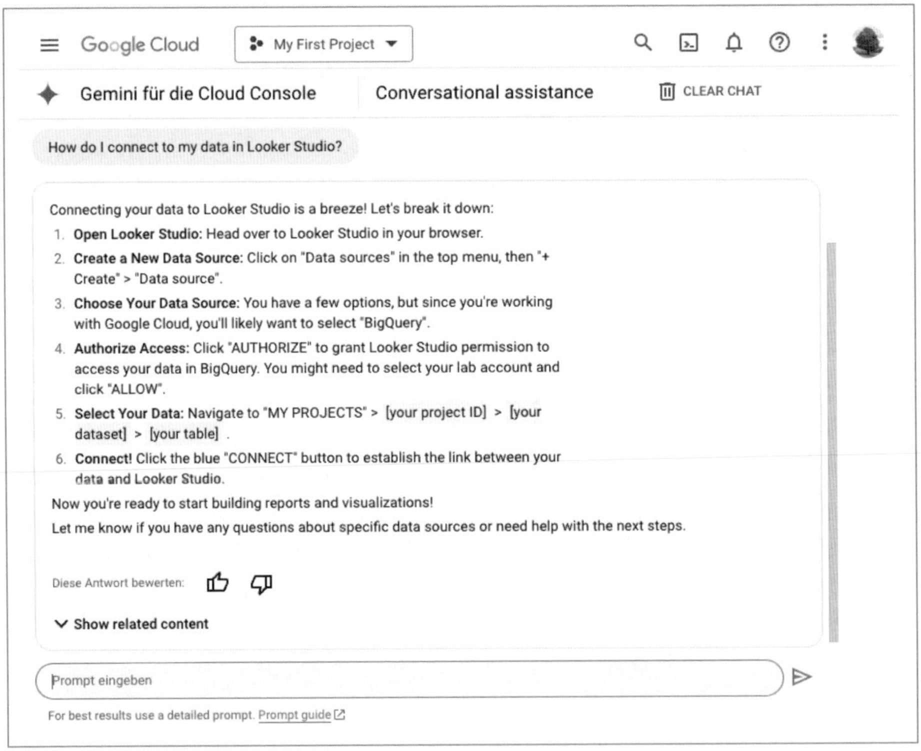

Abbildung 5-2: Das UI für Replit enthält einen Dateibaum, ein Suchfeld, Icons zum Auswählen von Tools, ein Editorfeld und ein Ausgabe-Panel.

Markieren Sie Code und klicken mit der rechten Maustaste, erhalten Sie diese Optionen:

Explain
: Replit enthält ein Feature, das hilfreiche Erläuterungen zu Ihrem Code bietet. Ist die Erklärung nicht ganz so zufriedenstellend, können Sie einfach auf *Retry* klicken oder Replit bitten, es noch einmal zu versuchen. Haben Sie spezifische Fragen, gibt es eine Option *Ask Chat* aus einem Auswahlmenü oben im *Explain*-Feld. Replit liefert noch weitere sinnvolle Funktionalität, wie zum Beispiel *Ask Replit Documentation*, *Edit Code* oder *Generate Code*, um Ihnen beim Programmieren zu helfen.

Modify (Strg+I)
: In Replit können Sie Code durch Prompts anpassen. Haben Sie beispielsweise einen Abschnitt des Codes für eine Binärsuche markiert, können Sie einen Prompt schreiben, mit dem eine Umwandlung dieses Python-Codes in eine JavaScript-Funktion angefordert wird. Alternativ könnten Sie darum bitten, den Code so anzupassen, dass ein rekursiver Ansatz verfolgt wird. Das *Modify*-Feature bietet eine flexible und interaktive Möglichkeit, mit Ihrem Code zu experimentieren und ihn zu optimieren.

Um zu zeigen, wie benutzerfreundlich und leistungsfähig dieses Tool ist, möchte ich zwei interessante Geschichten erzählen:

Diabetes-App
: Als der in London lebende iOS-Entwickler Marwan Elwaraki von der Diabetes-Diagnose seines jüngeren Bruders erfuhr, wollte er eine App für das Überwachen des Blutzuckerspiegels schreiben. Er und seine Frau Salwa Al Alami taten sich zusammen, um etwas Nützliches und Einzigartiges zu schaffen. »Bei einem Flug entwarf ich einen Prototyp eines Widgets für den Sperrbildschirm, indem ich eine Widgets-App mit der API des Blutzucker-Trackers verband, und schon konnte ich den Blutzucker meines Bruders angezeigt bekommen«, sagte Marwan. »Das war viel besser, als die App für den neuesten Wert öffnen zu müssen.«

  Es kamen ein paar Buttons dazu, um Nachrichten zu verschicken, und die Möglichkeiten zum Schreiben von Text wurden verbessert. Dann veröffentlichten die beiden alles als öffentliche App im iOS App Store.

  Marwan war zwar ein erfahrener Mobile Frontend Developer, aber er hatte nur wenig Übung im Umgang mit Python und der Backend-Entwicklung. Salwa war Produktmanagerin ohne Programmiererfahrung. Zuerst nutzten sie ChatGPT, aber Replit AI war viel besser. »Die KI-Tools halfen dabei, fast das ganze Backend, das für meine App geschrieben wurde, zu erzeugen oder zumindest zu überprüfen«, sagte Marwan. »Ich habe schon viele Geschichten über die deutlich gestiegene Produktivität beim Entwickeln gehört – das kann ich aus eigener Erfahrung bestätigen.«

Vom Hackathon zum Start-up
: Priyaa Kalyanaraman war zwar eine sehr erfahrene Produktmanagerin bei Microsoft, Snapchat und Waymo gewesen, aber ihr fehlte der technische Hintergrund. Das hielt sie aber nicht auf. Sie nahm am Craft Ventures AI Hackathon teil und nutzte Replit AI, um eine App zum vereinfachten und angenehmeren Erstellen von Inhalten zu erzeugen. Ihr Aufwand zahlte sich aus, und sie gewann den mit 10.000 $ dotierten Hauptpreis. Mit ihrer Erfahrung als Produktmanagerin erstellte sie detailliertere Specs und sorgte für eine logische Struktur der App. Diese Gewinner-App bildete später die Grundlage für ihr Start-up »Lica«, das erfolgreich erste Investorengelder einsammeln konnte.

CodeGPT

CodeGPT (*https://www.codegpt.co*), eine Extension für VS Code, bietet eine Reihe von Preisoptionen. Es beginnt mit einer kostenlosen Variante und geht bis zu einem Premium-Abo für 49,99 $ pro User und Monat. Wollen Sie den Service testen, bevor Sie sich für ein Abo entscheiden, können Sie das zehn Tage lang kostenlos tun.

Um die CodeGPT-Extension aufzusetzen, klicken Sie zuerst auf *File*. Dann wechseln Sie zu den *Preferences* und wählen *Settings*. Damit öffnet sich das Settings-Fenster. Hier klicken Sie auf der linken Seite auf *Extensions* und wählen dann *CodeGPT*.

Interessant an CodeGPT ist seine Fähigkeit, mit verschiedenen LLMs zusammenzuarbeiten. Dazu gehören unter anderem Modelle von OpenAI, Cohere, AI21 und Anthropic. Das Aufsetzen eines API-Accounts bei Hugging Face erlaubt den Zugriff auf eine große Zahl von Open-Source-Plattformen, was die Vielseitigkeit des Tools noch erweitert.

Haben Sie ein Modell ausgewählt, können Sie es unter anderem anhand folgender Faktoren konfigurieren:

- maximale Tokens für den Prompt und die Antwort
- Temperatur
- Window-Speicher (die Anzahl der vergangenen Threads in einem Chat)

Ein weiteres interessantes Feature von CodeGPT ist seine API, die für Anwendungen wie Chatbots, virtuelle Assistenten oder andere Systeme praktisch ist, die von Menschen erstellten Text verstehen und generieren können müssen. Sein RESTful-API-Design sorgt für eine breite Kompatibilität und eine einfache Integration in diverse Plattformen. Zudem bietet CodeGPT SDKs in Python und JavaScript, sodass seine Implementierung noch flexibler wird. Diese API ist Teil einer größeren Initiative zum Umbauen des Coding-Prozesses. Damit sollten ausgefeiltere KI-Tools in unterschiedlichsten Entwicklungsprojekten möglich werden.

Cody

Im Jahr 2013 gründeten Quinn Slack und Beyang Liu zusammen Sourcegraph mit dem Ziel, Tools zum Durchsuchen von Code zu entwickeln. Beyang war inspiriert durch seine Erfahrungen bei Google, wo er aus erster Hand die Vorteile der firmeninternen Plattform für Code Intelligence und Codeeinblicke sehen konnte, die vor allem für den Umgang mit großen Codebasen praktisch war.

Das primäre Ziel von Sourcegraph war das Erstellen fortgeschrittener Tools, mit denen der »Big Code« angegangen werden kann. In diesem Feld ist vor allem die hohe Komplexität eine echte Herausforderung. Eine Umfrage von Sourcegraph (*https://oreil.ly/Pu6Gp*) unterstrich das: Etwa 77% der Entwickler und Entwicklerinnen berichteten über eine Verfünffachung ihrer Codebasis innerhalb von drei Jahren. Und 72% hatten die Sorge, dass dieses massive Wachstum eine Bedrohung für die Innovationsfähigkeiten und die Wettbewerbsfähigkeit ihrer Firma sein könnte.

KI spielt in der Strategie von Sourcegraph eine wichtige Rolle, und die Firma entwickelte ein KI-getriebenes Codegenerierungssystem namens Cody. Cody basiert auf LLMs von Anthropic und OpenAI, zudem kommt Starcoder zum Einsatz.

»Wir haben unsere Suchfähigkeiten für dieses Tool besser gemacht«, sagte Liu. »Bedenken Sie, dass 80% der Entwicklungszeit mit Lesen und Verstehen von Code gefüllt sind, nicht mit dem Erstellen neuen Codes. Cody scannt die gesamte Codebasis, aber wir machen es auch einfach, andere Bibliotheken und Frameworks mit ins Spiel zu bringen. Und wir haben gesehen, dass die Ergebnisse besser werden.«

Hier ein paar der Prompts, die Sie auf dieser Plattform nutzen können (bei diesem Tool empfiehlt es sich, auf Englisch zu kommunizieren):

> *Prompt: How is this repository structured?*
>
> *Prompt: What does this file do?*
>
> *Prompt: Where is X component defined?*

Sourcegraph bietet ein kostenloses Produkt und zwei kostenpflichtige Versionen an:

- Zur kostenlosen Version gehören diverse Features wie Codevervollständigung, Chat und Kontextbewusstsein.
- Die Pro-Edition kostet 9 $ pro User und Monat. Dafür erhalten Sie:
  - unbegrenztes Autovervollständigen, Nachrichten und Befehle
  - Personalisieren mit größeren Codebasen
  - Auswahl aus mehreren LLMs für den Chat
  - besseren Support
- Die Enterprise-Edition ist auf die Bedürfnisse großer Organisationen zugeschnitten. Sie kostet 19 $ pro User und Monat und bietet Folgendes:
  - User-Management
  - Single-Tenant Deployment
  - Audit Logging
  - gemeinsame Verwendung für Organisationen
  - tägliche Rate Limits in der Betaphase
  - Web- und API-Zugriff
  - konfigurierbare LLMs

Um ein Gespür für das Potenzial von Cody zu bekommen, schauen wir uns an, was Deepak Kumar, Full-Stack-Entwickler und Open-Source-Contributor für Cody, zu sagen hat: »Die für mich wichtigsten Features sind der Chat und die Commands. Ich nutze den Chat, um viele auf den Code bezogene Fragen zu beantworten, Ideen für den Start eines Projekt zu erzeugen oder einen Bug zu beheben. Commands sind vordefinierte eigene Prompts, die mir helfen, weil sie mir Ad-hoc-Aufgaben abnehmen – zum Beispiel Docs zu schreiben oder Test Cases zu ergänzen.«

Im Juli 2021 hat Sourcegraph ein Series D Funding über 125 Millionen Dollar (*https://oreil.ly/bSI3N*) bei einer Bewertung von 2,625 Milliarden Dollar bekannt gegeben. Zu den Investoren gehörten Andreessen Horowitz, Insight Partners und Geodesic Capital.

CodeWP

WordPress ist ein sehr beliebtes Open-Source-Content-Management-System (CMS), das für seine Einfachheit und Vielseitigkeit bekannt ist – mit einer riesigen Auswahl an Themes und Plug-ins. Es wurde ursprünglich als Blogging-Plattform gestartet, entwickelte sich dann aber weiter und unterstützte immer mehr Arten von Websites, unter anderem solche, die für E-Commerce, Portfoliopräsentation oder allgemeine Geschäftsseiten gedacht sind. Der Reiz liegt in seiner benutzerfreundlichen Oberfläche und den Konfigurationsmöglichkeiten. Ein signifikanter Teil des Webs baut auf WordPress auf – W3Techs berichtet, dass 45,8 % aller Websites im Internet von dieser Plattform betrieben werden (*https://oreil.ly/NiXTW*).

KI-gestützte Programmierung ist eine echte Gelegenheit für die WordPress-Entwicklung – ein Potenzial, das CodeWP aufgegriffen hat. Die Firma wurde von James LePage gegründet, der während seiner Highschool-Jahre eine WordPress-Agentur aufgebaut hatte. Auch wenn das Geschäft schnell wuchs, war es arbeitsintensiv. Das Einführen von KI-gestützter Programmiertechnologie ermöglichte einen substanziellen Produktivitätszuwachs. Ein wichtiger Vorteil war James' umfassendes Verständnis der gängigen Anwendungsfälle in der WordPress-Entwicklung, was die Effektivität der KI noch steigerte.

CodeWP bietet eine webbasierte Plattform mit einer kostenlosen und zwei Premium-Optionen an. Die beiden Premium-Varianten bieten bei jährlicher Abrechnung bis zu 33 % Rabatt:

- Der Professional-Plan (18 $ pro User und Monat) bietet zusätzliche KI-Transaktionen, Projekte und Support.
- Sind die Anforderungen umfassender, gibt es noch den Agency-Plan für 48 $ pro User und Monat. Dies richtet sich an professionelle Webentwicklungs- und Marketingfirmen mit unbegrenzter Projektanzahl und Features für die Zusammenarbeit.

Rufen Sie die CodeWP-Site (*https://codewp.ai*) auf und erstellen Sie sich einen Account. Klicken Sie auf *Create New* und wählen Sie dann *New Snippet*, um Code zu erstellen, oder *New Chat*, wenn Sie nur Fragen stellen wollen.

Auf der linken Seite des Fensters gibt es Optionen zum Speichern von Snippets, zum Nachverfolgen von Unterhaltungen und zum Auflisten von Projekten. In der Mitte befindet sich der Editor mit dem Inhalt der aktuellen Datei. Sie können auf *New File* klicken, wenn Sie eine neue Datei erstellen wollen. Auf der rechten Seite findet sich die Chat-Funktion.

Hier ein paar Beispiel-Prompts:

> *Prompt: Registriere einen eigenen Post-Typ namens »book« mit dem Label »Bücher«.*
>
> *Prompt: Erstelle ein WordPress-Widget namens »Mein Widget« mithilfe der Klasse WP_Widget.*
>
> *Prompt: Erstelle einen eigenen Plugin-Aktivierungs-Hook für die Funktion register_activation_hook.*

CodeWP erweitert seine Unterstützung auf diverse zentrale Komponenten im Ökosystem von WordPress. Dazu gehört die Kompatibilität mit großen Tools wie zum Beispiel WooCommerce, WPSimplePay, Gravity Forms, SearchWP und Contact Form 7.

CodeWP bietet auch eine Live-Preview-Option mit einer direkten Ansicht dessen, was Ihr Code für Auswirkungen hat, was das Testen und Debuggen stark vereinfacht. Und wenn Sie mit WordPress-Projekten arbeiten, vereinfacht CodeWP den Deployment-Prozess. Seine Integrationstools ermöglichen Ihnen, Ihren Code bequem auf eine WordPress-Site zu transferieren, was das Anwenden und Testen Ihres Codes in einer realen Situation viel effizienter macht.

Warp

Die Befehlszeilenschnittstelle gibt es seit den 1960ern und den frühen Tagen von Betriebssystemen wie Multics und Unix. Im Laufe der Jahre sind zwar schicke grafische Oberflächen entstanden, aber die CLI ist ihren Wurzeln treu geblieben. Es geht darum, das Ganze einfach zu halten: Sie tippen Ihre Befehle als Text ein und erhalten genau das, was Sie brauchen – ohne großen Schnickschnack drumherum.

CLIs sind trotz ihrer Einfachheit sehr verbreitet. Für die Arbeit mit Cloud-Systemen sind sie essenziell, wenn Sie mit Dateien und Programmen auf Ihrem Computer zu tun haben und gut laufende Workflows aufsetzen wollen. Beim Automatisieren von Aufgaben, Verarbeiten von Daten, Managen von Netzwerken und Entwickeln von Software sind sie sehr hilfreich.

Wenn Sie Übung im Umgang mit CLIs haben, kann das das Abarbeiten Ihrer Aufgaben deutlich beschleunigen und Ihnen präzisere Eingriffsmöglichkeiten geben. Besonders vorteilhaft ist, dass Sie verschiedene Befehle kombinieren können, um komplexe Aufgaben zu erledigen. Und weil Sie mit diesen Befehlen programmieren können, haben Sie viel mehr Möglichkeiten, Aufgaben zu automatisieren und nach Ihren Wünschen anzupassen. Beim Entwickeln kann man also alles so einrichten, wie man es braucht, sodass der ganze Workflow problemloser und effizienter abläuft.

CLIs sind zwar sehr leistungsfähig, aber sie sind nicht perfekt. Ein großes Problem ist, dass sie eine Zusammenarbeit eher nicht unterstützen und so im Team die Produktivität vielleicht hemmen. Schließen Sie eine Terminal-Session, verlieren Sie alles. Zudem sind Befehlszeilen im Allgemeinen auf einen Rechner beschränkt, was den Wechsel zwischen Geräten schwierig macht. Und Terminals können einschüchternd wirken, insbesondere wenn die Aufgaben knifflig sind. Schließlich muss man auch noch sagen: Für viele Menschen ist es ganz schön schwierig, mit CLI-Befehlen und deren Syntax vertraut zu werden und sie gekonnt einzusetzen.

Also gibt es in diesem Bereich durchaus Luft nach oben. Ein Start-up, das dabei hilft, diesen Weg zu gehen, ist Warp (*https://www.warp.dev*).

Zach Lloyd, Gründer und CEO, rief die Firma im Jahr 2020 ins Leben. Zuvor arbeitete (*https://oreil.ly/_Zhk7*) er bei Google als Principal Engineer für Google Sheets. »Ich bin seit über 20 Jahren Entwickler«, sagt Lloyd. »Die CLI ist leistungsfähig und sehr nützlich, aber es gab durchaus Verbesserungspotenzial.«

Warp wurde mit Rust gebaut, einer Programmiersprache, die für ihre Geschwindigkeit und Effizienz bekannt ist. Statt beim üblichen JavaScript zu bleiben, nutzt Warp die Stärken von Rust, sich fast wie eine App zu verhalten, die Sie auf Ihrem Computer installiert haben, stattdessen aber direkt in Ihrem Browser zu laufen. Dieser kluge Schachzug mit Rust bedeutet eine elegantere und flottere Erfahrung für jeden, der Warp nutzt, und es macht die gesamte Interaktion mit der App viel besser.

Stellen Sie sich Warp wie ein gedoptes Terminal vor. Es bietet fortgeschrittenere Eingabe-Features wie Auswahlfelder, das Positionieren des Cursors und das Vervollständigen von Menüs, sodass die User geschickt in ihrer Befehlshistorie navigieren können. Zudem ist das Kopieren von Ausgaben in Warp mit nur einem Klick sehr einfach.

In Warp bilden jeder Befehl und seine Ausgabe einen eigenen Block. Sie können ohne Aufwand über diese Blöcke hovern, um sich ältere Befehle anzeigen zu lassen. Mit der Auswahl eines Blocks ermöglichen Sie den Einsatz von Warp AI über das Kontextmenü, mit dem Sie Erläuterungen und Lösungswege bei Fehlern erhalten können. Das steht in starkem Kontrast zu klassischen CLIs, die nur sehr wenig Hilfe bieten können und stark von der Erfahrung des Users abhängen, Fehlermeldungen zu verstehen und Hindernisse zu überwinden.

Warp AI bringt zudem eine Chat-Funktion mit. Dazu beginnen Sie den Prompt mit einem #. Stellen Sie sich beispielsweise vor, Sie wollten Folgendes wissen:

> *Prompt: # Wie kann ich mit grep Verzeichnisse in einer rekursiven Suche ausschließen?*

Warp wird eine Antwort auf diese Frage liefern, die Sie dann in das Terminal kopieren können.

Denken Sie auch daran, dass Lloyd ein begeisterter Nutzer von Copilot für seine eigene Entwicklung ist: »Ich nutze dieses Tool parallel zu Warp, sie arbeiten sehr gut zusammen.«

Ein großer Fan von Warp ist Mike Krieger, Mitbegründer von Instagram. Er sagt (*https://oreil.ly/VwV0f*): »Ich nutze Warp jeden Tag bei der Arbeit. Vor allem mag ich die Geschwindigkeit – zum einem bei seinen eigenen Prozessen, aber auch die gefühlte Geschwindigkeit, vor allem das ausgezeichnete Typeahead und die Suche. Warp bringt Terminals in die Gegenwart, und ich bin gespannt darauf, was sie noch daraus machen.«

Warp steht auf dem Mac, unter Linux und unter Windows zur Verfügung, und es gibt auch eine Webversion. Dabei gibt es drei Preisstufen:

- Die kostenlose Version ermöglicht bis zu 20 KI-Anfragen pro Tag.
- Bei einem umfassenderen Einsatz gibt es die Team Edition mit 12 $ pro Monat für jeden User und bis zu 100 KI-Anfragen pro Tag.
- Größere Organisationen mit spezifischeren Anforderungen sollten sich die Enterprise-Version anschauen, bei der der Preis von den Wünschen des Kunden abhängt.

Bito AI

Im Jahr 2006 gründeten Amar Goel und Anand Das PubMatic, eine Online-Marketingagentur, und brachten sie 2020 an die Börse. Auf dem Weg erkannten sie das Potenzial von KI, um die Produktivität beim Programmieren zu verbessern, was sie zu Bito AI führte. Mukesh Agarwal stieß als Teil des Gründerteams zu ihnen und brachte seine Erfahrung als Product Lead bei Microsoft und Ernst & Young ein.

Bito beherrscht 20 Sprachen, unter anderem exotischere wie Hinglish – eine Kombination aus Hindi und Englisch.

Dieses Tool besitzt eine Reihe bemerkenswerter Features. Eines erlaubt Ihnen, eigene Prompt-Templates für häufig genutzte Coding-Strukturen zu erstellen und damit den Entwicklungsprozess noch einfacher zu gestalten. Zudem besitzt die Plattform Sicherheits- und Performance-Checks und bietet Empfehlungen für Optimierungen, um die Sicherheit und Effizienz von Code zu verbessern.

Bito beherrscht ein ziemlich großes Kontextfenster von ungefähr 240.000 Tokens, was seine Verständnis- und Analysefähigkeiten hochschraubt. Zudem nutzt es eine Vektordatenbank, die sich lokal auf dem Rechner des Users befindet. So kann das System mit großen Codebasen umgehen und sicherstellen, dass relevantere und genauere Ergebnisse erzeugt werden. Diese Fähigkeit trägt signifikant zur Effizienz des Tools und zu seiner Effektivität im Umgang mit umfangreicheren Coding-Projekten bei.

Zudem ist es gut im Umgang mit Speicherlecks. Diese treten auf, wenn sich ein Programm einen Teil Ihres Computer-RAM schnappt und vergisst, ihn wieder freizugeben. Geschieht das ständig, kann es zu echten Problemen führen. Wenn das Programm dauerhaft läuft, behält es immer mehr Speicher für sich, was den verfügbaren Speicher immer weiter reduziert. Das kann das Arbeiten verlangsamen, weil Ihr System dann Swap Space nutzen muss, wenn nicht mehr genug physischer Speicher vorhanden ist. Und wenn die Lecks richtig groß sind, können sie sogar dafür sorgen, dass das Programm oder gleich der ganze Computer abstürzt.

Speicherlecks lassen sich manchmal wirklich schlecht aufdecken und beheben. Sie verursachen meist nicht sofort Probleme und zeigen sich erst dann, wenn das Programm eine Weile läuft. Diese Verzögerung macht es noch schwerer, ihre Ursache zu finden und zu beheben. Aber Bito kann sich auf die Suche nach potenziellen Speicherlecks machen. Sie nutzen einfach die Option *Insert Code Selected in IDE* und schreiben einen Prompt wie:

> *Prompt: Finde Probleme mit dem Code.*

Damit werden nicht nur die Probleme gekennzeichnet, sondern auch noch Korrekturen vorgeschlagen.

In Bezug auf Datenschutz stellt Bito sicher, dass es keinen Code von Ihnen speichert. Es merkt sich aber die Metadaten, die bei seiner Arbeit erstellt werden.

Es gibt zwei Versionen:

- Eine kostenlose Version für einzelne User.
- Eine kostenpflichtige Version für 15 $ pro Monat und User. Dafür gibt es unter anderem unbegrenzte KI-Codevervollständigung und den Zugriff auf das große 240.000-Tokens-Kontextfenster, was die Programmiererfahrung deutlich besser macht.

Laut Bitos interner Analyse (*https://oreil.ly/xKYaw*) haben Benutzerinnen und Benutzer des Tools eine Produktivitätssteigerung um 31% festgestellt. Und sie haben das Tool nahezu 200 Mal pro Monat eingesetzt. Aktuell kann die Plattform etwa 100.000 User zählen.

Cursor

Anysphere ist die Firma hinter Cursor (*https://cursor.sh*). Sie hat für das Produkt große Pläne (*https://oreil.ly/E2IrW*):

> *In den nächsten paar Jahren wollen wir einen Codeeditor bauen, der hilfreicher, angenehmer und erfreulicher ist als alles, was die Welt je gesehen hat. Cursor soll ein Ort sein, an dem es unmöglich ist, Fehler zu schreiben. Ein Editor, in dem Sie 2.000-zeilige PRs aus 50 Zeilen Pseudocode schaffen können. Ein Tool, mit dem Sie jede Frage zur Codebasis sofort beantwortet bekommen. Vielleicht sogar eine Schnittstelle, an der der Quellcode selbst unwichtig wird …*

Bis es so weit ist, ist Cursor auch so schon sehr leistungsfähig. Es hat das Interesse von Investoren wie OpenAI auf sich gezogen. Im Oktober 2023 konnte die Firma erfolgreich eine Finanzierung von acht Millionen Dollar einsammeln, was das Gesamtkapital auf elf Millionen Dollar gesteigert hat.

Cursor bietet die Wahl zwischen GPT-4 und GPT-3.5, aber es verbessert seine Fertigkeiten auch durch eigene Modelle, die 1,4 Milliarden Vektoren besitzen und Zugriff auf 150.000 Codebasen haben. Zudem nutzt die Plattform fortgeschrittene KI-Techniken wie Merkle-Bäume, die ihre Effektivität noch weiter steigert.

Cursor ist ein Fork von VS Code und kompatibel mit Windows, Mac und Linux. Das ist ein großer Vorteil, weil Sie sich so den Stress ersparen, eine neue IDE zu erlernen. Laden Sie Cursor herunter, können Sie praktischerweise Ihre bestehenden Extensions von VS Code importieren. Sie können die KI-Vorteile von Cursor direkt in der CLI nutzen und damit ausgefeilte Fertigkeiten nahtlos in Ihre vertraute Coding-Umgebung integrieren.

So ist es beispielsweise möglich, im Chat-Bereich Dokumentation zu importieren und Fragen dazu zu stellen. Dies ist ein Beispiel-Prompt:

> *Prompt: @python docs*

Oder Sie nutzen @, um mit einer bestimmten Datei zu arbeiten. Geben Sie beispielsweise so etwas wie das Folgende ein:

> *Prompt: Was tut @the_app.ts?*

Cursor bietet die Möglichkeit, direkt im Terminal zu debuggen. Seine KI durchstöbert Ihre Dateien und nutzt einen logischen Prozess, um das Problem zu finden und möglichst auch zu beheben, was die Fehlersuche deutlich einfacher macht.

Jeffrey Biles, Full-Stack-Webentwickler, ist ein früher Benutzer von Cursor. Er sagt:

> *Ich finde es richtig gut, einen App-Kontext mit einem Tastendruck in die KI laden zu können. Sie gibt dann gute Antworten, kennt die Syntax, refaktoriert kurze Codeabschnitte und schreibt Rahmencode. Die KI erreicht aber ihre Grenzen, wenn sie größere Datenmodelle verstehen soll, die über mehrere Dateien verteilt sind. Das wird aber nur besser, wenn auch die Modelle besser werden, wie zum Beispiel durch größere Kontextfenster.*

Tosh Velaga ist ein weiterer Anwender von Cursor. Er ist Softwareentwickler und Gründer diverser KI-Firmen wie Typeblock (*https://typeblock.co*) oder STBL, die Stable Diffusion (*https://www.stablediffusionai.dev*) nutzen. Er sagt:

> *Ich mag besonders das Tastenkürzel Cmd+L, um Fragen über den Code stellen zu können. Das ist ausgesprochen nützlich, wenn ich mich mit einer neuen Codebasis mit einer Backend-Sprache befasse, mit der ich noch keine Erfahrung habe. Dieses Feature hat mir dabei geholfen, viel schneller in Fahrt zu kommen. Ein weiterer Vorteil ist, dass Sie Ihre eigenen API-Schlüssel nutzen können, sodass Sie Kosten sparen und zwischen GPT-3.5 und GPT-4 wechseln können.*

Code Llama

Es gibt eine wachsende Zahl von Open-Source-Projekten, die sich auf KI-gestützte Entwicklung konzentrieren, und dies ist auch in akademischen Kreisen ein aktuelles Thema. Einer der großen Namen in diesem Bereich ist Meta. Sein Code Llama System (*https://ai.meta.com/llama*) hat seit seiner Veröffentlichung im August 2023 hohe Wellen geschlagen.

Code Llama baut auf dem LLM LLaMA 2 auf, das mit schwindelerregenden zwei Billionen Tokens und einer Kontextlänge von 4.096 Tokens trainiert wurde. Dazu gehören optimierte Modelle, die durch ein Training mit über einer Million Anmerkungen durch Menschen verbessert wurden, sodass sie noch effektiver und zuverlässiger wurden.

LLaMA 2 besitzt spezielle Versionen wie LLaMA 2-Chat, das spezifisch für Chat-Anwendungen angepasst wurde und andere Open-Source-Chat-Modelle in wichtigen Benchmarks schlägt – insbesondere bei der Nützlichkeit und Sicherheit. Zudem ist es mit Plattformen wie Hugging Face integriert, und es gibt wichtige Partnerschaften mit Firmen wie Microsoft und Amazon für das Deployen von Cloud-Services.

Code Llama ist vielseitig und unterstützt die meisten der großen Sprachen wie Python, C++, Java, PHP, JavaScript, C# oder Bash. Es kommt in drei Modellgrößen mit 7, 13 und 34 Milliarden Parametern daher (7B, 13B und 34B). Alle wurden mit wirklich gewaltigen 500 Milliarden Code-Tokens trainiert. An den 7B- und 13B-Modellen ist interessant, dass sie mit Fill-in-the-Middle-Fertigkeiten ausgestattet wurden, sodass sie Code in bestehende Skripte einschieben können. Das macht sie für Aufgaben wie das Vervollständigen von Code nützlich. Das 7B-Modell kann auf einer einzelnen GPU laufen und ist normalerweise schneller, erwartungsgemäß ist das 34-Milliarden-Modell aber viel leistungsfähiger.

Code Llama geht über das hinaus, was das LLaMA-2-Basismodell bietet. All seine Modelle können bis zu 100.000 Tokens im Kontext nutzen. Das ist großartig, um Code in längeren Programmen zu erstellen. Dieses größere Kontextfenster erleichtert zudem das Debuggen.

Es gibt eine Reihe spezialisierterer Versionen von Code Llama. Da ist beispielsweise die Python-Version, die mit 100 Milliarden Code-Tokens geschärft wurde. Und es gibt die Instruction-Version, die zusätzliches Training in natürlicher Sprache erhalten hat, um die Ergebnisse in natürlichsprachigen Anwendungen zu verbessern.

Code Llama 34B hat beeindruckende Ergebnisse gezeigt. Es erreichte solide 53,7% bei HumanEval und 56,2% bei MBPP (*https://oreil.ly/JNY1n*) (*Mostly Basic Python Programming*). Diese Werte sind besser als die anderer Open-Source-Projekte, und die Performance von Code Llama entspricht der von ChatGPT. Zudem musste es heftige Sicherheitstests durchlaufen. Meta sagt dazu, dass die Antworten noch sicherer als die von ChatGPT sind.

Andere Open-Source-Modelle

Es gibt im Open-Source-Umfeld einige interessante Innovationen beim Generieren von Code. Schauen wir uns ein paar der besonderen Plattformen an.

StableCode

Stability AI, das hinter dem beliebten Text-to-Image-System Stable Diffusion steckt, entwickelte auch StableCode. Dieses wurde mit dem Open-Source-Projekt BigCode trainiert, einem Joint Venture zwischen Hugging Face und ServiceNow Research. BigCode hat einen Datensatz namens The Stack aufgebaut, bei dem es sich um eine 6,4 TB große Sammlung an unterschiedlichem, frei nutzbarem GitHub-Code handelt – perfekt zum Trainieren von KI-Modellen.

StableCode nutzt seine eigene Technologie – das *Rotary Position Embedding* (RoPE) statt der ALiBi-Methode (*Attention with Linear Biases*). Es wurde deutlich optimiert, unter anderem durch ein Säubern der Daten. StableCode ist ziemlich vielseitig und unterstützt Sprachen wie Python, Go, Java, JavaScript, C, Markdown und C++.

Es gibt drei Versionen von StableCode, die Sie sich anschauen sollten:

StableCode-Completion-Alpha-3B-4k
: Dabei handelt es sich um ein Decoder-only-Modell mit drei Milliarden Parametern, das mit einer Reihe von Sprachen umgehen kann und eine Kontextlänge von 4.000 Tokens besitzt.

StableCode-Instruct-Alpha-3B
: Ebenfalls ein Drei-Milliarden-Parameter-Projekt, aber optimiert auf Anweisungen.

StableCode-Completion Alpha-3B
: Auch dieses Modell hat drei Milliarden Parameter und ist besonders gut im Vervollständigen von Code. Die Kontextlänge beträgt 16.000 Tokens.

AlphaCode

DeepMind, das zu Google gehört, hat das KI-System AlphaCode auf die Beine gestellt. In Coding-Wettbewerben schlägt es sich gut und schafft es in die besten 54% in Wettbewerben auf Codeforces – einer Website, die kompetitive Programmierwettbewerbe hostet. AlphaCode konnte verschiedene Arten von Aufgaben lösen, für die eine Mischung aus kritischem Denken, Logik, Algorithmen, Coding-Fähigkeiten und einem Verständnis für natürliche Sprache erforderlich sind. Dieses System wurde sogar im *Science*-Magazin (*https://oreil.ly/6E7cK*) gelobt.

Bei Coding-Wettbewerben geht es im Allgemeinen um knifflige Algorithmen und diffizile theoretische Probleme, die sich von unseren täglichen Programmieraufgaben ein bisschen unterscheiden. Zum Beispiel musste sich Alpha-

Code mit einem Test namens Backspace befassen. Die Teilnehmer mussten mit zwei Strings herumspielen und *s* mithilfe von Backspace in *t* umwandeln. Dabei geht es nicht nur darum, das Problem richtig zu lösen, sondern auch, pfiffige Algorithmen zu nutzen. Das zeigt die Art von ausgefeilten Problemlösungsfähigkeiten, die für Programmierwettbewerbe erforderlich sind.

DeepMind will AlphaCode für das vollständige Automatisieren der Codegenerierung nutzen, was ein deutlicher Fortschritt im KI-gestützten Programmieren wäre.

PolyCoder

PolyCoder ist besonders gut darin, die C-Programmierung zu beschleunigen, daher spricht das System vor allem die Spieleentwicklung an. Es kann auch Code in unterschiedlichen Sprachen zusammenfassen. Dank des Trainings auf einem variantenreichen Datensatz erkennt es verbreitete Muster und Strukturen in diversen Programmiersprachen wie C, C++, Java, Python und JavaScript.

PolyCoder wurde mit einem 249 GB großen Datensatz trainiert, der zwölf verschiedene Programmiersprachen beinhaltet. Zudem enthält es 2,7 Milliarden Parameter.

CodeT5

CodeT5 nutzt ein vortrainiertes All-in-one-Encoder-Decoder-Modell. Dadurch ist es bei verschiedenen Coding-Aufgaben hilfreich, wie zum Beispiel beim Finden von Fehlern im Code oder beim Entdecken von Codekopien, aber auch bei neuen Strukturen, zum Beispiel wenn es darum geht, Programmiersprache in normale Sprache und umgekehrt zu übersetzen – oder sogar zwischen Programmiersprachen zu wechseln.

Zu seinem Design gehören ein paar besondere Tricks, die seine Fähigkeit verbessern, Code richtig zu verstehen und zu erstellen, indem die den Programmiersprachen inhärente Struktur so weit wie möglich ausgenutzt wird.

CodeT5 hat seine Fähigkeiten in 14 verschiedenen Challenges (*https://oreil.ly/frVS6*) in CodeXGLUE (*General Language Understanding Evaluation Benchmark for CODE*) unter Beweis gestellt. Ältere Modelle wie PLBART wurden bei allen Generierungsaufgaben auf die Plätze verwiesen, wie zum Beispiel beim Zusammenfassen von Code, beim Umwandeln von Text in Code, beim Übersetzen zwischen Programmiersprachen und beim Aufräumen von Code. Bei Verständnisaufgaben war CodeT5 ziemlich effektiv beim Finden von Fehlern und beim Aufdecken von Codekopien.

Unternehmen für Enterprise Software

Große Firmen wie SAP, ServiceNow oder Salesforce haben ihre eigenen Codegenerierungssysteme aufgesetzt. Dabei haben sie viele Vorteile: eine große Kundenbasis, enorme Ressourcen, umfassende Distributionsnetzwerke und eine vertrauenswürdige Marke. Der große Talentpool ist außerdem hilfreich. Und sie sind im Markt groß genug, um Trends und Standards zu setzen.

Das Integrieren neuer Technologie in ihre bestehende Produkte bedeutet, dass die Unternehmen Komplettlösungen anbieten können, die dafür sorgen, dass die Kunden nicht weggehen. Weil sie schon die Infrastruktur und eine globale Präsenz haben, können sie diese neuen Technologien schnell skalieren und die Bedürfnisse des Markts jetzt und in Zukunft erfüllen.

Dies sind Codegenerierungssysteme solcher Unternehmen:

Salesforce Code Builder
: Damit wird es für Entwickler und Entwicklerinnen einfacher, ihr CRM und andere Salesforce-Elemente anzupassen (*https://oreil.ly/qpHLM*). Man bekommt Hilfe dabei, die neuesten Salesforce-Sprachen und -Frameworks richtig zu nutzen. Zudem können Sie sich Fremd-Add-ons vom Open VSX Marketplace holen, bei dem es sich um einen großen, offenen Spielplatz für VS-Code-Extensions handelt. Und das Beste daran? Sie müssen sich nicht mit dem Installieren oder Einrichten dieser Features herumschlagen. Alles läuft direkt aus der Box heraus.

SAP Build Code
: Dieses Produkt ist für Java- und JavaScript-User gedacht (*https://oreil.ly/u8cKy*). Zudem verbindet es sich mit SAP Joule – dem SAP-eigenen KI-Begleiter. Und Sie können auf leistungsfähige Datenbanksysteme wie SAP HANA (*High-performance ANalytic Appliance*) zugreifen.

StarCoder LLM
: ServiceNow und Hugging Face haben sich zusammengetan, um dieses Open-Source-Projekt auf die Beine zu stellen. Es ist richtig fett, hat 15 Milliarden Parameter und wurde mit nicht weniger als drei Billionen Tokens in mehr als 80 Programmiersprachen trainiert (*https://oreil.ly/kBEdY*). Dabei bleibt alles im grünen Bereich: Es gibt Governance, Sicherheitsregeln und ganz allgemein ein Befolgen von Richtlinien; zudem wird nur mit Code trainiert, dessen Lizenzen dies entsprechend erlauben.

Zusammenfassung

KI-gestützte Programmiertools mischen die Situation für Entwicklerinnen und Entwickler auf, weil es nun wirklich coole neue Möglichkeiten gibt. Große Namen wie Amazon, Google, Meta und Salesforce sind alle an Bord. Und vergessen wir nicht die kleinen, innovativen Start-ups, die mit ihren interessanten Features und entgegenkommenderen Preisen für Aufmerksamkeit sorgen. Open-Source-Projekte sind ebenfalls mit ihren wirklich guten KI-Coding-Tools dabei.

Während diese KI-Modelle besser und klüger werden, werden sie auch besser beim Schreiben, Erläutern und Anpassen von Code. In Zukunft werden erfolgreiche Unternehmen diese Tools nahtlos in den Entwicklungsalltag von Entwicklern und Entwicklerinnen integrieren.

KAPITEL 6

ChatGPT und andere universelle LLMs

In diesem Kapitel beschäftigen wir uns mit ein paar der häufig eingesetzten universellen Large Language Models, die auch Code erzeugen können. Natürlich finden Sie bei ihnen nicht alle coolen Features zum Programmieren – eine Integration in IDEs, ausgefeilte Sicherheits-Features oder Leitlinien für die Arten von Code, mit denen sie trainiert wurden –, aber sie sind trotzdem beeindruckend. Zudem geht es bei ihnen nicht nur um Code, sie lassen sich auch gut zum Planen und Brainstormen einsetzen.

Wir werden uns die großen, bekannten Chatbots wie ChatGPT, Gemini und Claude anschauen. Ich zeige Ihnen, wie Sie sie aufsetzen, was sie kosten, was für coole Features sie haben und wie Sie das Beste aus ihnen herausholen.

ChatGPT

ChatGPT, die Kurzform für *Chat Generative Pretrained Transformer*, betrat am 30. November 2022 die Szene und wurde sofort bekannt. OpenAI, der Kopf hinter der App, hat nicht viel Marketing betrieben – und das musste es auch nicht. ChatGPT ging ganz von alleine viral.

In nur fünf Tagen meldete sich eine Million User an, und innerhalb von ein paar Monaten erreichte man die Zahl von 100 Millionen Usern (*https://oreil.ly/jgzv7*). ChatGPT wurde die am schnellsten wachsende Plattform in der Geschichte des Internets.

Sandhini Agarwal, der dabei half, Richtlinien bei OpenAI zu entwickeln, vermerkte (*https://oreil.ly/54fAU*): »Ich denke, wir alle haben nicht erwartet, wie viele Menschen begannen, das Tool zu verwenden. Wir haben an diesen Modellen so viel gearbeitet, dass wir vergaßen, wie überraschend es manchmal für den Rest der Welt sein kann.«

Es geht immer weiter. Bis September konnte ChatGPT über 1,5 Milliarden Aufrufe verzeichnen, und die Umsätze explodierten auf 1,2 Milliarden Dollar (*https://oreil.ly/Xlv3B*) – eine massive Steigerung gegenüber den 28 Millionen Dollar im Jahr 2022. Aber es ging gar nicht nur um ChatGPT, es gab auch ein wachsendes Geschäft mit der API von OpenAI.

Schauen wir uns kurz die Geschichte von OpenAI an. Sie begann 2015 mit einigen großen Namen aus dem Silicon Valley, die dazu bereit waren, zusammen etwa eine Milliarde Dollar in die Hand zu nehmen, um die Sache ans Laufen zu bringen. Dazu gehörten Elon Musk, Sam Altman, Greg Brockman, Ilya Sutskever, John Schulman und Wojciech Zaremba.

OpenAI begann als Non-Profit-Organisation, und es gab dort eher eine akademische Atmosphäre, weil die Mitarbeitenden vor allem PhDs aus den Bereichen Data Science und KI waren. Die Mission war, *Artificial General Intellicence* (AGI) zu erreichen – die Technologie, die Menschen in den meisten wichtigen Aufgaben übertreffen kann. Es gab dabei eine altruistische Komponente: Die AGI sollte dem Gemeinwohl dienen und auf keinen Fall dafür eingesetzt werden, Menschen zu verletzen oder einigen wenigen zu viel Macht zu verleihen.

Zu Beginn konzentrierte sich OpenAI auf das Forschen und Teilen seiner Erkenntnisse mit anderen. Die Organisation machte seine Patente und seinen Code öffentlich und arbeitete Hand in Hand mit anderen Institutionen. Aber die Kosten für das Schaffen topaktueller generativer KI-Systeme waren nicht ohne.

Um den Traum am Leben zu halten und sich die richtigen Leute angeln zu können, schuf OpenAI 2019 eine »gedeckelte« gewinnorientierte Firma. Sie durften nun Geld von Venture Funds und strategischen Investoren einsammeln und ihren Mitarbeitenden einen Teil des Kuchens abgeben. Im gleichen Jahr kam Microsoft mit einer Investition von einer Milliarde Dollar dazu. Ein paar weitere Investitionsrunden führten zu insgesamt über drei Milliarden Dollar von Microsoft. Im April 2023 schließlich stieg der Technologiegigant komplett ein und brachte zehn Milliarden Dollar ein.

GPT-4

Das GPT-4-Modell von OpenAI zeigt beim Generieren von Code eine außerordentliche Vielseitigkeit aufgrund seiner abwechslungsreichen Trainingsdaten, die aus einem breiten Spektrum an Quellen stammen. Dieses umfangreiche Training hat bei vielen professionellen und akademischen Benchmarks zu Ergebnissen auf menschlichem Niveau geführt, und GPT-4 schlägt GPT-3 und GPT-3.5 konsistent in den meisten Programmiersprachen. Das liegt vor allem an seinen verbesserten Fähigkeiten, komplexen Anweisungen zu folgen, die in natürlicher Sprache gehalten sind, und technische oder kreative Ergebnisse mit einer größeren Tiefe zu schaffen. Ein weiterer wichtiger Faktor ist das 32K-Kontextfenster.

Bei einer bestimmten Codegenerierungs-Benchmark hat eine verbesserte Version von GPT-4, die mit Reflexion kombiniert wurde – einem Framework für das Erstellen ausgefeilter Agenten, das auf LLMs basiert –, erstaunlicherweise eine Pass Rate von 88 % bei HumanEval (*https://oreil.ly/DFaDj*) erreicht. Dieser Wert war merklich höher als der der Basisversion von GPT-4, die es nur auf 67 % gebracht hat. Mit bestimmten Verbesserungen kann GPT-4 also tatsächlich beim Generieren von Code eine Performance auf dem aktuellen Stand der Technik erreichen.

Beim Vergleich mit konkurrierenden Programmierszenarien auf der Codeforces-Plattform hat GPT-4 eine Bewertung von 392 Punkten erhalten (*https://oreil.ly/icUjw*) – eine Verbesserung gegenüber den 260 Punkten von GPT-3.5. GPT-4 ist aber immer noch ein Frischling in der Welt der kompetitiven Programmierung, und diese Werte liegen in den unteren 5 %. Auch wenn GPT-4 schon viel besser geworden ist, muss es noch einiges aufholen, um sich in anspruchsvollen Coding-Aufgaben mit Menschen messen zu können.

Zurechtfinden in ChatGPT

In diesem Kapitel werde ich die Premium-Version von ChatGPT mit dem Namen ChatGPT Plus nutzen. Ein monatliches Abo kostet 20 $.

Das bekommen Sie alles:

Always In
: Selbst wenn alle gleichzeitig versuchen, mit ChatGPT zu arbeiten, bekommen Premium-User bevorzugten Zugriff während der Hochlastzeiten.

Schnelle Antworten
: Mit ChatGPT Plus geht es schneller. Sie erhalten Ihre Antworten schneller, Chats laufen flüssiger ab, und es macht einfach mehr Spaß.

Erster Zugriff auf neue Angebote
: Gibt es ein schickes neues Feature oder ein Upgrade, können Plus-Mitglieder dies ausprobieren, bevor andere Zugriff erhalten.

Neuestes Modell
: Sie erhalten Zugriff.

Abbildung 6-1 zeigt die Oberfläche von ChatGPT.

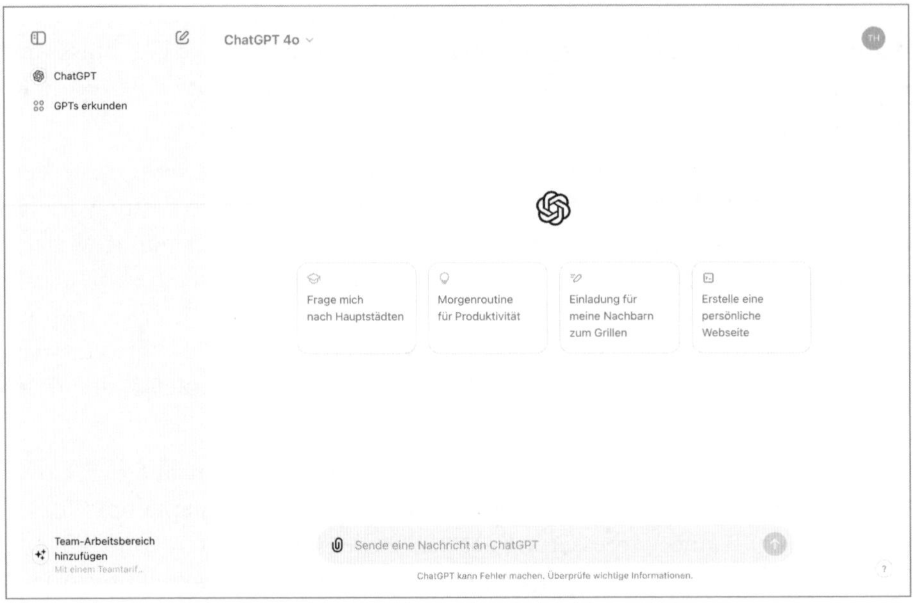

Abbildung 6-1: Die Oberfläche des ChatGPT-Systems ermöglicht Ihnen, das GPT-Modell zu wechseln und Prompts einzugeben.

Oben links können Sie über das Menü das gewünschte Modell auswählen oder auf den Plug-in-Store zugreifen. Links können Sie auf einen Button klicken, um eine neue Session zu erstellen. Oben rechts sehen Sie Ihr Benutzerprofil, in dem Sie Informationen über Ihr ChatGPT-Abo erhalten, Ihre Einstellungen anpassen und eigene Anweisungen festlegen können. Hier ist es auch möglich, das Motiv für das UI zu ändern. Als Optionen stehen *System*, *Dunkel* und *Hell* zur Verfügung. Und schließlich gibt es im Hauptbereich des Fensters unten ein Feld, in dem Sie einen Prompt eintippen können.

Probieren wir ein paar der Features aus. Stellen Sie sich vor, Sie wollten Code erzeugen. Geben Sie dazu dies in ChatGPT ein:

> *Prompt: Schreibe ein Python-Code-Snippet, das die Fakultät einer Zahl berechnet.*

Abbildung 6-2 zeigt die Antwort.

Nun wollen Sie herausfinden, ob es einen anderen Weg gibt, diesen Code zu erzeugen. Also könnten Sie eingeben:

> *Prompt: Wie könnte dieser Code noch erzeugt werden?*

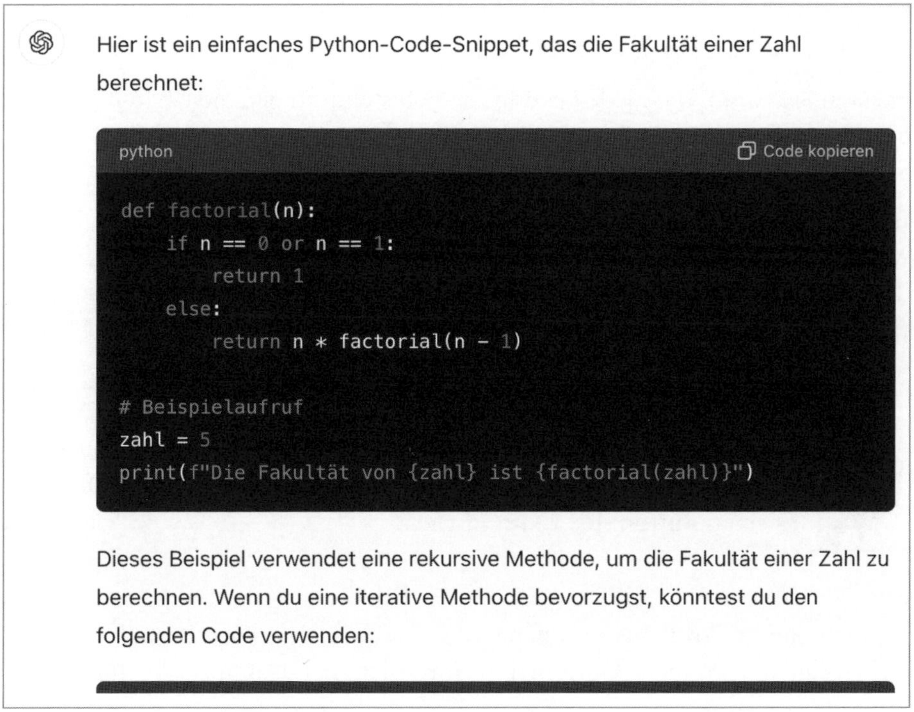

Abbildung 6-2: ChatGPT hat einen Python-Codeschnipsel als Reaktion auf einen Prompt erstellt.

ChatGPT liefert weitere Codevorschläge – ein iterativer Ansatz. Aber eventuell wissen Sie nicht, was das ist? Nun, Sie können mit Ihrem Chat auch fortfahren. Wenn Sie das tun, wird die Chat-Session oben links im Fenster protokolliert, wie Sie in Abbildung 6-3 sehen. ChatGPT nennt den Chat hier *Python Fakultät berechnen*. Wenn Sie wollen, können Sie ihn umbenennen, indem Sie auf das Icon daneben klicken. Es gibt auch ein Icon zum Löschen des Chats.

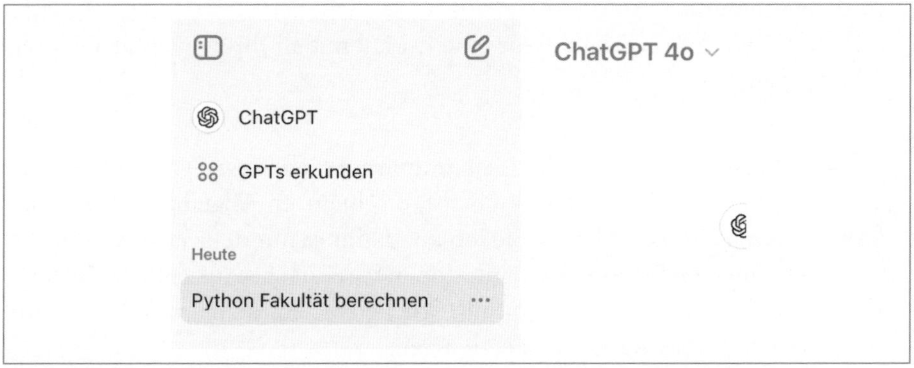

Abbildung 6-3: ChatGPT protokolliert Sessions oben links im Fenster.

Sie wollen eine neue Session erzeugen? Klicken Sie auf das Bleistiftsymbol oberhalb der Sessions, erhalten Sie ein leeres Fenster.

Denken Sie daran, dass jede Session für sich steht. Fragen Sie ChatGPT später etwas zum Code für die Berechnung der Fakultät, wird es nicht wissen, worauf Sie sich beziehen.

Bei einer Chat-Session sollten Sie auch an das Kontextfenster denken. Das ist wichtig, weil es festlegt, an wie viel der bisherigen Unterhaltung sich das Modell »erinnern« kann, um kohärente und kontextrelevante Antworten zu generieren. Bei GPT-3.5 hat das Kontextfenster eine Größe von 16K, bei GPT-4 sind es 32K.

Wollen Sie alle Chat-Threads löschen, können Sie oben rechts auf Ihr Profil klicken und dann *Einstellungen/Allgemein* auswählen. Dort gibt es einen Button *Alle Chats löschen*.

Wählen Sie Ihr Profil aus und gehen dann auf *Einstellungen/Datenkontrollen*, stehen Ihnen noch mehr Optionen für Ihre ChatGPT-Daten zur Verfügung:

Das Modell für alle verbessern
: Schalten Sie dies ab, werden Ihre neuen Chats nicht zum Trainieren der KI genutzt. OpenAI wird trotzdem alle Chats für 30 Tage aufbewahren, bevor es sie löscht – vor allem aus rechtlichen Gründen.

Weitergegebene Links
: Sie haben einen interessanten Thread? Den können Sie mit dem Teilen-Button neben Ihrem Profil-Avatar in einen Link verwandeln und weitergeben. Unter *Weitergegebene Links* haben Sie dann die Möglichkeit, alle diese Links zu verwalten.

Daten exportieren
: Über diesen Button erhalten Sie eine E-Mail mit all Ihren ChatGPT-Unterhaltungen.

Manchmal scheint ChatGPT mitten im Generieren von Text stehen zu bleiben. Wenn das geschieht, erscheint im Allgemeinen ein Fortfahren-Button. Klicken Sie ihn an, damit es mit dem Text weitergeht. Wenn kein Button erscheint, tippen Sie einfach »Ausgabe fortsetzen«. Und wenn das auch nicht hilft, klicken Sie auf den Stopp-Button, um einen Stopp-Zustand zu erzwingen.

Mobile App

ChatGPT ist für Sie auch auf iOS- und Android-Geräten da. Die Apps ähneln weitestgehend der Webversion, auch wenn sie (zumindest bisher) noch keine Features wie Plug-ins kennen.

Sie können auf Ihrem Smartphone auch direkt mit ChatGPT reden. Das ist praktisch, wenn Sie nicht gern auf kleinen Bildschirmen herumtippen. Wechseln Sie in den Einstellungen einfach in den Bereich *Neue Features* und stimmen Sie zu, um loszulegen. Haben Sie dieses Feature eingeschaltet, tippen Sie auf das Kopfhörersymbol, um mit ChatGPT reden zu können. Sie können auswählen, in welcher der fünf verschiedenen Stimmen Ihnen geantwortet werden soll. Das Sprachsystem funktioniert dank eines generativen Text-to-Speech-KI-Modells namens Whisper.

Die mobile Version von ChatGPT macht das Chatten sogar noch netter, weil Sie dem Assistenten Bilder zukommen lassen können. Machen Sie ein Foto von irgendetwas, zum Beispiel einem Objekt, einem Wahrzeichen oder sogar von Code, und steigen Sie dann in ein Gespräch darüber ein. Es gibt auch ein nettes Zeichentool in der App, sodass Sie einen bestimmten Teil Ihres Bilds hervorheben können, während Sie darüber reden.

ChatGPT individuell konfigurieren

Mit einer individuellen Konfiguration von ChatGPT können Sie daran drehen, wie das System Ihnen antwortet, um Ihre Bedürfnisse besser zu erfüllen. Dieses Feature spart Zeit, weil Sie Antworten nicht immer optimieren müssen oder jedes Mal neue Prompts brauchen, wenn Sie mit dem Bot chatten. Sie können eine individuelle Konfiguration in Ihrem Profil aktivieren.

Wenn Sie das tun, müssen Sie die folgenden zwei Fragen beantworten:

> *ChatGPT: Was sollte ChatGPT über dich wissen, um besser zu reagieren?*
>
> *ChatGPT: Wie soll ChatGPT reagieren?*

Nehmen wir ein Beispiel:

> *ChatGPT: Was sollte ChatGPT über dich wissen, um besser zu reagieren?*
>
> *Entwickler: Ich bin ein Programmierer, der in einem Team arbeitet, das dem PEP 8 Style Guide für Python-Code folgt. Wir schätzen sauberen, lesbaren Code und halten uns an Best Practices. Normalerweise arbeite ich an Aufgaben aus der Datenprozessierung und Datenanalyse. Oft brauche ich Hilfe beim Schreiben von effizientem und gut strukturiertem Code.*

ChatGPT: Wie soll ChatGPT reagieren?

Entwickler: Ich möchte, dass ChatGPT Python-Code-Snippets zurückgibt, die sich an den PEP 8 Style Guide halten. Lesbarkeit und Best Practices sollten im Code an erster Stelle stehen. Beim Vorschlagen von Lösungen bevorzuge ich Erläuterungen, warum ein bestimmter Ansatz empfohlen wird und wie er mit den PEP 8 Standards übereinstimmt. Auch fände ich es gut, wenn ChatGPT auf verbreitete Fallstricke oder Fehler in der aktuellen Aufgabe hinweist und Tipps zum Vermeiden gibt.

Browsen mit Bing

Das Training von ChatGPT endete im April 2023. Das kann beim Entwickeln ein Problem sein. Bibliotheken, Frameworks und Tools ändern sich so schnell, dass seitdem viele neue Features und Fähigkeiten aufgetaucht sein können, von denen ChatGPT nichts weiß.

Aber ChatGPT hat ein Ass im Ärmel: Browsen mit Bing. Sie können so auf Echtzeitwebsuchen zurückgreifen, um Antworten zu erhalten.

Nehmen wir an, Sie informieren sich über ein neues Framework wie LangChain. Das gibt es seit Ende 2022, und es hat sich seitdem stark weiterentwickelt. Zudem ist es dazu gedacht, die App-Entwicklung mit LLMs angenehmer zu machen, daher möchten Sie es gerne nutzen.

Um Browsen mit Bing zu aktivieren und es ChatGPT zu ermöglichen, herauszufinden, wie es mit LangChain aktuell aussieht, ergänzen Sie Ihren Prompt um so etwas wie: »Nutze das Internet für die Antwort.« Hier ein paar Beispiele für Prompts, die allgemeine Informationen über LangChain liefern sollen:

Prompt: Erzähle mir etwas über das LangChain-Framework und seine wichtigsten Features. Nutze das Internet für die Antwort.

Prompt: Schaue im Internet nach einführenden Ressourcen oder Dokumentation für den Einstieg in LangChain.

Prompt: Browse im Internet nach Beispielen für Anwendungen, die mit dem LangChain-Framework gebaut wurden.

Prompt: Suche nach aktuellen Updates oder Releases im Zusammenhang mit dem LangChain-Framework. Nutze das Internet für die Antwort.

Die Antworten von ChatGPT auf diese Prompts waren durchaus nützlich. So stellte es beispielsweise als Antwort auf den ersten Prompt sieben wichtige Features von LangChain vor, wie Sie in Abbildung 6-4 sehen können.

5 Websites durchsucht

Das LangChain-Framework ist ein innovatives Werkzeug zur Entwicklung von Anwendungen, die große Sprachmodelle (LLMs) nutzen. Es bietet eine Vielzahl von Funktionen, die Entwicklern helfen, kontextbewusste, interaktive und leistungsfähige KI-Systeme zu erstellen. Hier sind einige der wichtigsten Merkmale von LangChain:

1. **Modularität und Erweiterbarkeit**: LangChain besitzt eine modulare Architektur, die es ermöglicht, spezifische Module für verschiedene sprachliche Aufgaben hinzuzufügen. Dies umfasst Module für Sentimentanalyse, Entitätenerkennung, Übersetzung und Zusammenfassung, wodurch die Flexibilität und Anpassbarkeit des Systems erhöht wird (SlashDev) (Deepchecks).

2. **Kontextbewusstsein**: Ein zentrales Merkmal von LangChain ist seine Fähigkeit, den Gesprächskontext über mehrere Interaktionen hinweg zu behalten. Dies wird durch ausgeklügelte Speichermechanismen erreicht, die sicherstellen, dass jede Antwort relevant und kohärent bleibt (GitHub).

3. **Prompt Engineering und Datenintegration**: LangChain unterstützt umfassend das Prompt Engineering, wodurch es möglich ist, die Interaktionen mit Sprachmodellen fein abzustimmen. Zudem ist es kompatibel mit verschiedenen Datenquellen wie SQL-Datenbanken, APIs und sogar Tabellenkalkulationen, was die Erstellung vielseitiger und datengesteuerter Anwendungen erleichtert (Introduction | 🦜🔗 Langchain) (Deepchecks).

4. **Transfer Learning und Mehrsprachigkeit**: Das Framework unterstützt Transfer Learning, was die Anpassung vortrainierter Modelle an neue Domänen oder Sprachen erleichtert. LangChain kann auch mehrere Sprachen verarbeiten, was es ideal für globale Anwendungen macht (SlashDev) (Deepchecks).

5. **Skalierbarkeit und Leistungsfähigkeit**: LangChain ist darauf ausgelegt, skalierbar zu sein und sowohl kleine als auch groß angelegte Anwendungen zu unterstützen. Dies gewährleistet, dass LangChain-basierte Systeme mit den Anforderungen des Unternehmens oder der Benutzerbasis wachsen können (GitHub).

6. **Sicherheits- und Datenschutzfunktionen**: Das Framework implementiert Best Practices im Bereich Datenschutz und -sicherheit, was besonders wichtig für Anwendungen ist, die mit sensiblen Benutzerdaten arbeiten oder in stark regulierten Branchen eingesetzt werden (SlashDev).

7. **Community und kontinuierliche Weiterentwicklung**: Als Open-Source-Projekt profitiert LangChain von einer aktiven Community und regelmäßigen Updates, die neue Funktionen, Verbesserungen und Fehlerbehebungen einführen. Dies hilft Entwicklern, stets auf dem neuesten Stand der KI-Technologie zu bleiben (GitHub) (Deepchecks).

Abbildung 6-4: Browsen mit Bing hilft ChatGPT dabei, die wichtigsten Features des LangChain-Frameworks herauszufinden.

Auch das Format dieser Antwort lässt sich ändern. Probieren Sie einmal diesen Prompt aus:

Prompt: Wandle das in eine Tabelle um.

Abbildung 6-5 zeigt das Ergebnis (das über die sieben Features hinaus noch weitere Punkte enthält).

Hier ist die Übersicht in Tabellenform:

Merkmal	Beschreibung	Quelle
Kontextbewusste Antworten	Ermöglicht die Generierung kontextbewusster Antworten durch Verbindung von LLMs mit Kontextquellen, oft gespeichert in Vektordatenbanken.	Zilliz Blog
Modularität und Flexibilität	Bietet eine modulare Struktur zur dynamischen Kombination von Komponenten wie Prompts, Modellen und Tools. Hilfreich bei der gleichzeitigen Verwendung mehrerer LLMs.	Built In
Anpassbare Komponenten	Stellt anpassbare Bausteine zur Verfügung, einschließlich vorgefertigter Implementierungen und anpassbarer Vorlagen.	Zilliz Blog
LangChain Expression Language (LCEL)	Deklarative Methode zur Erstellung von Chains, die ohne Codeänderungen in Produktionsumgebungen verwendet werden können.	LangChain Dokumentation
Speicher- und Erinnerungsfunktion	Speicherung von Daten und Gesprächsverläufen, besonders nützlich für Chatbot-Anwendungen, um frühere Konversationen zu berücksichtigen.	Zilliz Blog, Analytics Vidhya
Agenten-API	Ermöglicht die Erstellung komplexer Agenten für mehrstufige Konversationen und autonome Aufgabenausführung.	Built In, Analytics Vidhya
Unterstützung für mehrere LLMs	Kompatibilität mit verschiedenen LLMs, einschließlich Modellen von Hugging Face und OpenAI, um das bestgeeignete Modell für spezifische Anwendungsfälle auszuwählen.	Built In
Retrieval Augmented Generation (RAG)	Kombination von Informationen aus Vektordatenbanken mit LLMs, um detaillierte und genaue Antworten auf Benutzeranfragen zu liefern.	Zilliz Blog
Chatbots	Integration von RAG und Speicherfunktionen, um vergangene Konversationen zu erinnern und in aktuelle Dialoge einfließen zu lassen.	Zilliz Blog
Zusammenfassungen	Erstellung präziser Zusammenfassungen großer Textmengen durch Text-Splitting und semantische Suche.	Zilliz Blog, LangChain Dokumentation

Abbildung 6-5: ChatGPT kann seine Ausgabe auch in eine Tabelle umwandeln.

Nutzen Sie Browsen mit Bing, braucht ChatGPT eventuell ein paar Sekunden oder sogar eine Minute oder mehr, um zu antworten. Manchmal bleibt es sogar hängen oder gibt einen Fehler zurück. Oder Sie müssen ein paar Anläufe wagen, um eine Antwort zu erhalten. ChatGPT kann manchmal temperamentvoll sein.

Beim Browsen mit Bing enthält die Ausgabe oft einen Weblink auf die Quelle dieser Informationen. Es ist nicht verkehrt, diesen anzuklicken, um den Inhalt zu überprüfen. Denn schließlich sollen Sie ja alles, was von ChatGPT generiert wird, mit gesundem Misstrauen betrachten. Manchmal kommt die Antwort vielleicht von einem Social-Media-Post, was nicht immer die zuverlässigste aller Quellen sein dürfte.

Zum Glück können Sie ChatGPT anweisen, sich auf bestimmte Arten von Quellen zu konzentrieren. Tabelle 6-1 zeigt dafür ein paar Vorschläge.

Tabelle 6-1: Möglichkeiten, ChatGPT zum Verwenden bestimmter Informationen anzuweisen

Ansatz	Beschreibung
Domainbeschränkung	Nutzen Sie den Site-Operator, um die Suche auf seriöse Domains wie *.edu* oder *.gov* zu begrenzen oder um spezifische vertrauenswürdige Organisationen vorzugeben.
Verwenden wissenschaftlicher Schlüsselwörter	Zum Beispiel *peer-reviewed*, *Journal*, *Studie* oder *Forschung*.
Filter für Veröffentlichungsdatum nutzen	Die Suche auf aktuelle Veröffentlichungsdaten begrenzen, um aktuelle und relevante Informationen zu erhalten.
Fachliche oder wissenschaftliche Vereinigungen	Geben Sie Fachverbände oder wissenschaftliche Vereinigungen an, um nach maßgeblichen Veröffentlichungen oder Berichten zu suchen.

Wie gut macht sich nun ChatGPT beim Erstellen von Code für LangChain? Schauen wir uns einen Prompt für ein einfaches Programm an:

> *Prompt: Ich möchte ein Python-Programm schreiben, das das LangChain-Framework nutzt. Es soll folgende Features haben:*
>
> *1. Frage den User, was für ein Thema gewünscht ist.*
>
> *2. Wähle die Art von zu erstellenden Inhalten aus: Blog oder Social Media Post.*
>
> *3. Nutze LangChain, um auf die OpenAI-API zuzugreifen und entweder den Blogtext oder ein Social Media Post zum Thema zu erstellen.*

Als ich das in ChatGPT ausprobiert habe, waren die Ergebnisse eher durchwachsen. Die grundlegende Python-Struktur zum Einholen von Informationen wurde durchaus umgesetzt – das sollte ja auch kein Problem sein, weil sich ChatGPT mit Python gut auskennt. Aber der LangChain-Code? Der passte überhaupt nicht. Das Importieren der LangChain-Bibliothek war falsch, und ein paar andere Dinge fehlten ebenso. Zudem wusste es nicht, wie die OpenAI-API aufzurufen war.

Lange Rede, kurzer Sinn: Browsen mit Bing ist vor allem für alltägliche, allgemeine Fragen nützlich – zumindest bisher.

Lästige Aufgaben

Softwareentwicklung kann schnell kompliziert werden und viele Schritte erfordern. Sie müssen planen, codieren und testen – um nur ein paar davon zu nennen. Ein Teil, der wirklich nervig sein kann, ist das sich wiederholende Programmieren. Es ist langweilig und frisst Unmengen an Zeit. Während des Entwickelns findet man sich oft beim Schreiben des gleichen Routinecodes wieder, beim Ausmerzen von Fehlern und beim Durchsuchen von Code. Das ist natürlich alles wichtig, aber nicht wirklich der erfüllende, spaßige Teil beim Schaffen von Software. Zudem kann es manchmal sehr herausfordernd sein, bei neuen Programmiersprachen, Frameworks und Tools auf dem Laufenden zu bleiben.

KI-Tools wie ChatGPT können diese nervigen Teile der Softwareentwicklung ein wenig entschärfen. In den nächsten Abschnitten werden wir uns einige dieser Bereiche vornehmen.

Reguläre Ausdrücke

Reguläre Ausdrücke (oder auch *RegExps*) sind ein raffiniertes Tool für das Arbeiten mit Text. Stellen Sie sich dies wie eine leistungsfähige Suchen-und-Ersetzen-Funktionalität vor, die Muster in Zeichenketten finden kann. Das hat aber seinen Preis: Für RegExps lernen Sie im Prinzip eine völlig neue Sprache mit Symbolen und Befehlen. Das kann schon eine harte Nuss sein! Wenn man versucht, sich all die seltsamen Kombinationen aus Backslashs, Punkten, eckigen Klammern und sonst noch was zu merken, schwirrt einem schnell der Kopf. Manchmal fühlt es sich an, als bräuchte man einen geheimen Decoder-Ring, um das alles zu verstehen.

Schauen Sie sich beispielsweise ein RegExp-Muster wie das folgende an:

```
^(?=.*[a-z])(?=.*[A-Z])(?=.*\d)(?=.*[@$!%*?&])[A-Za-z\
d@$!%*?&]{8,}$
```

Damit würde geprüft werden, ob ein Passwort stark ist – mit mindestens acht Zeichen, wobei mindestens ein Großbuchstabe, ein Kleinbuchstabe, eine Ziffer und ein Sonderzeichen enthalten sein müssen.

Vermutlich wird es Ihnen keinen Spaß machen, so etwas zu schreiben, aber da kann ChatGPT einspringen. Schauen Sie sich ein paar gebräuchliche Beispiele an:

> *Prompt: Erstelle ein RegExp-Muster, um Standard-E-Mail-Adressen zu validieren. Die E-Mail-Adresse soll mit alphanumerischen Zeichen beginnen, gefolgt von optionalen Punkten, Bindestrichen oder Unterstrichen. Dann soll ein @-Symbol kommen, gefolgt von mehr alphanumerischen Zeichen, einem Punkt und schließlich einem Domain-Namen, der 2 bis 6 Zeichen lang ist.*
>
> RegExp-Muster: ^[a-zA-Z0-9]+[._-]?[a-zA-Z0-9]+@[a-zA-Z0-9]+\.[a-zA-Z]{2,6}$
>
> *Prompt: Liefere mir ein RegExp-Muster, um URLs zu überprüfen. Die URL kann mit http oder https beginnen, gefolgt von ://, dann kommt ein Domain-Name, der alphanumerische Zeichen und Punkte enthält. Nach der Domain kann es einen optionalen Pfad geben, der mit einem / beginnt und alphanumerische Zeichen, Schrägstriche, Punkte oder Bindestriche enthält. Die URL kann mit einem optionalen / enden.*
>
> RegExp-Muster: ^(http|https):\/\/[a-zA-Z0-9.-]+(\/[a-zA-Z0-9\/._-]*)?\/?$
>
> *Prompt: Erstelle ein RegExp-Muster, um Datumswerte im Format DD.MM.YYYY zu überprüfen. Der Tag sollte zwischen 01 und 31 liegen, der Monat zwischen 01 und 12, und das Jahr sollte in den 1900ern oder 2000ern sein.*
>
> RegExp-Muster: ^(0[1-9]|[12][0-9]|3[01])\.(0[1-9]|1[0-2])\.(19[0-9]{2}|20[0-9]{2})$
>
> *Prompt: Ich suche nach einem RegExp-Muster, um IPv4-Adressen zu validieren. Jedes Oktett sollte eine Zahl zwischen 0 und 255 sein, und die Oktetts sollten durch Punkte getrennt sein. Erstelle ein RegExp-Muster dafür.*
>
> RegExp-Muster: ^(25[0-5]|2[0-4][0-9]|1[0-9]{2}|[1-9]?[0-9])\.(25[0-5]|2[0-4][0-9]|1[0-9]{2}|[1-9]?[0-9])\.(25[0-5]|2[0-4][0-9]|1[0-9]{2}|[1-9]?[0-9])\.(25[0-5]|2[0-4][0-9]|1[0-9]{2}|[1-9]?[0-9])$

ChatGPT kann auch dabei helfen, RegExp-Muster zu entschlüsseln. Hier ein Beispiel-Prompt:

> *Prompt: Was tut diese RegExp?* ^(\(\d{3}\)\s?|\d{3}[-.])\d{3}[-.]\d{4}$

Die Antwort lautet, dass die RegExp dazu gedacht ist, das Format von US-Telefonnummern zu validieren.

Starter Code

Starter Code ist ein initialer Codeschnipsel oder ein Template, durch den oder das Sie einen Vorsprung erhalten. Sie können zweifelsohne viel Zeit einsparen. Aber Starter Code kann auch sehr lehrreich sein. Sind Sie in einer Programmierumgebung neu, kann es helfen, sich Starter Code anzuschauen, um zu verstehen, wie das alles funktioniert. Zudem hilft Starter Code dabei, die Dinge konsistent zu halten, insbesondere in großen Teams, in denen alle ähnlich vorgehen sollten.

Hier ein Beispiel:

```
const express = require('express');
const app = express();
const port = 3000;
app.get('/', (req, res) => {
 res.send('Hallo Welt!');
});
app.listen(port, () => {
 console.log(`Server running at http://localhost:${port}`);
});
```

Das ist ein knappes und klares Beispiel für einen einfachen Webserver, der mithilfe von Express.js erstellt wurde – einem beliebten Web-Framework für Node.js. Es ist aufgrund seiner Einfachheit und dem Einsatz der Kernelemente ein guter Starter Code. Tabelle 6-2 stellt ein paar Prompts für Starter Code vor.

Tabelle 6-2: Prompts für Starter Code

Programmiersprache/ Framework	Prompt
Node.js/Express.js	»Erstelle mir ein Beispiel für einen einfachen Express.js-Server.«
React (JavaScript)	»Wie erstelle ich eine einfache React-Komponente?«
JavaScript	»Kannst du mir zeigen, wie ich eine einfache Funktion in JavaScript definiere?«
Android (Java)	»Was ist der Starter Code für eine einfache Android-Activity in Java?«
Python/Flask	»Kannst du mir ein Beispiel für eine einfache Flask-Applikation geben?«
Vue.js (JavaScript)	»Zeig mir, wie man eine einfache Vue-Instanz aufsetzt.«
Django (Python)	»Wie kann ich ein neues Django-Projekt mit einer einfachen View starten?«
Swift (iOS)	»Wie sieht der Starter Code für einen einfachen UIViewController in Swift aus?«

GitHub README

Die GitHub-*README*-Datei ist im Prinzip der Eingangsbereich für ein Repository. Hier finden Sie heraus, worum es in dem Projekt geht – seinen Zweck, was es tut und wie Sie es verwenden. Normalerweise hat die Datei den Namen *README.md* und ist in Markdown geschrieben, sodass sie gut aussieht und leicht lesbar ist. Sie werden die README auf der Hauptseite des Repos sehen.

Eine gut geschriebene README ist wichtig, weil dadurch für alle, die sich Ihr Projekt anschauen, das Leben einfacher wird. Sie gibt den Ton vor und hilft dabei, das Projekt klarer zu machen – sei es für einen User, der das Projekt nutzen will, oder sei es, weil eine Entwicklerin etwas beitragen möchte. Die README legt auch die Regeln fest und beschreibt, was zu erwarten ist.

Das Schreiben einer README ist nicht immer ein Spaziergang. Sie müssen gut abwägen zwischen allen Details und einer kurzen und knackigen Darstellung. Entwicklerinnen und Entwickler, die sich auf das Programmieren konzentrieren, lassen eventuell wichtige Teile weg, weil sie nicht merken, dass das, was für sie offensichtlich ist, anderen nicht klar ist.

Zum Schreiben einer guten README brauchen Sie Schreiberfahrung. Die ist in der Entwicklung aber nicht unbedingt gegeben. Zudem ist es gar nicht so einfach, die README immer aktuell zu halten, wenn das Projekt wächst und wächst. Das kann eine ziemliche Herausforderung werden.

Mit ChatGPT an Ihrer Seite kann es aber ganz einfach sein, eine README zu erstellen, deren Inhalt sich durchaus vorzeigen lässt. Nehmen wir ein Beispiel. Stellen Sie sich vor, Sie hätten gerade diese tolle App gebaut, mit der nach Rezepten gesucht wird. Dies ist ein Prompt, mit dem Sie loslegen können:[1]

> *Prompt: Write a GitHub readme for my project named »Recipe Finder.« This project is developed using Vue.js and helps users find recipes based on the ingredients they have. Users need to input the ingredients they have, and the app will return a list of recipes they can cook with those ingredients. To kickstart, simply clone the repository, run npm install, insert your API key into the .env file, and execute npm start to launch the app.*

ChatGPT erstellt eine Einführung in das Projekt und lässt dann Abschnitte für *Features*, *Getting Started*, *Usage*, *Contributing*, *License* und *Acknowledgments* folgen.

1 Dieser Prompt ist auf Englisch belassen, weil README-Dateien im Allgemeinen in Englisch geschrieben sein sollten.

Bei manchen dieser Abschnitte ist ChatGPT von Annahmen ausgegangen. So hat es beispielsweise angegeben, dass das Projekt die MIT-Lizenz nutzt. Sie können aber weitere Prompts schreiben, um ChatGPT mit mehr Details zum Projekt zu versorgen.

> Wissen Sie nicht, welche Open-Source-Lizenz Sie nutzen sollten, schauen Sie sich *Choose a License* an (*https://choosealicense.com*), das Sie bei dieser Frage unterstützt.

Browserübergreifende Kompatibilität

Bei der *browserübergreifenden Kompatibilität* geht es darum, sicherzustellen, dass Ihre Website oder Ihre Web-App in verschiedenen Browsern korrekt funktioniert. Das ist wichtig, weil Ihre User Ihre Site oder App sehr wahrscheinlich mit unterschiedlichsten Browsern aufrufen werden – Chrome, Firefox, Safari oder Edge, jeweils in verschiedenen Versionen.

Schauen wir uns an, wie ChatGPT Ihnen dabei helfen kann, diese Herausforderung anzugehen. In Tabelle 6-3 sehen Sie ein paar hilfreiche Prompts.

Tabelle 6-3: Prompts für die Browserkompatibilität

Kategorie	Prompt
HTML5- und CSS3-Features	»Ich will in meinen Eingabefeldern das placeholder-Attribut nutzen, das funktioniert aber nicht in älteren Versionen des Internet Explorer. Wie kann ich einen Fallback schaffen?«
CSS-Präfixe	»Ich will in meinem CSS die transition-Eigenschaft nutzen, möchte aber sicherstellen, dass sie über alle Browser hinweg kompatibel ist. Wie sollte ich das schreiben?«
JavaScript-Funktionalität	»Ich verwende die fetch-Funktion in JavaScript, um HTTP-Requests zu schicken, aber das wird nicht im Internet Explorer unterstützt. Was kann ich tun?«

Bash-Befehle

Anweisungen, die Sie in ein Terminal eintippen, um mit Ihrem Computersystem zu interagieren, sind als *Bash-Befehle* bekannt. Mit ihnen lassen sich viele Aufgaben lösen, zum Beispiel können Sie sich in Ihrem Dateiverzeichnis bewegen, verfolgen, was Ihr Computer so treibt, oder Dateien bearbeiten.

Es kann eine Herausforderung sein, mit diesen Befehlen vertraut zu werden, insbesondere wenn Sie neu in der Unix/Linux-Welt sind. Manche Befehle sind ziemlich kryptisch und haben eine steile Lernkurve. Es dauert seine Zeit, und man muss erst Erfahrung sammeln, bevor man richtig gut mit ihnen umgehen kann. Zudem gibt es viele Befehle, die alle ihre eigenen Optionen und Vorgehensweisen besitzen. Natürlich lässt sich im Internet jede Menge Informationen dazu finden, aber selbst die Profis können sich nicht alle Befehle merken – vor allem solche, die sie nicht oft verwenden oder die sie erst kürzlich kennengelernt haben.

Aber Sie können ChatGPT als Ihren virtuellen Assistenten nutzen. Hier ein paar Beispiel-Prompts:

> *Prompt: Wie kann ich einen Bash-Befehl nutzen, um alle Dateien in einem Verzeichnis sortiert nach ihrem Änderungsdatum aufzulisten?*
>
> *Prompt: Wie lautete der Bash-Befehl, mit dem man die Anzahl der Zeilen in einer Datei zählt?*
>
> *Prompt: Wie kann ich mit einem einzigen Befehl ein Verzeichnis erstellen und dorthin wechseln?*
>
> *Prompt: Wie kann ich die Ausgabe eines Befehls in eine Datei umleiten?*
>
> *Prompt: Wie lautet der Befehl, mit dem nach einem bestimmten Prozess gesucht wird, der auf meinem System läuft?*
>
> *Prompt: Wie kann ich ein Verzeichnis per Bash in einer ZIP-Datei verpacken?*
>
> *Prompt: Welchen Befehl sollte ich verwenden, um die Berechtigungen einer Datei in Bash zu verändern?*

GitHub Actions

Bei GitHub Actions handelt es sich um ein Tool zu *Continuous Integration und Continuous Deployment* (CI/CD), das in GitHub eingebunden ist. Als Entwicklerin oder Entwickler können Sie so Ihren Softwareentwicklungs-Workflow direkt im Repo aufsetzen, anpassen und ausführen. Ein GitHub-Actions-Workflow ist im Prinzip ein Satz automatisierter Prozesse, die Sie in einer Workflow-Datei definieren. Die Prozesse bestehen aus Jobs, die jeweils eine andere Sache erledigen, wie zum Beispiel das Ausführen von Befehlen, das Aufsetzen von Prozessen oder das Ausführen von Aktionen. Geschrieben sind sie in YAML-Syntax, und sie springen an, wenn bestimmte Aktionen geschehen, wie zum Beispiel das Pushen von Code oder das Erstellen eines neuen Issues, oder zu bestimmten Zeiten. Mit GitHub Actions kann man beim Entwickeln den Code direkt aus GitHub heraus bauen, testen und deployen, sodass der Softwareentwicklungsprozess einfacher und automatisierter wird. Sie können die Actions anderer Entwickler und Entwicklerinnen teilen, wiederverwenden oder auch anpassen, was für die Zusammenarbeit und das Teilen von Wissen in der Welt der automatisierten Softwareentwicklung großartig ist.

ChatGPT kann Ihnen dabei helfen, GitHub Actions zu erstellen. Hier ein paar Prompts:

> *Prompt: Erstelle ein GitHub-Actions-Workflow-Template zum Bauen und Deployen einer statischen Website mit Hugo, die dann nach GitHub Pages deployt wird.*

> *Prompt: Generiere ein GitHub-Actions-Workflow-Template für ein Java-Projekt unter Einsatz von Maven, das Schritte zum Kompilieren des Codes, Ausführen der Tests und Verpacken der Anwendung enthält.*

> *Prompt: Erstelle ein GitHub-Actions-Workflow-Template für eine dockerisierte Applikation, das Schritte zum Bauen des Docker Image, zum Pushen des Image nach Docker Hub und zum Deployen in ein Kubernetes-Cluster enthält.*

> *Prompt: Generiere ein GitHub-Actions-Workflow-Template für eine mobile Anwendung, die auf React Native basiert. Es soll Schritte zum Installieren von Abhängigkeiten, zum Bauen der App und zum Hochladen des APK in einen angegebenen Google-Drive-Ordner enthalten.*

Plug-ins

ChatGPT-Plug-ins sind Mini-Apps, die sich eines OpenAI-LLM bedienen. Sie öffnen die Tür zum Einsatz externer Datenbanken und Anwendungen. Es ist, als hätten Sie einen eigenen kleinen App-Store für iOS oder Google Play.

Um Plug-ins zu nutzen, müssen Sie zuerst sicherstellen, dass Sie das Feature aktiviert haben. Rufen Sie Ihr Profil auf und wählen Sie dann *Einstellungen* und *Beta Features*.

Sie finden die Plug-ins, indem Sie über das GPT-4-Icon hovern – oben im Fenster – und dann *Plugins* wählen. Damit erhalten Sie das Fenster, das Sie in Abbildung 6-6 sehen.

Oben können Sie durch die Plug-ins navigieren. Sie können nach beliebten, neuen, allen oder installierten Apps filtern. Es gibt außerdem ein Suchfeld.

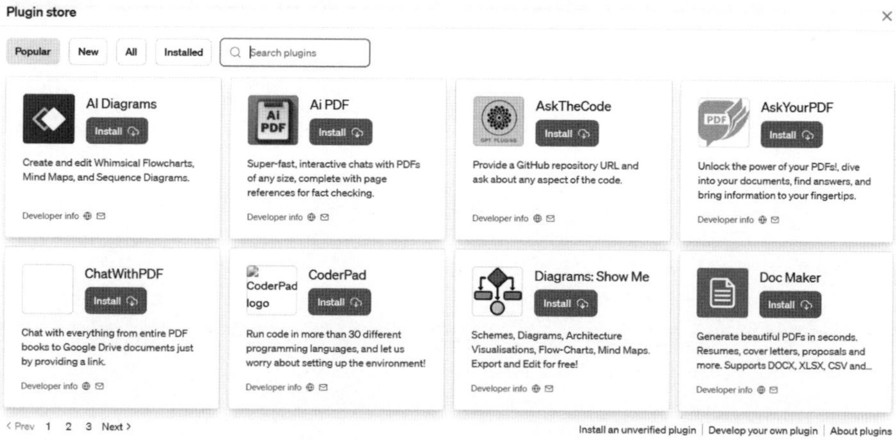

Abbildung 6-6: Der Plug-in-Store von ChatGPT ermöglicht Ihnen Zugriff auf Mini-Apps, die auf die LLMs von OpenAI zugreifen.

Das Codecademy-Plug-in

Probieren wir das Plug-in von Codecademy aus. Klicken Sie zuerst auf den Button zum Installieren. Um es zu aktivieren, klicken Sie oben im Fenster auf den Pfeil nach unten und dann auf das Codecademy-Symbol.

Dieses Plug-in hat zwei zentrale Funktionen. Mit der einen können Benutzerinnen und Benutzer bestimmte Kurse oder Lernpfade anhand ihrer Ziele und ihrer Erfahrung finden. Wenn man beispielsweise an KI und ChatGPT interessiert ist, kann man das Plug-in nach Kursempfehlungen fragen und erhält dann eine Liste relevanter Kurse mit Beschreibungen und weiteren Informationen dazu, ob die Kurse kostenlos oder kostenpflichtig sind.

Außerdem dient das Plug-in als Tool, um schnell Verweise auf technische Dokumentationen zu erhalten. Sie bekommen dann Links auf Dokumente und Artikel mit weiteren Informationen.

Das probieren wir einmal aus:

> *Prompt: Was ist die beste Doku oder der beste Artikel für eine Erläuterung von Arrays in JavaScript?*

ChatGPT liefert eine Antwort, die Sie in Abbildung 6-7 sehen.

Oben sehen Sie, dass das System auf das *Codecademy*-Plug-in zurückgreift. Darunter findet sich Text, der andeutet, dass es viele Ressourcen zu diesem Thema gibt. Das Plug-in liefert dann aber nur Links auf vier Dokumente.

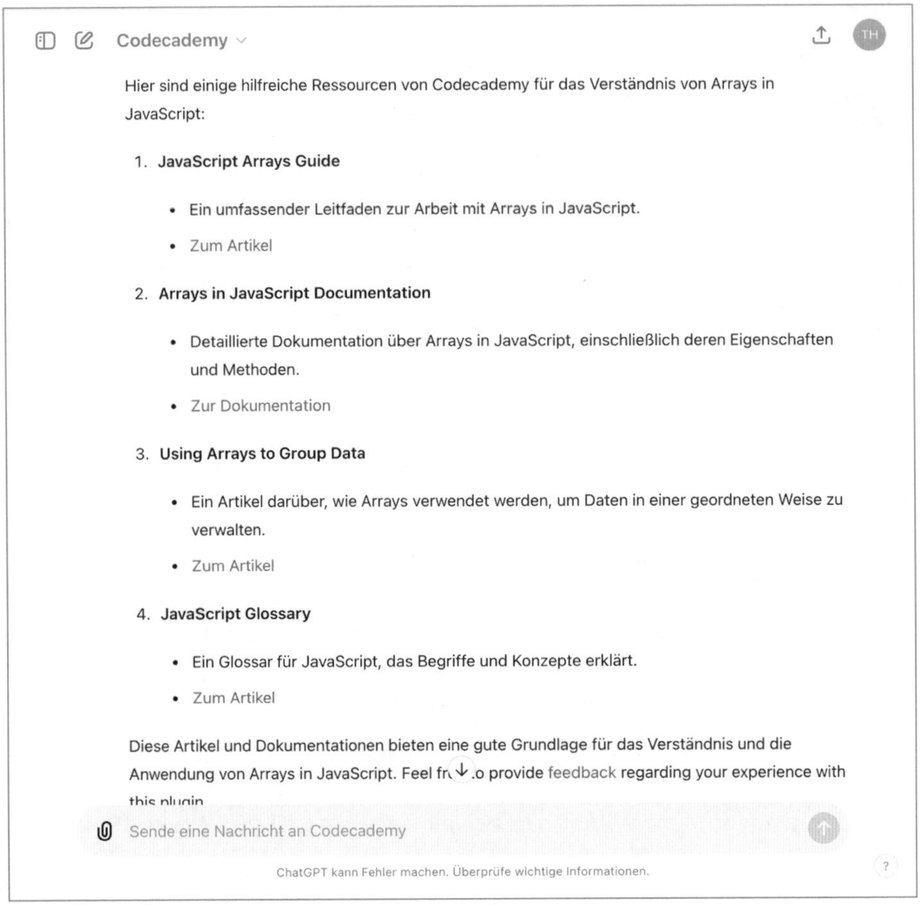

Abbildung 6-7: Das Codecademy-Plug-in reagiert auf eine Anfrage zu Ressourcen zu JavaScript-Arrays.

Das AskYourDatabase-Plug-in

Sheldon Niu hatte die Idee zu diesem Plug-in, weil er oft auf ChatGPT zurückgriff, um SQL-Anweisungen erstellen zu lassen. Das war aber jedes Mal ziemlich aufwendig. Er musste immer wieder das ganze Datenbankschema beschreiben und dann das Ergebnis herauskopieren, um es in einem Terminal auszuführen. Also dachte er sich: »Hey, ich könnte doch ChatGPT direkt mit einer Datenbank reden lassen.« Und so entstand AskYourDatabase.

Mit diesem Tool ist das Erstellen eines Prototyps für ein Datenbankschema mithilfe von ChatGPT sehr angenehm. Und auch das Abfragen von Daten wird dann ganz einfach. Sie können sogar auf diese klassischen Business-Intelligence-(BI-)Tools verzichten, für die normalerweise eine Menge Einrichtungsaufwand erforderlich ist.

Recombinant AI Plugin

Mark Zahm ist ein Entwickler, der seine eigene KI-Beratungsfirma gegründet hat. Er hat das Recombinant AI Plugin geschaffen, um Entwicklern und Entwicklerinnen die Arbeit mit ihren GitHub- und GitLab-Repos zu erleichtern. Mit diesem Tool kann ChatGPT das Wesentliche ganzer Programme erfassen und sich dann mit dem Klein-Klein befassen. So können User ihren Code besser verstehen und eine sinnvollere Unterstützung beim Anpassen, Analysieren oder Umwandeln von Ideen in Software bekommen. Mark nennt das eine »Conversational IDE« – eine sehr schöne Formulierung.

Dies sind ein paar Anwendungsmöglichkeiten:

- Klassische Aufgaben wie das Ablegen von Codeschnipseln oder Prompts erledigen.
- Mithilfe des Projekts und des Dateisystems komplexe Aufgabenlisten und Chain-of-Thought-Prompts erstellen.
- Wichtige Informationen über aktuelle Programmierbibliotheken sichern.

GPTs

Sie können sich Ihr eigenes ChatGPT bauen. Das nennt sich dann ein GPT und ist sehr einfach zu erstellen – oft braucht man nur ein paar Minuten dafür.

Schauen wir uns ein Beispiel an. Wir werden ein GPT für einen Style Guide für die Softwareentwicklung erstellen. Dieser ist vollgepackt mit Detailrichtlinien, wie zum Beispiel dem Benennen von Variablen, damit sie für jeden verständlich sind, dem Einrücken von Code und den spezifischen Programmiermustern oder -praktiken, die das Team nutzt. Es ist quasi ein Dresscode für Ihren Code.

Die Idee ist, alles einheitlich und hübsch zu machen. Das erleichtert allen, die Codebasis zu lesen und zu verstehen, was in großen Projekten lebensrettend sein kann.

Aber: Wenn Sie neu einsteigen, kann das ein bisschen erschlagend wirken. Sie sind es vielleicht gewohnt, auf eine bestimmte Art und Weise zu programmieren, und sollen sich jetzt plötzlich an neue Standards gewöhnen.

Hier kann ein GPT helfen. Also erstellen wir eines. Wählen Sie auf dem Home-Bildschirm von ChatGPT oben links *GPTs erkunden* und klicken Sie dann auf den Button *Erstellen*. Sie landen in einem Fenster mit zwei Bereichen, wie Sie in Abbildung 6-8 sehen können.

Im linken Bereich bauen Sie das GPT, der rechte dient der Vorschau. Um es mit einem Style Guide für die Entwicklung zusammenarbeiten zu lassen, würde Ihr Prompt wie folgt aussehen:

> *Prompt: Erstelle ein System, das einen Style Guide für die Entwicklung sicherstellt.*

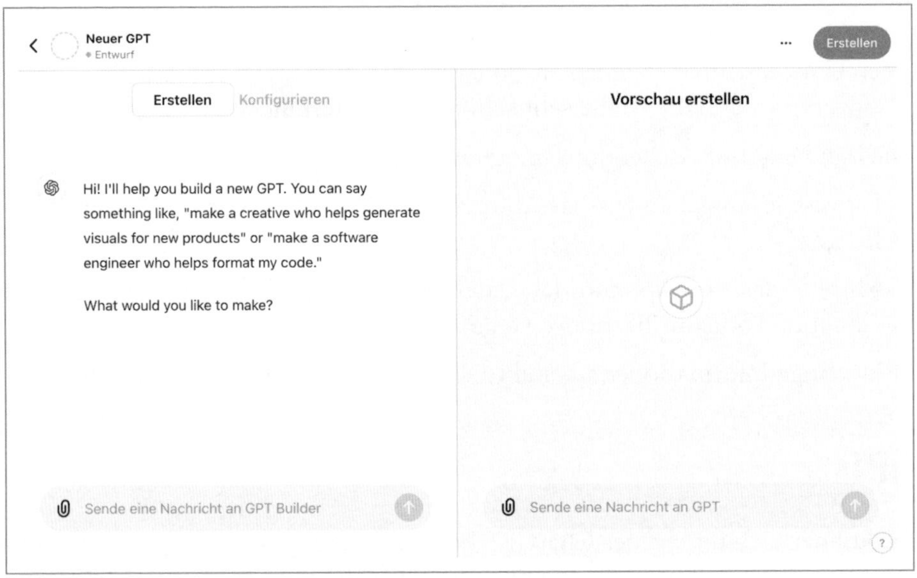

Abbildung 6-8: Mit dem GPT Builder können Sie ein eigenes GPT erstellen.

ChatGPT wird dann damit beginnen, die Anweisungen für das GPT zu erstellen. Dieser Prompt ist recht vage, aber ChatGPT wird weitere Fragen stellen, um mehr Informationen zu erhalten. Zunächst schlägt es einen Namen vor – hier ist es der »Style Guide Assistant«.[2]

Dann wird ein Profilbild für das GPT mithilfe von DALL·E 3 erstellt. Sie können aber stattdessen auch Ihr eigenes Bild hochladen.

Nun werden Sie nach Details gefragt, zum Beispiel nach der oder den Sprachen, den Praktiken, Regeln, was vermieden werden soll und so weiter. Nehmen wir hier an, Sie wählen als Sprache Python und geben noch ein paar andere Anforderungen mit.

Nun wählen Sie oben im Bereich den Tab *Konfigurieren*. Hier können Sie Ihren Style Guide hochladen.

2 Die Ausgabe von ChatGPT ist hier eine Mischung aus deutschen und englischen Abschnitten, der Schwerpunkt ist aber Englisch.

Wechseln Sie dann in den rechten Bereich, um mit dem GPT zu experimentieren. Bitten Sie es, Code zu schreiben, wird das automatisch in Python geschehen, und Ihre Regeln werden befolgt.

Sie können dieses GPT sichern, indem Sie auf das Icon oben rechts klicken. Dann wird es auch in Ihrem Hauptfenster erscheinen. Um es zu nutzen, klicken Sie einfach das GPT-Symbol an.

OpenAI hat auch einen App-Store für GPTs geschaffen. Sie erreichen diesen über *GPTs erkunden* oben links im Fenster.

Eine der Kategorien ist der Programmierung gewidmet. Dies sind ein paar Beispiele für dort verfügbare GPTs:

- GPTavern ist eine innovative Plattform, über die das Programmieren mithilfe eines einmaligen Ansatzes mit dem Namen »Prompt-Gramming« gelehrt werden soll. Sie bietet über 20 Tastenkürzel, um Coding-Prozesse zu vereinfachen, und enthält eine Sammlung aus 75 Starter-Projekten zum Erlernen von Code. Die Plattform ist interaktiv, User können Fragen stellen, Bilder hochladen und auf ein Befehlsmenü sowie eine README zugreifen.
- DesignerGPT wurde von Pietro Schirano erstellt und ist auf das Erstellen und Hosten ästhetisch ansprechender Websites spezialisiert.
- Screenshot To Code GPT von godofprompt.ai bietet die Möglichkeit an, Screenshots von Websites hochzuladen, die dann in sauberes HTML, Tailwind- und JavaScript-Code umgewandelt werden.
- Mindmap/Diagram/Chart-PRO BUILDER, angeboten von pyxl.ai, hilft beim Visualisieren von Code und Datenbanken. Benutzerinnen und Benutzer können Flowcharts, Diagramme und Sequenzen mit einem benutzerfreundlichen Drag-and-drop-Editor erstellen, um sich beim Verstehen und Organisieren komplexer Datenstrukturen helfen zu lassen.
- Code Guru wurde von Ryan J. Topps entwickelt. Er bietet eine Reihe von Diensten an, zum Beispiel das Reviewen von Code, das Schreiben von Pull Requests, das Generieren und Optimieren von Funktionen, das Schreiben von Tests oder das Kommentieren bestehenden Codes.

Sie können auch Fremd-APIs in Ihr GPT einbinden. Dazu wählen Sie *Aktionen*.

Gemini

Als ChatGPT die Bühne betrat, war Google darauf nicht vorbereitet. Selbst mit all seinen frühzeitigen Bemühungen und den hohen Investitionen in KI konnte Google noch nicht auf der Welle der generativen KI mitschwimmen. Google scheute sich davor, in diese schicke, neue Technologie einzusteigen – es hatte Angst um seine Exaktheit und die Effekte auf das lukrative Anzeigengeschäft. Aber Anfang 2023 hatte die Google-Aktie Probleme, und das rüttelte die Firma auf. Man entschied sich dazu, mitzumischen, und rollte Bard aus – sein eigenes Modell generativer KI, was eine Art Comeback von ChatGPT war. Bard hatte zu Beginn so seine Schwierigkeiten, wurde dann aber besser, fand seinen Weg in verschiedene Google-Apps und half dem Aktienkurs der Firma dabei, wieder in vertraute Gefilde zurückzukehren.

Im Februar 2024 benannte Google die Bard-Plattform in Gemini um. Neben einer kostenlosen Version gibt es nun auch das Premium-Angebot Gemini Advanced, das nach zwei Probemonaten 19,99 $ pro Monat kostet. Zum Einsatz kommt Googles ausgefeiltes LLM namens Ultra 1.0. Google sagt dazu (*https://oreil.ly/WYs67*): »Es kann Ihnen bei fortgeschritteneren Coding-Szenarien helfen, als Resonanzboden für Ideen dienen und dabei unterstützen, verschiedene Coding-Ansätze zu bewerten.«

Google veröffentlichte auch eine mobile Version von Gemini für Android und iOS. Mit der App können Sie mit dem LLM Texte austauschen, reden oder Bilder einsetzen. Abbildung 6-9 zeigt die Oberfläche von Gemini.

Wie bei ChatGPT finden Sie auf der linken Seite die Liste der Chat-Sessions. Wollen Sie diese verbergen, klicken Sie einfach auf das Hamburger-Symbol darüber. Bei jedem Chat können Sie das kleine Icon rechts daneben anklicken, um den Namen zu ändern oder den Chat zu löschen. Und es gibt noch ein cooles Feature: Sie können Chats anpinnen, die Sie schnell zur Verfügung haben wollen.

Möchten Sie Einträge abhängig vom Datum oder alles löschen, wechseln Sie unten links auf *Aktivitäten*. Hier können Sie Gemini außerdem mitteilen, ob es sich Ihre Prompts merken darf oder ob es sie löschen soll.

In der Mitte des Fensters finden Sie ein paar hilfreiche Tipps zum Einsatz von Gemini, aber auch Sicherheitshinweise. Unten geben Sie Ihre Prompts ein. Und rechts am Ende des Eingabefelds können Sie Bilder hochladen. Gemini kann daraus Text extrahieren, Objekte und Szenen erkennen, Fragen über die Bilder beantworten und sogar ein paar kreative Textformate schaffen.

Neben dem Icon zum Hochladen von Bildern finden Sie auch noch ein Mikrofonsymbol. So können Sie per Speech-to-Text Texteingaben für Gemini erzeugen.

Abbildung 6-9: Die Benutzeroberfläche von Gemini ermöglicht Ihnen, Chat-Sessions zu verwalten und Prompts als Text, Bild oder via Speech-to-Text einzugeben.

Wie sieht es mit Plug-ins aus? Hat Gemini seine eigene Version? In der Tat – hier heißen die Plug-ins Erweiterungen. Aktuell sind sie nur für Google-Anwendungen wie Flüge, Hotels, Maps, Workspace und YouTube gedacht, und es gibt noch keine Fremdprodukte.

Schließlich bietet Gemini einen Echtzeitzugriff auf das Internet. Seine Antworten werden Referenzen enthalten, sodass Sie die Quellen überprüfen können.

Anwendungen

Produktivitäts-Apps wie Excel oder Google Sheets sind nicht nur für Spreadsheets gedacht. Sie haben ihre eigenen Programmiersprachen, um ihren Funktionsumfang zu erweitern. Bei Excel ist es beispielsweise *Visual Basic for Applications* (VBA) – ein umfangreiches Programmiersystem, in dem Sie Ihre eigenen Skripte und Programme zusammenbrauen können. Es ist großartig, um die gleichen alten Aufgaben zu automatisieren, spezielle Funktionen zu erstellen und Ihre Daten zu analysieren. Excel bringt zudem schon viele fertige Funktionen mit, zum Beispiel PivotTables und Power Query, und es arbeitet gut mit Power BI zusammen, um ausgefeilte Datenvisualisierungen und Analysen zu ermöglichen.

Google Sheets bringt andererseits *Google Apps Script* mit, das JavaScript durchaus ähnelt. Sie können damit ähnliche Aufgaben wie in Excel umsetzen. Zusätzlich aber gibt es eine nahtlose Integration in Google-Apps wie Drive oder Gmail. Google Sheets hat ebenfalls viele eigene Funktionen, und Sie können zusätzliche Add-ons vom Google Workspace Marketplace ergänzen. Weil die App vollständig cloudbasiert ist, lässt sich mit ihr gut im Team zusammenarbeiten, und es ist eine gute Wahl für Web-Apps und Gruppenprojekte.

Kann Gemini auch hier helfen? Auf jeden Fall. Sie können sich damit beispielsweise eine Formel erklären lassen. Diese können nämlich zweifelsohne ganz schön kompliziert werden. Hier ein Beispiel:

> *Prompt: Erkläre die folgende Excel-Formel: =SUMME(BEREICH.VERSCHIEBEN(A1,1,0,ANZAHL(A:A),1))*

Für Gemini ist es kein Problem, diese Formel aufzuschlüsseln.

Ein weiterer Anwendungsfall ist das Erstellen von VBA-Skripten. Hier ein paar Beispiel-Prompts:

> *Prompt: Wie kann ich ein eigenes Formular mit VBA in Excel erstellen, in das User Log-in-Daten eingeben?*

> *Prompt: Kannst du mir dabei helfen, ein VBA-Skript für Excel zu schreiben, um bestimmte Daten mit einem Passwort zu schützen?*

> *Prompt: Ich benötige VBA-Code, um E-Mail-Adressen und Datumsformate in meinem User-Log-in-Sheet in Excel zu überprüfen. Kannst du mich unterstützen?*

> *Prompt: Ist es möglich, automatisiert E-Mail-Benachrichtigungen mit VBA aus Excel zu verschicken, um Updates zu den User-Log-in-Informationen zu erhalten?*

Das ist zwar alles schön und gut, aber bei der Arbeit mit Spreadsheets ist es wichtig, die Beziehungen zwischen den Daten, Formeln und Skripten zu verstehen. Wissen Sie, wie alles zusammenspielt, können Sie sehr leistungsfähige Modelle aufbauen, die bei Fehlern auch nicht gleich aus dem Tritt geraten. Denn wenn Sie etwas an Ihren Daten drehen, kann die Änderung durch Ihre Formeln wandern und die Ausgabe Ihres Skripts durcheinanderbringen, und bevor Sie auch nur geblinzelt haben, sind Ihre abschließenden Ergebnisse auf den Kopf gestellt.

Gemini kann aber Excel-Spreadsheets laden und analysieren. Dann können Sie Fragen zu ihnen stellen, zum Beispiel um eine Schritt-für-Schritt-Beschreibung für ein besseres Verständnis zu bekommen oder um einen bestimmten Bereich Ihrer Daten oder Ihrer Logik hervorzuheben.

Schauen wir uns ein Beispiel an. Stellen Sie sich vor, Sie hätten ein Excel-Spreadsheet mit Daten zu Buchverkäufen. Hier ein paar Beispiel-Prompts:

> *Prompt: Kannst du mir zeigen, wie ich in Excel den höchsten Lizenzbetrag finde, den ein Autor erhalten hat?*

> *Prompt: Ich will die Lagerumschlagshäufigkeit für jedes Buch in Excel berechnen. Welche Formel sollte ich verwenden?*

> *Prompt: Wie erstelle ich in Excel eine Warnung bei Bestandsunterdeckung, die auch beschreibt, wann abhängig vom Meldebestand mehr nachzubestellen ist?*

> *Prompt: Wie berechne ich in Excel den Anteil positiver Reviews (vier oder höher) für Bücher?*

Gemini for Coding

Gemini versteht über 20 Programmiersprachen. Probieren wir das System mit diesem Prompt aus:

> *Prompt: Erzeuge eine TypeScript-Funktion, die eine Temperatur aus Celsius nach Fahrenheit umwandelt.*

Abbildung 6-10 zeigt die Antwort von Gemini.

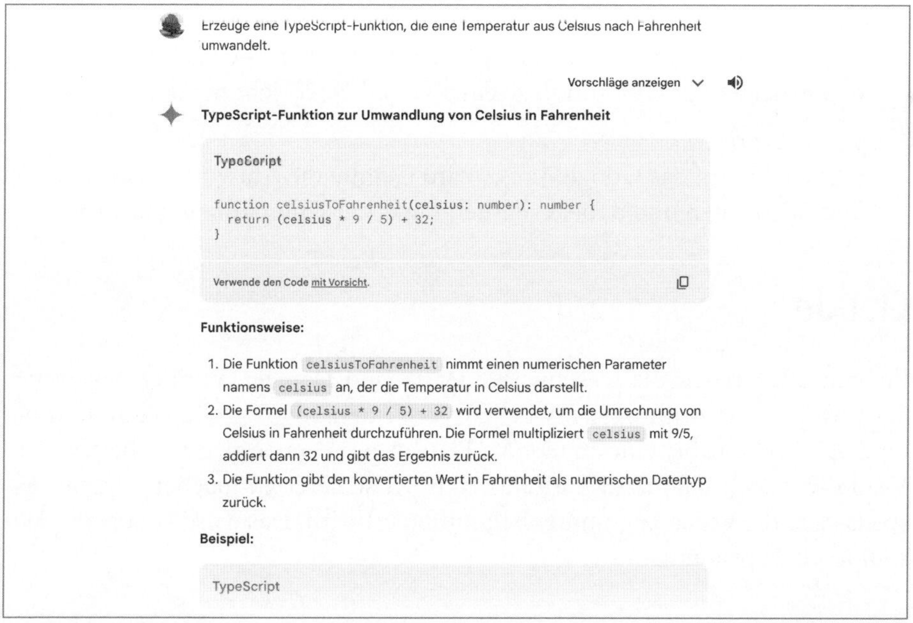

Abbildung 6-10: Gemini antwortet auf die Bitte zum Erstellen einer TypeScript-Funktion.

Oben rechts gibt es die Option *Vorschläge anzeigen*. Klicken Sie diese an, erhalten Sie drei Versionen von Geminis Antwort. Das kann ein Weg sein, um bei Ihren Coding-Aufgaben bessere Ideen zu erhalten.

Wie bei ChatGPT enthält die Antwort Codelistings, die Sie kopieren können. Und Gemini liefert ebenfalls eine Erklärung.

Abbildung 6-11 zeigt eine Reihe von Möglichkeiten, mit der Antwort weiterzuarbeiten.

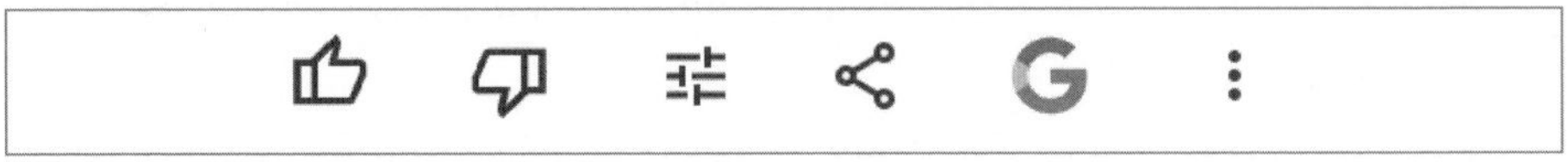

Abbildung 6-11: Klicken Sie auf die Symbole unter der Antwort, um Geminis Ausgabe auf verschiedenen Wegen weiterzuverarbeiten.

Mögliche Optionen sind unter anderem:

Bewertung
: Sie können *Daumen hoch* oder *Daumen runter* anklicken, um Feedback zur Antwort zu liefern.

Antwort anpassen
: Sie können auf das Filtersymbol klicken, um die Möglichkeit zu erhalten, die Antwort kürzer, länger, einfacher, informeller oder professioneller zu machen.

Teilen
: Sie können die Antwort als öffentlichen Link teilen, sie nach Google Docs exportieren oder als Grundlage einer Gmail-Nachricht nutzen.

Antwort überprüfen
: Klicken Sie auf das Google-Logo, wird Gemini die Antwort auf ihre Exaktheit überprüfen und dabei eventuell Links zur Unterstützung liefern.

Claude

Im Jahr 2021 riefen die Geschwister Dario und Daniela Amodei ihr eigenes Start-up namens Anthropic ins Leben. Sie waren zuvor große Nummern bei OpenAI, wollten aber eine andere Art Plattform für generative KI schaffen. Ihre Vision war, sich darauf zu konzentrieren, KI sicherer zu machen, indem beispielsweise die Voreingenommenheit minimiert wird. Das wurde dann als *Constitutional AI* bekannt.

Das LLM von Anthropic besitzt ausgeprägte Programmierfähigkeiten. Es erreichte 71,2 % beim Codex HumanEval (*https://oreil.ly/Rj-sM*) – einem Coding-Test für Python.

Der von Anthropic entwickelte Chatbot heißt Claude. Ein großer Vorteil von Claude ist sein Kontextfenster, das 100.000 Tokens groß ist. So lassen sich große Codelistings verarbeiten. Außerdem können Sie Dateien, wie zum Beispiel PDFs, hochladen. Abbildung 6-12 zeigt den Startbildschirm von Claude.

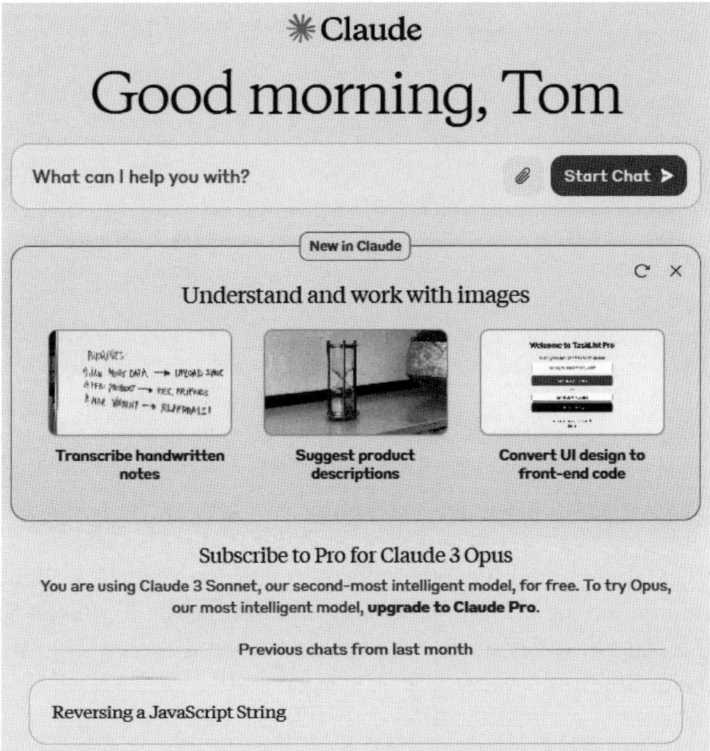

Abbildung 6-12: Das Hauptfenster des Claude-Chatbots führt Ihre bisherigen Aktivitäten auf und ermöglicht Ihnen, einen Prompt einzugeben oder Dateien hochzuladen.

Oben können Sie Ihren Prompt eingeben, aber auch bis zu fünf Dateien hochladen. Darunter findet sich eine Liste Ihrer bisherigen Aktivitäten – gruppiert danach, wie lange sie her sind.

Wir können beispielsweise dies eingeben:

> *Prompt: Kannst du eine JavaScript-Funktion schreiben, die einen String umkehrt?*

Abbildung 6-13 zeigt die Antwort von Claude.

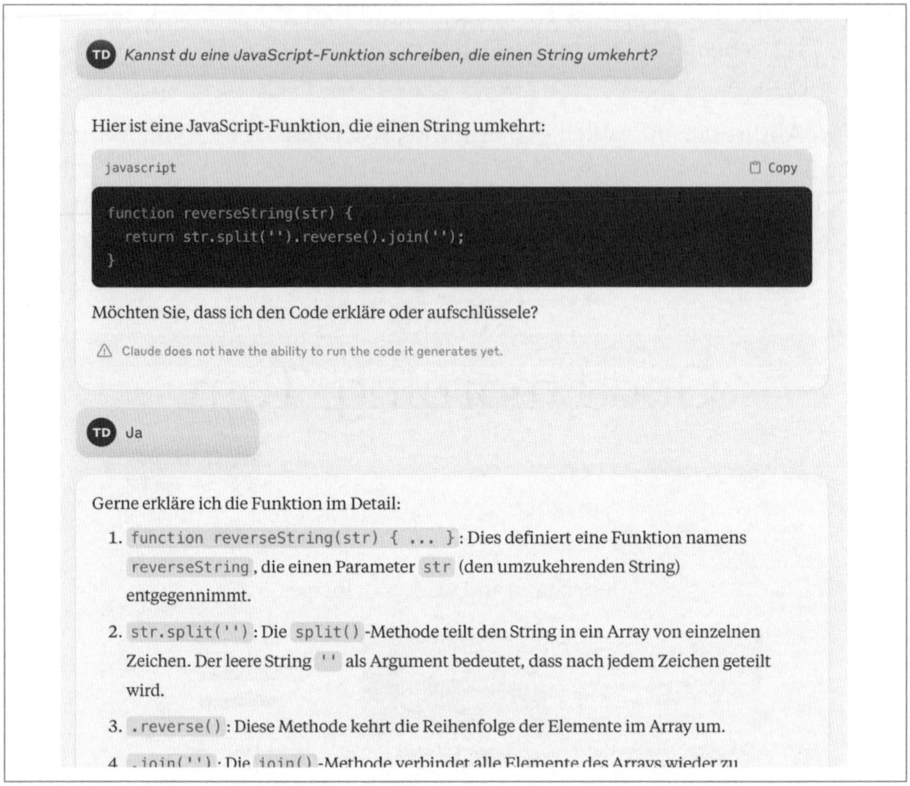

Abbildung 6-13: Claude reagiert auf eine Anfrage nach einer JavaScript-Funktion.

Wie ChatGPT bietet auch Claude einen kostenlosen Zugriff an. Für 20 $ im Monat erhalten Sie die Premium-Version, mit der Sie die fünffache Kapazität, bevorzugten Zugriff in lastreichen Zeiten und einen früheren Zugriff auf neue Features bekommen.

Zusammenfassung

In diesem Kapitel haben wir uns ein paar der Mega-LLMs angeschaut – ChatGPT, Gemini und Claude. Wir haben ihre coolen Features vorgestellt, zum Beispiel das Generieren von Code, das Einbinden von Plug-ins, das Surfen in Echtzeit im Web sowie den Umgang mit großen Informationsmengen. Sie kommen im Zweifelsfall nicht an spezialisierte Coding-Tools heran, können aber trotzdem viel bieten, wenn Sie Ihre Softwareentwicklung beschleunigen wollen. Und mit zunehmender Weiterentwicklung dieser LLMs werden auch weitere KI-gestützte Programmierdurchbrüche möglich werden.

KAPITEL 7

Ideen, Planung und Anforderungen

In diesem Kapitel befassen wir uns mit den wichtigen frühen Phasen beim Schaffen von Software. Hier werden all die coolen Ideen geboren, und wir arbeiten Pläne aus, um sie umzusetzen. Wir werden ChatGPT zum effektiven Brainstormen nutzen und damit Dinge bis ins letzte Detail planen. Wir werden Marktforschung betreiben, ein Auge auf Trends haben und die Wettbewerber beobachten. Außerdem werden wir uns mit dem Whiteboarding befassen – einer unterhaltsamen, visuellen Möglichkeit, mit Ideen zu spielen und sie besser zu machen. Zudem werden wir uns anschauen, wie wir unser Projekt mit Methoden wie Agile und Scrum planen und wie wir diese so anpassen können, dass sie zu unserem Softwareprojekt passen.

Brainstorming

Jeden Tag tauchen Tausende Softwareprodukte neu auf, daher ist es gar nicht so einfach, etwas zu entwickeln, das besonders ist und aus der Menge heraussticht. Aber mit einem LLM wie ChatGPT können Sie sich ins Brainstorming stürzen.

Zunächst einmal können Sie vom LLM unterschiedliche Vorgehensweisen erhalten. Hier ein Prompt:

> *Prompt: Was für Techniken zum Brainstormen von Ideen für neue Produkte gibt es? Nutze das Internet, um diese Frage zu beantworten.*

ChatGPT liefert sechs hilfreiche Ansätze – hier zeigen wir drei:

> *ChatGPT:*
>
> - Mindmapping: Diese visuelle Technik beginnt mit einer zentralen Idee, von der aus dann Unterideen in einem verzweigten Format entwickelt werden. Es eignet sich besonders für visuell denkende Menschen, indem es hilft, Beziehungen zwischen scheinbar unzusammenhängenden Ideen zu erkennen und zu entwickeln (WeWork).

- Starbursting: Bei dieser Methode wird eine zentrale Frage oder Idee genutzt, um spezifische Fragen wie wer, was, wann, wo, warum und wie zu formulieren. Dies fördert eine tiefgehende Untersuchung der Idee aus verschiedenen Blickwinkeln (WeWork).
- SWOT-Analyse: Dieser Ansatz bewertet die Stärken, Schwächen, Chancen und Risiken einer Idee. Es ist besonders nützlich, um strategische Überlegungen in das Brainstorming einzubeziehen (WeWork).

Nehmen wir an, wir wollten den Starbursting-Ansatz weiterverfolgen. Mehr dazu erfahren Sie mit folgendem Prompt:

> *Prompt: Wie würdest du Starbursting nutzen, um eine neue Idee für ein Softwareprodukt zu finden?*

ChatGPT beschreibt das Starbursting-Vorgehen und erklärt auch die sechs Fragen:

> *ChatGPT:*
>
> - Wer wird die Software nutzen? Wer sind die Zielbenutzer? Gibt es unterschiedliche Nutzergruppen, die unterschiedliche Bedürfnisse haben?
> - Was sind die Hauptfunktionen, die die Software bieten soll? Welche Probleme soll die Software für die Nutzer lösen?
> - Wann könnte die Software besonders nützlich sein? Gibt es bestimmte Ereignisse oder Bedingungen, unter denen die Software besonders wertvoll wäre?
> - Wo wird die Software eingesetzt? In welchen Umgebungen (z.B. Büro, mobil, in der Cloud)?
> - Warum ist die Entwicklung dieser Software wichtig? Welche bestehenden Probleme oder Marktlücken adressiert sie?
> - Wie soll die Software entwickelt werden? Welche Technologien und Methoden werden verwendet? Wie wird die Benutzererfahrung gestaltet?

Auf diesem Weg erhalten Sie ein klareres Bild Ihrer Produktidee für neue Software. Nehmen wir nun an, Sie wollten eine Liste mit Ideen erhalten. Am besten konzentrieren Sie sich auf eine bestimmte Kategorie, wissen, wer Ihre Zielgruppe ist, und verstehen, welches Problem Sie angehen wollen. Hier ein paar Prompts für den Einstieg:

> *Prompt: Ich möchte eine Health-Tracking-App für Senioren entwickeln. Das Problem sind die Schwierigkeiten beim Überwachen chronischer Bedingungen und von Medikamenten-Plänen. Welche Features können mit*

aufgenommen werden, um die App seniorenfreundlich zu machen und ihnen dabei zu helfen, ihre Gesundheit effektiver zu managen?

Prompt: Die Zielgruppe sind College-Studenten, die Probleme damit haben, mit ihrem Geld umzugehen. Welche Features sollte eine Budget-App enthalten, damit die Studenten ihre Ausgaben verfolgen, Geld sparen und Finanzplanung im Allgemeinen verstehen können?

Prompt: Ich möchte eine Sprachlern-App für stark beschäftigte Geschäftsleute erstellen, die Probleme damit haben, Zeit für normale Sprachkurse zu finden. Kannst du Features vorschlagen, die ihre engen Zeitpläne berücksichtigen und schnelle, effektive Sessions zum Erlernen einer Sprache bieten?

Wie gut sind die Ideen, die ChatGPT auswirft? Nun, ein paar Professoren der Wharton School haben das in Ihrer MBA Innovation Class (*https://oreil.ly/V7N31*) ausprobiert. Sie ließen Studentinnen und Studenten ein Dutzend Produkt- oder Serviceideen entwerfen. Dann taten sie das Gleiche mit ChatGPT und dem GPT-4-Modell. Unter den so entstandenen Ideen waren Dinge wie ein wohnheimtaugliches Küchenset oder ein bequemes Kissen für die harten Stühle in den Unterrichtsräumen.

Um diese Ideen zu testen, wurde auf eine Onlineumfrage für Kaufabsichten zurückgegriffen. Die Frage war: »Wie wahrscheinlich würden Sie etwas basierend auf diesem Konzept kaufen, wenn es verfügbar wäre?«

Im Durchschnitt waren rund 40 % der studentischen Ideen recht solide, ChatGPT erreichte sogar 49 %. Aber die Professoren gingen noch weiter. Sie konzentrierten sich auf die besten 10 % der Ideen. Das sind die mit einem echten Potenzial, den Markt aufzumischen. Und was kam dabei heraus? Von den 40 besten Ideen waren nur fünf von Studentinnen oder Studenten.

Marktforschung

Bevor man sich auf ein Softwareprojekt stürzt, ist es sinnvoll, sich ein paar zentrale Fragen zu stellen: Gibt es tatsächlich einen Bedarf für dieses Tool? Sind Kundinnen und Kunden dazu bereit, dafür etwas zu bezahlen? Und wie groß ist der Markt?

Sie müssen also Marktforschung betreiben. Sie haben damit natürlich keine Kristallkugel zur Hand, aber es hilft dabei, das Risiko abzumildern, dass Sie Ihre Zeit und Energie in etwas investieren, das möglicherweise nicht erfolgreich ist.

Denn die Wahrheit ist: Viele neue Produkte »schaffen« es nicht. Clayton Christensen, Harvard-Professor und Bestseller-Autor, hat viel Forschung dazu betrieben und herausgefunden, dass etwa 80% der neuen Produkte Flops sind (*https://oreil.ly/6BJ2H*).

Bei Softwareprojekten scheint der Wert sogar noch höher zu sein. In Tabelle 7-1 sind ein paar der besonders erwähnenswerten Beispiele aufgeführt.

Tabelle 7-1: Erfolglose Softwareanwendungen

Produkt/Service	Veröffentlichung	Gründe
Friendster	2002	Technische Probleme, Skalierbarkeit schwierig, Übernahme durch Facebook.
Microsoft Zune	2006	Konnte nicht mit dem iPod mithalten, sich ändernde Dynamiken im Musikmarkt.
Windows Vista	2007	Hohe Systemanforderungen, Kompatibilitätsprobleme, Sicherheitsabfragen.
Google Wave	2009	Komplexe Oberfläche, unklarer Zweck, fehlende Benutzerakzeptanz.
Google+	2011	Viele Fehler, ungenaue Daten, schlechte Navigationsmöglichkeiten.
Vine	2013	Im Schatten von Wettbewerbern wie Instagram und Snapchat.
Amazon Fire Phone	2014	Hoher Preis, eingeschränkte App-Auswahl, unattraktive Features.
Quibi	2020	Kurze Inhaltsformate nicht erfolgreich, viel Wettbewerb, COVID-19-Auswirkungen.

Einer der berühmtesten Fehlschläge ist das Videospiel zu Steven Spielbergs Film *E.T. – Der Außerirdische* von 1982. Atari bezahlte ganze 21 Millionen Dollar für die Rechte an Universal Pictures (*https://oreil.ly/pu8Gu*) und nahm weitere fünf Millionen Dollar für Werbung in die Hand.

Das Spiel war ein Riesen-Flop. Es war sehr verwirrend und machte auch keinen Spaß. Was passierte dann? Atari konnte nur ungefähr 1,5 Millionen Einheiten verkaufen. Die restlichen 2,5 Millionen landeten auf einer Müllkippe in New Mexico.

Schauen wir uns an, wie Sie mit ChatGPT Marktforschung betreiben können. Zunächst einmal müssen wir uns Gedanken über die Zielgruppe machen. Wer wird das meiste aus der Software ziehen können? Beginnen wir unser Brainstorming damit, wer diese User sein könnten, und betrachten wir diesen Prompt:

> *Prompt: Was ist eine potenzielle demografische Zielgruppe für eine Projektmanagement-Software?*

Sie können von ChatGPT dann eine Aufgabe erledigen lassen, die wichtig für Ihr Marketing ist – das Erstellen detaillierter User Personas. Sehen Sie diese Personas als Charaktere, die die unterschiedliche Art von Menschen repräsentieren, die Ihr Produkt nutzen könnten. Zu den Details gehört oft, wie alt sie sind, was für Interessen und was für einen Beruf sie haben und wie ihr Lebensstil aussieht. Mit dem Ausgestalten dieser Personas beginnen Sie zu verstehen, wer Ihre Kundinnen und Kunden sind und wonach diese Ausschau halten.

Ich habe ChatGPT nach ein paar Personas für eine Managementsoftware gefragt, und Sie sehen einen Teil der Antwort in Abbildung 7-1.

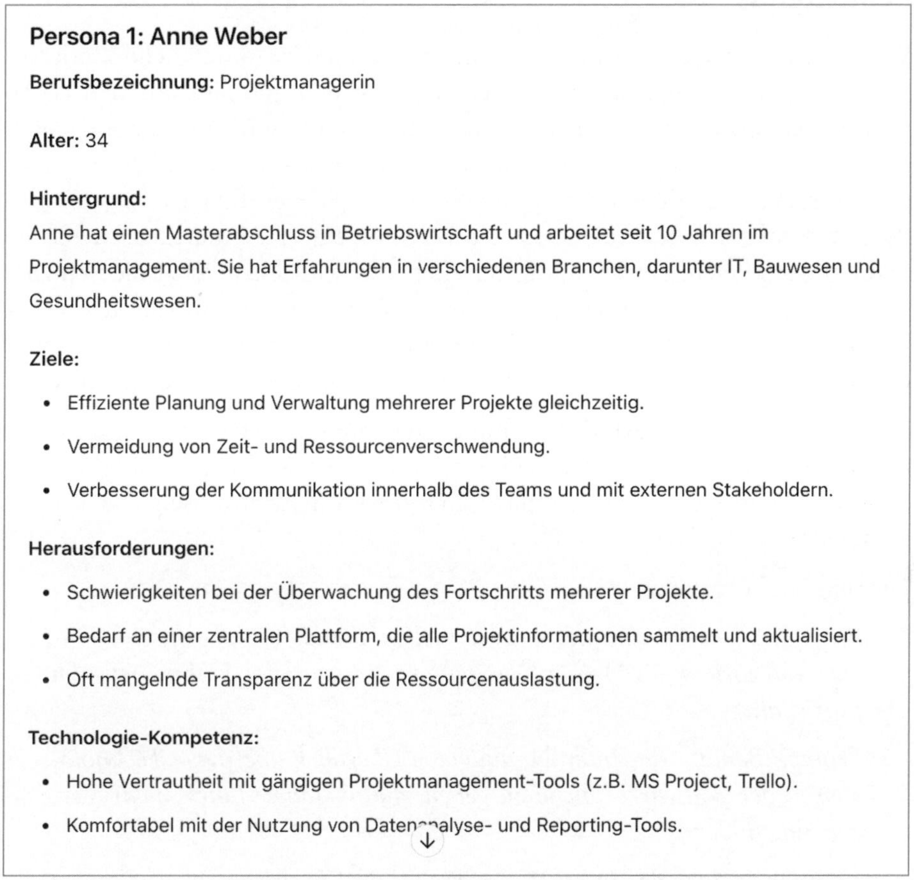

Persona 1: Anne Weber

Berufsbezeichnung: Projektmanagerin

Alter: 34

Hintergrund:
Anne hat einen Masterabschluss in Betriebswirtschaft und arbeitet seit 10 Jahren im Projektmanagement. Sie hat Erfahrungen in verschiedenen Branchen, darunter IT, Bauwesen und Gesundheitswesen.

Ziele:

- Effiziente Planung und Verwaltung mehrerer Projekte gleichzeitig.
- Vermeidung von Zeit- und Ressourcenverschwendung.
- Verbesserung der Kommunikation innerhalb des Teams und mit externen Stakeholdern.

Herausforderungen:

- Schwierigkeiten bei der Überwachung des Fortschritts mehrerer Projekte.
- Bedarf an einer zentralen Plattform, die alle Projektinformationen sammelt und aktualisiert.
- Oft mangelnde Transparenz über die Ressourcenauslastung.

Technologie-Kompetenz:

- Hohe Vertrautheit mit gängigen Projektmanagement-Tools (z.B. MS Project, Trello).
- Komfortabel mit der Nutzung von Datenanalyse- und Reporting-Tools.

Abbildung 7-1: ChatGPT hat User Personas für eine Managementsoftware erstellt.

ChatGPT lässt sich auch nutzen, um Umfragen und Fragebogen zu erstellen, mit denen spezifische Daten eingeholt werden können.

> *Prompt: Kannst du eine Umfrage erstellen, die sich darauf konzentriert, zu verstehen, was Käufern bei Projektmanagement-Software wichtig ist?*

Die Umfrage sollte Fragen enthalten, die dabei helfen, zentrale Features, Usability-Vorlieben, spezifische Branchenanforderungen und besondere Herausforderungen zu identifizieren, die Käufer mit solch einer Art von Software angehen wollen. Nimm zudem Fragen auf, die die Wichtigkeit von Faktoren wie Kosten, Support, Skalierbarkeit und Integration mit anderer Software erfassen.

Schauen wir uns ein paar der weiteren Faktoren an, die wir beim Bewerten des Markts für Software berücksichtigen müssen.

Markttrends

Wenn Sie eine neue Software veröffentlichen, kann eine ordentliche Marktforschung einen großen Unterschied bedeuten. So erfahren Sie, was den Usern wirklich wichtig ist, und Sie bekommen mit, woran Ihre Rivalen arbeiten. Stellen Sie es sich wie Ihr geheimes Manuskript vor. Sie erkennen Trends, bevor sie groß werden, und erhalten Gelegenheiten, die andere eventuell verpassen. Zudem ist es ein gutes Sicherheitsnetz. Sie müssen weniger Vermutungen anstellen und können klügere Entscheidungen treffen, die wahrscheinlicher die richtigen sind. Und vergessen wir das Marketing nicht. Wenn Sie Ihr Publikum richtig gut kennen, können Sie Werbung und Promotions schalten, die ankommen, statt einfach nur irgendetwas herauszublasen und zu hoffen, dass es hängen bleibt.

ChatGPT kann bei der Marktforschung eine gute Assistenz sein. Natürlich ist das Modell nur mit Daten bis zu einem bestimmten Stichtag trainiert, aber es gibt einen Workaround: Sie können es in Ihren Prompts anweisen, das Internet zu nutzen.

Hier ein paar Beispiele:

Prompt: Suche im Internet nach aktuellen Trends in <spezifische Softwarekategorie, z. B. Mobile Gaming oder Educational Technology> im Jahr <Jahr>.

Prompt: Benutze das Internet, um einen Überblick über neue Technologien in der Softwarebranche zu geben, die im Jahr <Jahr> mehr Verbreitung finden.

Prompt: Benutze das Internet, um Trends im Konsumentenverhalten zu finden, die aktuell den Softwaremarkt beeinflussen, insbesondere in <Zielgruppe oder Anwendungstyp>.

Prompt: Benutze das Internet, um die Trends beim Design von Benutzeroberflächen und User Experience (UI/UX) für Softwareanwendungen im Jahr <Jahr> zu finden.

Prompt: Benutze das Internet, um eine Liste mit den verbreitetsten Software-Anwendungen in <bestimmter Bereich> zusammenzustellen, und erkläre, warum diese im aktuellen Marktumfeld erfolgreich sind.

Total Addressable Market

Der *Total Addressable Market* oder kurz TAM ist eine Abschätzung der maximalen Menge an Geld, die Sie verdienen könnten, wenn jeder, der Ihr Produkt nutzen könnte, das auch tatsächlich täte. Das hilft dabei, herauszufinden, worauf Sie Ihre Energie konzentrieren wollen, wie Sie Ihr Produkt im Markt platzieren und wie Ihr Wachstumsplan aussehen sollte. Es ist ein Realitäts-Check, der dabei hilft, sinnvolle Ziele dafür zu setzen, wie viel Anteil Sie am Markt bekommen können, und wie viel Geld das einbringen wird.

Venture Capitalists (VCs) messen dem TAM viel Gewicht bei, wenn sie sich überlegen, wo sie ihr Geld investieren sollen, denn er zeigt, wie viel Wachstumspotenzial es gibt. Sie sind immer auf der Jagd nach Firmen, bei denen sich ihre Investition auszahlen könnte, und ein starker TAM bedeutet einen großen Markt, der nur darauf wartet, erobert zu werden. Im Allgemeinen wünschen sich VCs einen TAM, der über einer Milliarde Dollar liegt – und idealerweise noch viel höher. Dann reicht es auch schon aus, wenn sich eine Firma nur einen kleinen Marktanteil sichern kann, um hohe Profite zu machen.

Als Reaktion auf einen Prompt wie »Wie kann man die Größe des TAM abschätzen?« wird ChatGPT in etwa wie folgt reagieren:

ChatGPT:

- Top-down-Ansatz:
  - Branchenberichte: Verwenden Sie Branchenberichte und Marktstudien von Marktforschungsunternehmen wie Gartner, IDC, Forrester, Statista usw. Diese Berichte enthalten oft Schätzungen des Gesamtmarktes.
  - Sekundärforschung: Suchen Sie nach öffentlich zugänglichen Informationen wie Regierungsstatistiken, Unternehmensberichten und Wirtschaftsdaten, um eine Schätzung des gesamten Marktes zu erhalten.
- Bottom-up-Ansatz:
  - Primärforschung: Führen Sie eigene Umfragen und Interviews durch, um spezifische Daten zu Ihrer Zielgruppe zu sammeln.
  - Datenaggregation: Multiplizieren Sie die Anzahl der potenziellen Kunden mit dem durchschnittlichen Umsatz pro Kunde. Beispiel: Wenn Sie wissen, dass es 10.000 potenzielle Kunden gibt und jeder Kunde durchschnittlich 1.000 € pro Jahr ausgibt, beträgt der TAM 10 Millionen €.
- …

Nehmen wir ein Beispiel. Wir stellen uns vor, wir hätten ein Start-up im Bereich Medizintechnik:

> *Prompt: SilverConnect Health ist ein Gesundheits-Tech-Startup, das sich auf Telemedizin-Dienste fokussiert. Der Zielmarkt ist Deutschland, mit einem Fokus auf die ältere Bevölkerung im städtischen Umfeld. Wie groß ist der aktuelle Markt für Telemedizin-Dienste für SilverConnect Health? Was sind die erwarteten Wachstumsraten für dieses Marktsegment für die nächsten fünf bis zehn Jahre?*

ChatGPT sucht im Internet und liefert ein paar nützliche Fakten:

> *ChatGPT:*

- Aktuelle Marktgröße: Der deutsche Markt für Telemedizin-Dienste wächst schnell, unterstützt durch hohe Gesundheitsausgaben und eine steigende Zahl älterer Menschen. Deutschland gibt etwa 12,5 % seines BIP für Gesundheitsausgaben aus, was das Wachstum in diesem Sektor fördert. Es wird geschätzt, dass der Markt für Telemedizin in Europa, einschließlich Deutschland, bis 2028 einen Wert von 285,7 Milliarden USD erreichen wird, mit einer jährlichen Wachstumsrate (CAGR) von 23,2 % (Mordor Intel) (MarketsandMarkets).
- Wachstumsraten: Der Markt für Telemedizin in Deutschland wächst aufgrund mehrerer Faktoren schnell:
  - Steigende Akzeptanz: Die Akzeptanz von Telemedizin bei Patienten und Anbietern wächst stetig, was durch die COVID-19-Pandemie weiter beschleunigt wurde.
  - Technologische Innovationen: Fortschritte in der Technologie, einschließlich Cloud-basierten Lösungen, tragen erheblich zum Wachstum bei. Diese ermöglichen eine bessere Datenverwaltung und erleichtern den Zugang zu medizinischen Diensten.
  - Alternde Bevölkerung: Mit einem wachsenden Anteil älterer Menschen, die anfälliger für chronische Krankheiten sind, steigt die Nachfrage nach telemedizinischen Dienstleistungen weiter (Mordor Intel) (Future Insights).

Wettbewerb

Die Wettbewerbsanalyse bringt Ihnen eine Reihe von Vorteilen. Sie erhalten so vor allem einen ersten Blick in den Markt, erfahren, was es schon gibt, was funktioniert und was nicht. Das hilft dabei, Lücken zu entdecken, die Ihre Software füllen könnte, und sicherzustellen, dass Sie etwas Neues auf den Tisch bringen können.

Dann gibt es die Möglichkeit, von Ihren Wettbewerbern zu lernen – sowohl aus ihren Erfolgen als auch aus ihren Misserfolgen. Damit können Sie ein ganzes Stück weiterkommen.

Und wenn Sie wissen, was Ihre Software anders macht, können Sie beim Marketing spezifischer werden und die richtigen Personen effektiver ansprechen.

Auch hier kann ChatGPT hilfreich sein. Ein paar Prompts sind:

> *Prompt: Führe die wichtigsten Wettbewerber für <Ihr Softwaretyp> in <Branche oder Markt> auf.*

> *Prompt: Vergleiche die Features von <Ihre Software> mit denen der drei wichtigsten Wettbewerber.*

> *Prompt: Wie sind die Preismodelle der Wettbewerber von <Ihre Software> im Markt?*

> *Prompt: Wie positionieren sich die führenden Wettbewerber im Markt für <Softwaretyp>?*

> *Prompt: Identifiziere die Stärken und Schwächen der Software von <Wettbewerber-Name>.*

> *Prompt: Fasse die Kunden-Reviews für <Name der Wettbewerber-Software> zusammen und konzentriere dich dabei auf die User Zufriedenheit und die Schwachpunkte.*

Sie können ChatGPT die Analyse auch in einer Tabelle ausgeben lassen, was das Ganze klarer machen kann:

> *Prompt: Kannst du eine Zusammenfassung der wichtigsten Wettbewerber im CRM-Softwaremarkt im Jahr 2023 in Stichpunkten geben? Gib das Ergebnis als Tabelle aus.*

Abbildung 7-2 zeigt das Ergebnis (das trotz deutscher Frage auf Englisch ausgegeben wird).

ChatGPT kann sogar eine SWOT-Analyse (*Strengths*, *Weaknesses*, *Opportunities*, *Threats*) durchführen. Das hilft Ihnen dabei, Ihre Stärken auszuspielen, Schwachpunkte zu beheben und zu umgehen, kommende Chancen zu ergreifen und Querschlägern auszuweichen. Solch eine SWOT-Analyse wird von Firmen jeglicher Art häufig genutzt und kann sogar für die persönliche Karriereentwicklung hilfreich sein.

Company	Key Features	Target Market	Unique Selling Points
Salesforce	Cloud-based, AI capabilities, extensive app ecosystem	SMEs to large enterprises	Market leader, highly customizable, robust integration
Microsoft Dynamics	Seamless integration with Microsoft products, AI insights	SMEs to large enterprises	Strong integration with Office 365, flexible deployment
Oracle CRM	Comprehensive suite, cloud solutions, AI-driven analytics	Mid-size to large companies	Strong in scalability, industry-specific solutions
SAP CRM	End-to-end CRM solution, strong analytics, cloud-based	Large enterprises	Deep integration with SAP ERP, focus on large enterprises
HubSpot	User-friendly, inbound marketing tools, free CRM offering	Small to mid-size businesses	Easy to use, great for inbound marketing, scalable
Zoho CRM	Affordable, good for small businesses, AI-powered	Small to mid-size businesses	Cost-effective, good customization, strong mobile access
Adobe Experience Cloud	Focus on marketing, analytics, and content management	Mid-size to large companies	Strong in marketing and content management, AI-driven

Abbildung 7-2: ChatGPT liefert eine Wettbewerbsanalyse für den CRM-Markt und formatiert sie als Tabelle.

Anforderungen

Anforderungsdokumente sind für die Softwareentwicklung von entscheidender Bedeutung. Dies sind nur ein paar ihrer Vorteile:

Richtung vorgeben
: Diese Dokumente beschreiben exakt, was die Software tun sollte. Jeder – von der Entwicklung bis zum Kunden – versteht, was der Plan ist, sodass alle in der Spur bleiben.

Alle ins Boot holen
: Es wird sichergestellt, dass alle Beteiligten – zum Beispiel Ihr Team oder Ihre Kunden – verstehen, was erwartet wird. So ist die Gefahr geringer, dass etwas durcheinandergebracht wird oder man falsch abbiegt.

Hilfe bei der Planung
: Sie müssen herausfinden, wie lange alles dauert oder wie viel es kosten wird? Diese Dokumente helfen Ihnen beim Bestimmen des Arbeitsumfangs, der Zeit und des erforderlichen Budgets.

Kommunikation verbessern
: Die Dokumente sorgen für eine klare Kommunikation – insbesondere in großen Teams oder wenn die Menschen auf der ganzen Welt verteilt sind.

Risiken verringern
: Frühzeitig mögliche Probleme erkennen? Dabei können diese Dokumente helfen, sodass Verzögerungen vermieden werden und die Kosten unter Kontrolle bleiben.

Natürlich ist es nicht einfach, Softwareanforderungen zu erstellen, und ein wichtiger Grund dafür ist, dass Softwareentwicklung kompliziert sein kann. Dazu kommt noch die Herausforderung, die Arbeit zu koordinieren und an die vielen Teammitglieder zu denken, die sich in anderen Ländern oder Zeitzonen befinden können. Jede Gruppe hat ihre eigenen Ideen und Bedürfnisse, und manchmal passen diese nicht richtig zusammen oder sind nicht einmal völlig klar.

Ein weiteres Problem entsteht dadurch, dass sich die Wünsche der Menschen an die Software immer wieder ändern. Das gilt insbesondere dann, wenn Sie in einer schnelllebigen Branche unterwegs sind. Oft versuchen Sie also, mit Ihren Anforderungen ein bewegliches Ziel zu treffen, was es erschwert, auf etwas Solidem aufzubauen. Gleichzeitig müssen Sie sicherstellen, dass die Anforderungen auch umsetzbar sind und dass Sie kontrollieren können, ob sie erfüllt wurden.

Wenn Anforderungen keine gute Grundlage haben, können die Ergebnisse desaströs sein. Hier ein paar Beispiele:

Automatisches Gepäckbeförderungssystem des Denver International Airport (1995)
: Die Anforderungen waren unfassbar komplex und die Ziele überambitioniert. Das führte zu einer Verzögerung von 16 Monaten und Kosten, die durch die Decke gingen. Letztendlich entschied der Flughafen, sich von dem ganzen System zu trennen.

Virtuelles Fallaktensystem des FBI (2000–2005)
: Das FBI hatte nur eine vage Idee davon, was es wollte. Daher war das System auch nicht sehr nützlich. Am Ende hatte das FBI über 170 Millionen Dollar in das Projekt gesteckt, bevor das Handtuch geworfen wurde. Das nächste Projekt mit dem Namen Sentinel hatte deutlich spezifischere Anforderungen und war auch erfolgreicher.

Launch von HealthCare.gov (2013)
: Die US-Bundesregierung hatte nicht exakt beschrieben, was sie haben wollte, und auch nicht ausreichend Tests durchgeführt. Beim Start war das System durch den Traffic völlig überlastet, und es funktionierte auch sonst nicht richtig. Der Launch war ein Flop, und viele Menschen mussten viel Arbeit und Geld investieren, um die Probleme zu beseitigen und das System zum Laufen zu bringen.

In der Welt der Softwareentwicklung gibt es unterschiedlichste Anforderungstypen, die alle einen bestimmten Zweck erfüllen. Sie haben funktionale Anforderungen, die beschreiben, was die Software tun sollte – zum Beispiel welche Aufgabe zu erledigen ist oder welche Features benötigt werden. Dann gibt es die nicht funktionalen Anforderungen, bei denen es sich darum dreht, wie die Software agieren soll – zum Beispiel in Bezug auf Geschwindigkeit, Sicherheit und Nutzbarkeit.

Um herauszufinden, wie generative KI dabei helfen kann, werden wir uns auf zwei Arten wichtiger Dokumente konzentrieren: das *Product Requirements Document* (PRD) und die *Software Requirements Specification* (SRS).

Product Requirements Document

Ein PRD beschreibt, was Ihre Software sein und was sie tun wird. Stellen Sie sich das Ganze als eine Geschichte vor, die umreißt, wie die Anwendung aussehen sollte, wie sie sich verhält, wer sie nutzen wird und welche Probleme sie lösen will. Oft ist das PRD sehr detailliert und behandelt alles von den zwingend notwendigen Features bis hin zur User Experience.

Die Zielgruppe des PRD ist sehr divers. Es ist für Entwickler, Designerinnen, Projektmanager und das Qualitätssicherungsteam gedacht. Auch Executives oder andere Stakeholder, die die Vision und Ziele des Produkts verstehen müssen, gehören dazu. Zudem kann es für Marketingteams nützlich sein, damit diese verstehen, wie sie das Produkt positionieren sollen. Im Grunde ist es für alle gedacht, die daran beteiligt sind, das Produkt auf den Markt zu bringen und sicherzustellen, dass es bei den angepeilten Benutzerinnen und Benutzern auch ankommt.

Haben Sie noch kein PRD gesehen, kann ChatGPT helfen:

> *Prompt: Was sind die wichtigsten Bestandteile eines PRD? Erstelle ein Word-Dokument als Vorlage.*

Abbildung 7-3 zeigt das von ChatGPT erstellte Dokument.

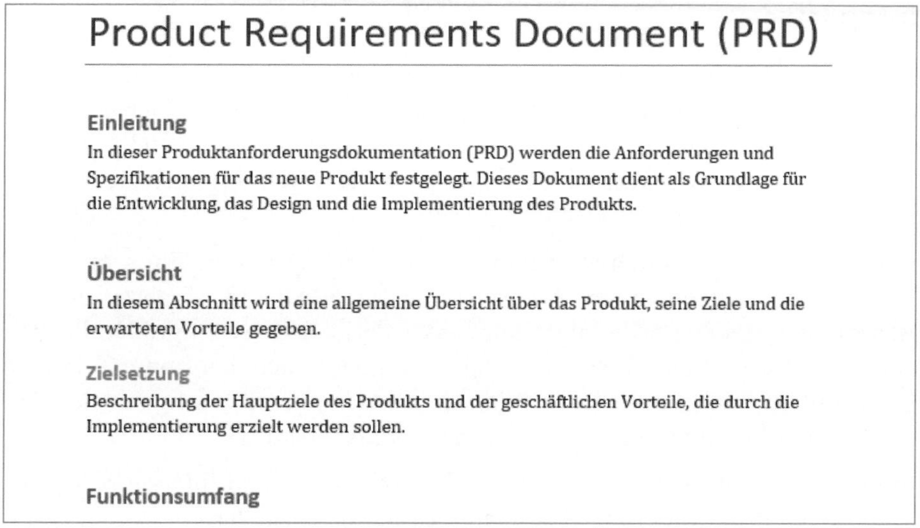

Product Requirements Document (PRD)

Einleitung

In dieser Produktanforderungsdokumentation (PRD) werden die Anforderungen und Spezifikationen für das neue Produkt festgelegt. Dieses Dokument dient als Grundlage für die Entwicklung, das Design und die Implementierung des Produkts.

Übersicht

In diesem Abschnitt wird eine allgemeine Übersicht über das Produkt, seine Ziele und die erwarteten Vorteile gegeben.

Zielsetzung

Beschreibung der Hauptziele des Produkts und der geschäftlichen Vorteile, die durch die Implementierung erzielt werden sollen.

Funktionsumfang

Abbildung 7-3: ChatGPT hat eine Beispielstruktur für ein PRD erstellt.

Software Requirements Specification

Wie unterscheidet sich die SRS vom PRD? Die SRS ist im Prinzip die detaillierte technische Anleitung für ein Softwareprojekt, während das PRD die Perspektive der Endanwender oder Kundinnen einnimmt und sich darauf konzentriert, was sie warum benötigen. In der SRS geht es tief in die Spezifikationen dessen, was die Software tun muss und wie sie das umsetzt – mit einem Fokus auf den technischen Aspekten.

Haben Sie eine einfache App, kann es ausreichen, wenn die SRS nur ein paar Seiten lang ist. Bei komplexeren Projekten – zum Beispiel der Implementierung einer Enterprise-Software – kommt man aber leicht auf Hunderte von Seiten.

Schauen wir uns ein paar Prompts an:

> *Prompt: Welche zentralen Elemente und Best Practices sollte man bedenken, um eine effektive SRS zu erstellen?*
>
> *Prompt: Umreiße den Prozess für das Entwickeln einer SRS, wobei der Schwerpunkt auf den Schritten zum Sammeln und Analysieren von Anforderungen, der Zusammenarbeit mit Stakeholdern und Dokumentations-Methoden liegen soll.*
>
> *Prompt: Erstelle eine detaillierte SRS für ein Softwareprojekt. Dabei sollen Abschnitte über den Projektüberblick, die Stakeholder-Analyse, funktionale und nicht funktionale Anforderungen, Annahmen und Grenzen enthalten sein. <Hier weitere Details zu den jeweiligen Punkten einfügen.*

Interviews

Spracherkennungssoftware gibt es schon einige Jahrzehnte, aber lange Zeit war das nur etwas cooles Neues und kein wirklich praktikabel einsetzbares Tool. Meist war es für den tagtäglichen Gebrauch oder einen professionellen Einsatz zu unpraktisch, da es natürlichsprachige, normale Unterhaltungen nicht zuverlässig verstehen konnte.

In den letzten paar Jahren ist die Spracherkennung durch die Fortschritte der KI aber gut vorangekommen. Moderne Systeme werden durch ausgefeilte KI-Algorithmen gesteuert, die nicht nur besser darin sind, einen großen Bereich von Akzenten und Dialekten zu verstehen, sondern auch den Kontext und die Nuancen gesprochener Sprache erfassen. Diese Systeme lernen mit der Zeit weiter und werden besser, sodass sie immer genauer sind.

Eine Möglichkeit, diese Systeme für sich einzusetzen, sind Interviews, die Sie oft führen, um Anforderungsdokumente zusammenzustellen.

Mit Spracherkennungssoftware können Sie beispielsweise Folgendes verbessern:

Genauigkeit und Wiedergabe
: Die Transkriptionsgenauigkeit ist im Allgemeinen ziemlich gut, aber per Wiederholung können Sie auch noch Korrekturen vornehmen.

Identifikation von Sprechern und Sprecherinnen
: Spracherkennung kann die Sprechenden in einem Meeting unterscheiden. Das kann dabei helfen, die Anforderungen zu verdeutlichen.

Erkennen zentraler Themen
: Spracherkennungssoftware kann häufig vorkommende Schlüsselbegriffe im Transkript hervorheben, sodass es einfacher wird, die zentralen Themen oder Anforderungen zu erkennen und sich darauf zu konzentrieren.

Zusammenfassung der zentralen Themen
: Spracherkennungssoftware kann Zusammenfassungen der zentralen Themen erstellen und Maßnahmen vorschlagen, sodass man in der Entwicklung weiß, welche Anforderungen entscheidend sind, und diese in spezifische Projektaufgaben umwandelt.

Zu den bekanntesten Systemen für Spracherkennungssoftware gehören:

- Otter AI
- Fathom
- Rev
- Sonix
- Notta

Whiteboarding

Das Whiteboarding ist eine gebräuchliche Praxis, um Anforderungen für Softwareprojekte zusammenzutragen. Es kann beim Brainstorming helfen und ermöglicht es, dass sich jeder beteiligt. So können viele verschiedene Ideen und Sichtweisen eingeholt werden, was entscheidend dafür ist, festzulegen, was die Software tun sollte. Außerdem schafft es Übersicht – Sie können während der Diskussion Flowcharts oder Diagramme skizzieren, sodass komplexe Situationen besser verständlich werden.

Nun, ChatGPT kann auch dabei helfen. Wie? Es kann Bilder entziffern, die Sie in das System hochladen. Stellen Sie sich beispielsweise vor, Sie skizzieren ein Log-in-System (siehe Abbildung 7-4).

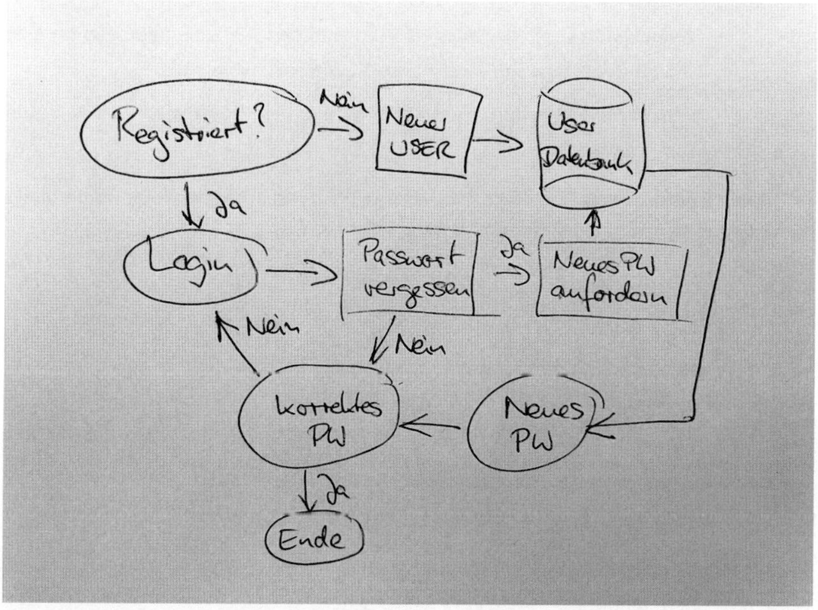

Abbildung 7-4: Eine Skizze eines Log-in-Systems kann an ChatGPT übergeben werden.

Wie Sie sehen, ist meine Handschrift eher nicht so gut lesbar. Außerdem nutze ich Abkürzungen, wie zum Beispiel »PW« für »Passwort«.

Schauen wir einmal, ob ChatGPT etwas damit anfangen kann. Ich habe diesen Prompt genutzt:

> *Prompt: Analysiere das Diagramm.*
>
> *ChatGPT: Das Diagramm stellt einen Prozess zur Benutzerregistrierung und Passwortverwaltung dar.*

Dann beschreibt es den gesamten Prozess (siehe Abbildung 7-5).

1. **Registriert?**
   - Wenn der Benutzer noch nicht registriert ist ("Nein"), führt der Weg zur Aktion "Neuer User".
     - Dieser neue Benutzer wird in die "User Datenbank" aufgenommen.
   - Wenn der Benutzer registriert ist ("Ja"), führt der Weg zum "Login".
2. **Login**
   - Wenn der Benutzer das Passwort vergessen hat, führt der Weg zu "Passwort vergessen".
     - Hier gibt es zwei Möglichkeiten:
       - Wenn der Benutzer ein neues Passwort anfordert ("Ja"), führt der Weg zur Aktion "Neues PW anfordern", die die "User Datenbank" aktualisiert.
       - Wenn der Benutzer kein neues Passwort anfordert ("Nein"), führt der Weg zurück zum "Login".
   - Wenn der Benutzer das Passwort nicht vergessen hat ("Nein"), gibt es eine Überprüfung des eingegebenen Passworts ("Korrektes PW"):
     - Wenn das Passwort korrekt ist ("Ja"), führt der Weg zum "Ende".
     - Wenn das Passwort nicht korrekt ist ("Nein"), wird ein neues Passwort vergeben ("Neues PW").

Zusammenfassung des Prozesses:

- Der Prozess startet mit der Überprüfung, ob der Benutzer registriert ist.
- Der Registrierungsprozess fügt neue Benutzer zur Datenbank hinzu.
- Der Login-Prozess beinhaltet eine Passwortwiederherstellung, falls das Passwort vergessen wurde, und überprüft die Korrektheit des eingegebenen Passworts.
- Bei korrektem Passwort endet der Prozess erfolgreich.

Das Diagramm zeigt die Logik eines einfachen Benutzerregistrierungs- und Authentifizierungsprozesses, einschließlich der Handhabung von vergessenen Passwörtern und der Passwortüberprüfung.

Abbildung 7-5: ChatGPT hat das Bild eines Diagramms für ein Anmeldesystem analysiert und in eine gut lesbare Übersicht des Workflows umgewandelt.

Ton

Das Schreiben effektiver PRDs und SRSs ist eine Kunstform. Es ist wichtig, den richtigen Ton zu treffen. Diese Dokumente sollten klar, präzise und professionell sein.

Es gibt mehrere Gründe, warum der Schreibstil entscheidend ist:

Klarheit herstellen
: Diese Dokumente sind für Ihr Projekt so etwas wie der heilige Gral. Sie wollen, dass alles korrekt ist, sodass jeder weiß, was zu geschehen hat. So vermeiden Sie unerfreuliche Misskommunikation und Entwicklungsfehler.

Bei den Fakten bleiben
: PRDs und SRSs sind nicht der Ort für einen persönlichen oder stilistischen Flair. Sie müssen hier wie die Tagesschau vorgehen – bitte nur die Fakten. Indem Sie geradlinig und neutral bleiben, stellen Sie sicher, dass Sie sich auf das konzentrieren, was das Produkt wirklich braucht.

Konsistenz ist entscheidend
: Sie wollen vom Anfang bis zum Ende den gleichen Ton haben. Stellen Sie sich das Ganze als Rezept vor, das befolgt werden soll. Wenn Sie mittendrin plötzlich etwas anders machen, gerät alles durcheinander. Konsistenz sorgt auch dafür, dass diese oft anstrengenden Dokumente leichter zu verdauen sind.

Den Fokus auf dem Produkt halten
: Denken Sie daran: Der Star der Show ist hier das Produkt und das, was es tun soll. Ein direkter Ton stellt sicher, dass Sie nicht von der Haupthandlung ablenken – der Funktionalität und den Anforderungen.

Ein LLM wie ChatGPT ist gerade beim Schreiben von Texten stark. Es kann Ihnen da sehr unter die Arme greifen. Und naturlich können Sie das LLM anweisen, den richtigen Ton zu treffen, wie zum Beispiel bei diesem Prompt:

> *Prompt: Entwirf bitte eine umfassende Liste technischer Anforderungen für eine Mobile-Banking-App. Stelle dabei sicher, dass der Text klar, gut strukturiert und professionell ist.*

Auf dem Markt existieren haufenweise KI-Schreibtools, die jeweils besondere Features besitzen, um die Art von Schreiben zu unterstützen, mit der Sie es zu tun haben. Nehmen wir einmal Jasper und Writer. Das sind tolle Tools, um Inhalte zu erzeugen und Ihr Markenimage konsistent zu halten. Oder Grammarly, mit dem Sie die Grammatik richtig hinbekommen und Ihren Schreibstil verfeinern. AI21 und Copy.ai helfen wiederum dabei, das Erstellen von Inhalten zum Kinderspiel zu machen.

Schauen Sie sich an, was Jigyasa Grover zu sagen hat, die Grammarly für ihre Projekte einsetzt. Als Machine-Learning-Expertin hat sie zu dem Thema das Buch *Sculpting Data for ML* (2021) geschrieben. Sie meint dazu:

> *Grammarly ist ein weiteres Tool, das mir dabei hilft, technische Designdokumente zu entwerfen. Ich nutze es zum Korrigieren und für Vorschläge rund um Grammatik, Satzzeichen und Stil. Es integriert sich nahtlos in viele Webbrowser und in Textverarbeitungssoftware. Die generierte Sprache ist klar und präzise, und die Vorschläge lassen sich in Bezug auf das Publikum und den Zweck des Dokuments konfigurieren.*

Vorgehensweisen bei der Projektplanung

Nachdem Sie die Anforderungen zusammengetragen haben, besteht der nächste Schritt darin, zu planen, wie Sie das Projekt angehen werden. Es geht darum, einen Plan zu erstellen, in dem beschrieben wird, wie Ihr Team die Software erstellen soll. Wichtig sind hier klare Ziele und das Ermitteln der zu erledigenden Dinge. Auch muss festgelegt werden, wer etwas tut, wann das geschieht und wie es erledigt wird. Zentrales Ziel ist, dass alles ohne Probleme abläuft, jeder produktiv ist und es am Ende ein Produkt gibt, das das tut, was es tun soll, und jeden – insbesondere die Kundinnen und Kunden – glücklich macht.

Die Welt der Softwareentwicklung ist allerdings ziemlich komplex, daher gibt es einen ganzen Haufen unterschiedlicher Wege, wie Teams ihre Projekte planen. Jedes verfolgt eigene Strategien, hat eigene Regeln und Schritte, die den Mitarbeitenden dabei helfen, ihre Aufgaben zu erledigen, mit Änderungen umzugehen, die Qualität nicht zu vernachlässigen und den Kunden und Kundinnen etwas Wunderbares zu liefern. Egal ob Ihr Team also eine detaillierte Schritt-für-Schritt-Anleitung braucht oder eher einen groben Plan, der dann individuell mit Leben gefüllt wird – es gibt eine Methode, die für Sie passt.

Verbreitete Projektplanungsvorgehensweisen sind Wasserfall, Agile, Scrum, Kanban und Extreme Programming (XP). Es ist wichtig, die richtige zu wählen, weil sie den Unterschied machen kann, ob ein Projekt erfolgreich wird oder gegen die Wand fährt. Ihre Wahl hängt von vielen Faktoren ab: Wie groß und komplex ist es? Was brauchen Ihre Kunden? Wie arbeiten Ihre Teams zusammen? Wie sicher oder unsicher ist es in Ihrem Projektumfeld? Und noch viele weitere. Manche Teams entscheiden sich vielleicht für eine Methode, während andere sich Dinge aus verschiedenen Vorgehensweisen zusammensuchen, um die für sie perfekte Mischung zusammenzustellen.

Ich möchte wieder ein paar Beispiele für Prompts vorstellen. Stellen Sie sich vor, Sie bauten eine »To-do-Listen-App«. Sie haben ein einseitiges Anforderungsdokument dafür erstellt und wenden sich nun an ChatGPT:

Prompt: Was ist der beste Projektplanungs-Ansatz für diese App?

ChatGPT schlägt die Agile-Methode als beste Option vor und beschreibt die entsprechenden Schritte (siehe Abbildung 7-6).

Der beste Projektplanungs-Ansatz für die Entwicklung einer To-Do-Listen-App kann je nach Teamgröße, Ressourcen und individuellen Präferenzen variieren. Ein bewährter Ansatz ist jedoch die Verwendung agiler Methoden, insbesondere Scrum. Hier ist ein detaillierter Plan, wie Sie vorgehen können:

1. Anforderungsanalyse

- **Zielsetzung und Zweck**: Definieren Sie das Hauptziel der App und welche Probleme sie lösen soll.
- **Funktionale Anforderungen**: Erstellen Sie eine Liste der Hauptfunktionen, wie z.B. Aufgaben erstellen, bearbeiten, löschen, Benachrichtigungen, Prioritäten setzen, Kategorien und Deadlines.
- **Nicht-funktionale Anforderungen**: Berücksichtigen Sie Anforderungen wie Performance, Sicherheit, Benutzerfreundlichkeit und Skalierbarkeit.

2. Projektplanung und Teamzusammenstellung

- **Projektleiter**: Benennen Sie einen Projektleiter, der das gesamte Projekt überwacht.
- **Teammitglieder**: Bestimmen Sie die notwendigen Rollen (z.B. Entwickler, Designer, Tester) und stellen Sie das Team zusammen.
- **Tools und Technologien**: Entscheiden Sie sich für die Entwicklungsumgebung, Programmiersprachen (z.B. JavaScript, Swift, Kotlin), Frameworks (z.B. React Native, Flutter) und Projektmanagement-Tools (z.B. Jira, Trello).

3. Scrum-Framework Implementieren

- **Product Owner**: Ernennen Sie einen Product Owner, der die Anforderungen priorisiert und das Product Backlog pflegt.
- **Scrum Master**: Benennen Sie einen Scrum Master, der das Team bei der Anwendung von Scrum unterstützt.
- **Sprints**: Teilen Sie das Projekt in Sprints (üblicherweise 2-4 Wochen) auf. Jeder Sprint hat ein spezifisches Ziel und endet mit einem potenziell lieferbaren Inkrement.

4. Entwicklungsphasen

- **Sprint 0: Vorbereitung**
  - **Backlog-Erstellung**: Sammeln und priorisieren Sie alle Anforderungen im Product Backlog.
  - **Architektur und Design**: Entwickeln Sie die Architektur und erstellen Sie

Abbildung 7-6: ChatGPT beschreibt die Schritte bei der Projektplanung für eine bestimmte App.

Hier sind noch ein paar weitere Prompts, die Sie vielleicht einsetzen können:

Prompt: Wie können Teams einen Projektplanungs-Ansatz effektiv auswählen und so für sich anpassen, dass er zu ihrem spezifischen Softwareprojekt passt?

Prompt: Erläutere die Wichtigkeit des Abgleichs eines Projektplanungs-Ansatzes mit den Zielen und der Komplexität eines Softwareprojekts.

Prompt: Erkläre die sequenziellen Phasen des Wasserfallmodells beim Projektmanagement von Software.

Prompt: Beschreibe die zentralen Prinzipien der Agile-Methode in der Softwareentwicklung.

Prompt: Wie fördert die Agile-Methode Flexibilität und Kundenbeteiligung in einem Projekt?

Prompt: Umreiße die Rollen und Standardereignisse, die zum Scrum-Framework gehören.

Prompt: Vergleiche Scrum mit klassischen Ansätzen des Projektmanagements.

Prompt: Führe die zentralen Praktiken des Extreme Programming auf und beschreibe, wie sie zur Kundenzufriedenheit beitragen.

Prompt: Erkläre die Vorteile und Herausforderungen des Umsetzens eines Test-Driven Development als Teil von XP.

Test-Driven Development (TDD)

Zu den klügsten Dingen, die Sie vor dem eigentlichen Programmieren machen können, gehört das Erstellen Ihrer Test Cases. Erinnern Sie sich noch an den alten Spruch: »Zweimal messen, einmal schneiden?« Das ist ein guter Rat, denn Sie wollen bereit sein, wenn Sie sich ins Wasser wagen. Ein häufig verfolgter Ansatz ist das *Test-Driven Development* (TDD).

Und das funktioniert so: Wenn Sie sich hinsetzen und über all die Tests nachdenken, die Ihr Code bestehen muss, erhalten Sie ein viel besseres Verständnis davon, was Sie bauen müssen. Sie schauen sich die Entwürfe wirklich gut an, bevor Sie loslegen. So wissen Sie genau, was Ihr Code tun sollte, was später wiederum dafür sorgt, dass viele Probleme gar nicht erst aufkommen.

Dazu kommt: Wenn Sie zuerst Ihre Tests planen, denken Sie von Anfang an über die Personen nach, die Ihre Software nutzen werden. Sie verlieren sich nicht im Code, stattdessen konzentrieren Sie sich darauf, etwas zu schaffen, das für die User funktioniert. Es ist besser, mögliche Stolperstellen frühzeitig zu erkennen, statt sich später die Haare zu raufen und Fehler beheben zu müssen.

Beim TDD ist dieser Ansatz der Kern des Ganzen. Sie schreiben Ihre Tests, bevor Sie Ihren Code schreiben. So sind Sie immer darauf fokussiert, was der Code erreichen muss. Dieser Ansatz führt zu saubererem, geradlinigerem Code, weil Sie immer mit einem Ziel entwickeln.

Im TDD gibt es Werkzeuge für die unterschiedlichen Arten und Weisen, Tests zu schreiben:

Given-When-Then (GWT)
: Beim *Given* wird die Bühne bereitet – man legt also fest, was sich in welchem Zustand befindet, bevor es wirklich losgeht. Dann kommen Sie zum *When* – dem eigentlichen Ereignis, bei dem das ausgeführt wird, was getestet werden soll. Zum Ende, wenn sich der Staub gelegt hat, geht es um das *Then*, bei dem Sie prüfen, ob das passiert ist, was passieren sollte. Sie erzählen so im Prinzip eine Geschichte dessen, was Ihr Code tun wird.

Arrange-Act-Assert (AAA)
: Dieses Vorgehen ähnelt GWT. Aber GWT tendiert dazu, mehr erzählend und benutzerzentriert zu sein, was für die Zusammenarbeit zwischen Entwicklung, Test und nicht technischen Stakeholdern ideal ist. AAA passt hingegen eher zum technischen Ausführen der Tests selbst.

Setup-Exercise-Verify-Teardown (SEVT)
: Das ist Ihr Weg, wenn es um das Testen von Integration und Systemen geht. Sie beginnen mit dem *Setup*, in dem Sie die Umgebung aufsetzen. Der nächste Schritt ist *Exercise*, bei dem Sie die zu testenden Schritte in Ihrem System ausführen. Danach geht es um *Verify*, in dem Sie Detektiv spielen, um herauszufinden, ob alles funktioniert hat. Und zum Schluss vergessen Sie nicht das *Teardown*. Hier räumen Sie ordentlich auf, um beim nächsten Mal wieder alles sauber vorzufinden.

Hier ein Beispiel für einen TDD-Prompt, der GWT nutzt:

> *Prompt: Formuliere einen Testansatz für wichtige Features mithilfe der Given-When-Then-Vorgehensweise. Zu den spezifischen Anforderungen gehören:*

- Entwickle ein Online-Buchungssystem für eine Kette mit Boutique-Hotels.
- Das System muss die Raumverfügbarkeit aus der internen Management-Software jedes Hotels holen.

- User sollten Räume anhand des Datums, Preises und der Ausstattung filtern können.
- Die Benutzeroberfläche muss intuitiv sein und sich in Desktop- und Mobile-Browsern nutzen lassen.
- Das System sollte cloudbasiert aufgebaut sein, um die Zuverlässigkeit und Skalierbarkeit sicherzustellen.

TDD fokussiert sich oft auf bestimmte Szenarien oder Use Cases, die getestet werden müssen. Hier ein paar Prompts, die dabei helfen können:

> *Prompt: Schreibe Tests für ein Feature, das es Usern erlaubt, ihr Passwort per E-Mail-Verifikation zurückzusetzen.*
>
> *Prompt: Erstelle Tests, mit denen die Antwort des Systems geprüft wird, wenn die Datenbankverbindung fehlschlägt.*
>
> *Prompt: Entwickle Tests, die sicherstellen, dass die Suchfunktionalität Ergebnisse unter normalen Lastbedingungen innerhalb von zwei Sekunden zurückgibt.*
>
> *Prompt: Schreibe Tests, die prüfen, ob alle Benutzerdaten beim Speichern verschlüsselt werden.*
>
> *Prompt: Designe Tests, die die Integration zwischen dem Payment-Gateway und dem Order-Processing-System überprüfen.*

Webdesign planen

Das Planen einer Website oder Web-App kann komplex sein und viele Schritte beinhalten. Zuerst müssen Sie die Ziele für die Site und die Zielgruppe kennen. Dann entwerfen Sie die Website und planen, wie sich die User darauf bewegen. Dabei kommt etwas heraus, was oft als *Prototype* oder *Wireframe* bezeichnet wird.

Danach geht es darum, an der Optik zu arbeiten, indem man Farben, Schriftarten und schicke Grafiken wählt, die gut zur Marke passen. Natürlich brauchen Sie ein paar einnehmende Phrasen und coole Bilder oder Videos, die Ihre Geschichte erzählen. Dann kommt der Geek-Teil, in dem Sie alle diese Ideen in eine echte, funktionierende Website verwandeln und dazu Sprachen wie HTML, CSS und JavaScript einsetzen.

Natürlich kann ein Tool wie ChatGPT bei den Planungsphasen hilfreich sein. Hier ein paar Prompts:

Prompt: Ich entwickle eine Website für <bestimme Kategorie>. Schlage ein paar Ziele vor. Was wäre das Zielpublikum?

Prompt: Welche Seiten brauche ich für die grundlegende Struktur eines Online-Stores?

Prompt: Ich arbeite an einem Wireframe für die Hauptseite eines Blogs. Kannst du ein paar Elemente vorschlagen, die dafür wichtig sind?

Prompt: Ich entwerfe einen Wireframe für eine Landing Page einer Mobile App. Welche elementaren Abschnitte sollte ich auf jeden Fall mit aufnehmen?

Prompt: Für eine Website über <Kategorie> suche ich gute Ideen für Inhalte, zum Beispiel Blog Posts, Videos oder Infografiken.

Prompt: Wie strukturierst du die Navigation auf deiner Site, um sie für dein Publikum intuitiv und benutzerfreundlich zu machen?

Prompt: Führe die wichtigsten SEO-Strategien auf, mit denen die Sichtbarkeit einer Website in Suchmaschinen besser wird.

Prompt: Welche Farbpalette schlägst du für meine Website über <Kategorie> vor?

Prompt: Wähle Schriftarten für eine Website über <Kategorie> aus. Bedenke dabei die Lesbarkeit, die Übereinstimmung mit der Marke <Marke> und den Beitrag der Fonts zur Gesamtästhetik der Site.

Es gibt auch eine Reihe von Tools, die unter KI-Assistenz dabei helfen, Wireframes zu erstellen, eines davon ist Uizard. Es ähnelt Systemen wie Figma und bietet Designfunktionen wie zum Beispiel die Möglichkeit, Elemente wie Buttons und Formulare per Drag-and-drop anzuordnen. Zudem lässt es sich von Teams gemeinsam nutzen.

Die KI-Features finden Sie in der Toolbar links vom Dashboard über den Button *Magic*. Klicken Sie ihn an, bekommen Sie eine Liste mit KI-Features.

Um einen Wireframe zu erstellen, wählen Sie *Autodesigner*. Sie erhalten dann einen Wizard wie in Abbildung 7-7.

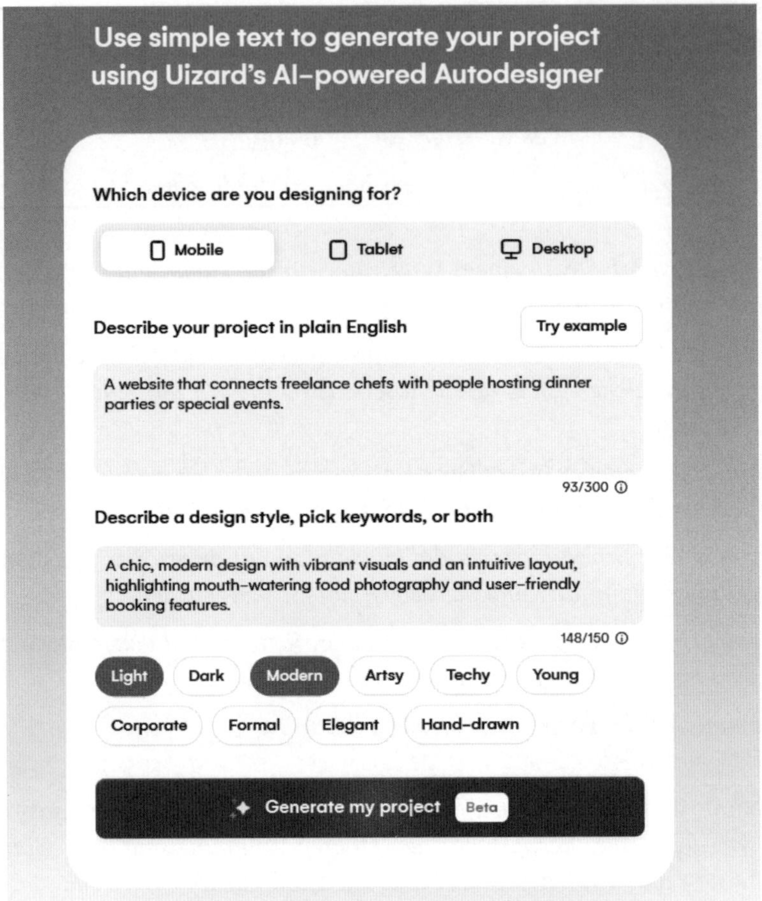

Abbildung 7-7: Uizard besitzt einen KI-Wizard, der Ihnen dabei hilft, einen Wireframe für eine Mobile- oder Desktop-App zu erstellen.

Zuerst wählen Sie das Gerät aus, für das Sie designen wollen: Mobile, Tablet oder Desktop. Dann beschreiben Sie das Projekt. Eventuell reichen schon ein oder zwei Sätze. Hier ein Beispiel:[1]

> *Prompt: A website that connects freelance chefs with people hosting dinner parties or special events.*

Dann geben Sie einen Designstil an, wie zum Beispiel:

> *Prompt: A chic, modern design with vibrant visuals and an intuitive layout, highlighting mouth-watering food photography and user-friendly booking features.*

1 Sie können Ihr Projekt auch in deutscher Sprache beschreiben, aber die Ergebnisse werden trotzdem auf jeden Fall in Englisch sein.

Abbildung 7-8 zeigt den Wireframe.

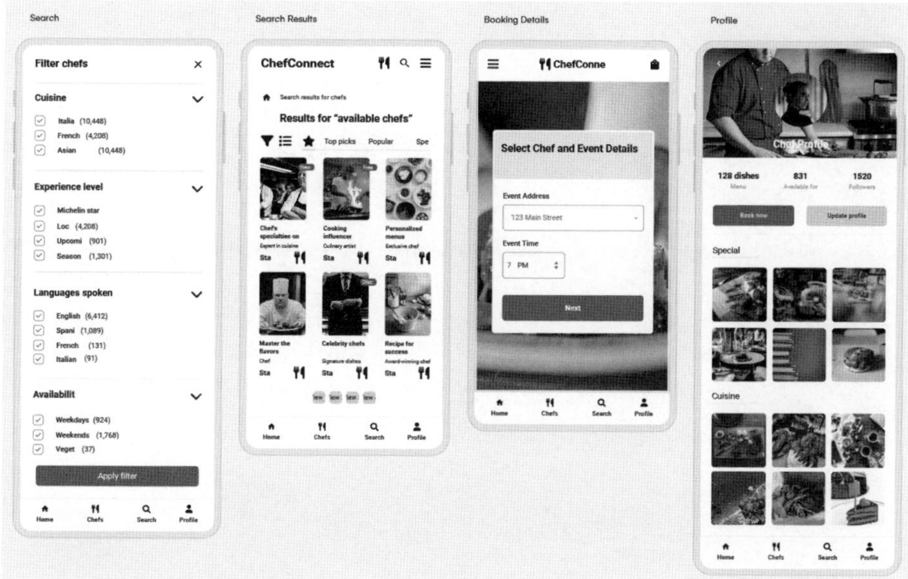

Abbildung 7-8: Ausgehend von den angegebenen Prompts hat Uizard diesen Wireframe für eine Mobile-App erstellt.

Zusammenfassung

In diesem Kapitel haben wir uns angeschaut, wie wir mit ChatGPT ein Softwareentwicklungsprojekt aufsetzen. Es hat uns beim Brainstorming geholfen und uns dann bei der Marktforschung unterstützt. Danach haben wir uns mit dem Klein-Klein der Anforderungen beschäftigt und sind insbesondere darauf eingegangen, wie PRDs und SRSe dabei helfen, Ihre Projektziele und Technologiedetails auf den Punkt zu bringen. Anschließend haben wir unterschiedliche Planungsstile vorgestellt – vom allseits verbreiteten Agile bis hin zum strukturierten Wasserfall. Zudem haben wir uns mit Whiteboarding und TDD-Techniken befasst. Durch den Einsatz eines leistungsfähigen Tools wie ChatGPT zusammen mit bewährten Methoden können Sie für ein Projekt eine solide Basis schaffen.

KAPITEL 8

Programmieren

In diesem Kapitel werden wir uns mit einigen praktischen Coding-Techniken befassen. Dabei beginnen wir mit dem Alltagsgeschäft – dem Herumspielen mit Funktionen und Klassen. Dann machen wir uns die Hände beim Refaktorieren schmutzig, hübschen unübersichtlichen Code auf und sorgen dafür, dass er glatter durchläuft. Außerdem zeige ich Ihnen, wie Sie Daten erstellen und damit arbeiten. Und schließlich schauen wir uns ein paar KI-Tools an, die dabei helfen können, ohne große Mühe schicke Frontends zu erstellen.

Realitäts-Check

Tools für die KI-gestützte Programmierung sind ziemlich cool, oder? Machen wir uns nichts vor – sie sind keine Zauberer, die all unsere Coding-Probleme lösen können. Warum? Nun, diese Tools sind wie die Studentinnen und Studenten in Kursen, die nur aus öffentlich verfügbaren Materialien lernen können. Sie sind mit einer bunten Mischung an Code trainiert, der aus dem ganzen Internet zusammengesucht wurde – und, seien wir ehrlich, das ist nicht immer das Gelbe vom Ei. Was bedeutet das für Sie? Manchmal bekommen Sie Code, der so aufgeblasen wie das Ego eines Pfaus ist oder so wartbar wie ein Kartenhaus. Und manchmal ist der Code schlicht falsch, tut nicht, was Sie brauchen, oder – noch schlimmer – sorgt für Einfallstore für Hacker oder lässt Ihre Netzwerkressourcen ausbluten.

Schauen wir uns ein Beispiel an, in dem ChatGPT unübersichtlichen Code erzeugt hat. In Abbildung 8-1 sehen Sie Code für das Verschmelzen zweier sortierter Listen in eine gemeinsam sortierte Liste.

```python
def merge_sorted_lists(list1, list2):
    merged_list = []
    i, j = 0, 0

    while i < len(list1) and j < len(list2):
        if list1[i] <= list2[j]:
            merged_list.append(list1[i])
            i += 1
        else:
            merged_list.append(list2[j])
            j += 1

    # Wenn noch Elemente in list1 verbleiben
    while i < len(list1):
        merged_list.append(list1[i])
        i += 1

    # Wenn noch Elemente in list2 verbleiben
    while j < len(list2):
        merged_list.append(list2[j])
        j += 1

    return merged_list

# Beispiel
list1 = [1, 3, 5, 7]
list2 = [2, 4, 6, 8]
merged_list = merge_sorted_lists(list1, list2)
print(merged_list)
```

Abbildung 8-1: Als ChatGPT gebeten wurde, zwei sortierte Listen zu verschmelzen, hat es ziemlich unübersichtlichen Code erzeugt.

Dieser KI-generierte Code verschmilzt korrekt zwei Listen, geht dabei aber ziemlich langatmig vor. Er achtet sorgsam darauf, die Zielliste sortiert zu halten, und nutzt zwei zusätzliche `while`-Schleifen, um die verbleibenden Elemente jeder Liste anzufügen.

Hier kann sich nun zeigen, wie pfiffig Sie beim Programmieren sind. Sie müssen die Grundlagen können. Sie müssen wissen, welche Fragen zu stellen sind und wo Sie herumstochern sollten, wenn etwas nicht ganz richtig ist.

Abbildung 8-2 zeigt einen besseren Ansatz.

```python
def merge_sorted_lists(list1, list2):
    return sorted(list1 + list2)

# Beispielaufruf
list1 = [1, 3, 5, 7]
list2 = [2, 4, 6, 8]
merged_list = merge_sorted_lists(list1, list2)
print(merged_list)
```

Abbildung 8-2: Mit ein bisschen menschlicher Unterstützung haben wir einen besseren Ansatz zum Verschmelzen der sortierten Listen erreicht.

Machen Sie sich also keine Sorgen angesichts der Bedrohungsszenarien, die manche aufbauen, weil bald Roboter unsere Entwicklungsjobs übernehmen. Diese KI-Modelle werden zwar unbestritten mit der Zeit besser. Sie lernen und wachsen. Aber sie sind noch weit davon entfernt, in der Programmierung den Ton anzugeben. Programmiererinnen und Programmierer werden noch lange Zeit benötigt werden. KI-gestützte Programmiertools sind außerordentlich hilfreich, aber sie werden das Wissen und die Erfahrung echter, lebendiger Entwickler und Entwicklerinnen nicht so schnell ersetzen können.

Wenn Sie mit diesen Systemen arbeiten, sollte Ihnen bewusst sein, dass das eine Zusammenarbeit ist, keine Übergabe. Bleiben Sie auf dem Laufenden, bleiben Sie neugierig und vergessen Sie nicht, sich alles ganz genau anzuschauen, was Sie von diesen KI-Tools vorgesetzt bekommen. Es sind Assistenten, keine Helden.

Es liegt bei Ihnen

Manchmal ist es einfacher, selbst den Code zu schreiben, als auf ein KI-gestütztes Tool zurückzugreifen. Denn schließlich kann es eine ganze Reihe von Versuchen erfordern, der KI klarzumachen, was Sie brauchen. Wenn Sie diese Tools aber häufiger nutzen, werden Sie auch bald herausfinden, wann sie hilfreich sind und wann Sie die Dinge lieber selbst in die Hand nehmen müssen.

Dmitrii Ivashchenko, ein leitender Softwareentwickler bei MY.GAMES, einer Spielefirma aus Amsterdam mit über einer Milliarde registrierter User auf der ganzen Welt, hat seine eigenen Erfahrungen gemacht:

> *Ein Beispiel wäre der Prompt: »Schreibe eine Methode in Python, um eine Standardzeitzone zum Datetime-Objekt hinzuzufügen.« Sie sollten*

darauf vorbereitet sein, dass viele Aspekte weggelassen werden und Sie entweder den Umgang mit Sonderfällen selbst vervollständigen müssen oder ein langes Gespräch mit ChatGPT haben werden, um dieses auf seine Fehler hinzuweisen. Wichtig ist, dass Sie zuvor die Zeit für das Erklären einer Aufgabe gegen die Zeit für das eigene Implementieren abschätzen.

Lernen

Wenn Sie sich mit einer neuen Sprache, einem neuen Framework oder einer Bibliothek vertraut machen müssen, kann ein Tool wie ChatGPT ausgesprochen hilfreich sein. Es bietet möglicherweise einen deutlich schnelleren Weg als das klassische Vorgehen über Kurse, viel googeln oder das Schauen einer Menge von YouTube-Videos.

Sie können ChatGPT einsetzen, um all die Details der Grundlagen und der Syntax des Codes zu verstehen. Und wenn Sie eher der Typ »Learning by Doing« sind, können Sie nach Codebeispielen fragen, um zu sehen, wie alles zusammenspielt. Kennen Sie schon eine Programmiersprache, kann ChatGPT das Erlernen einer neuen erleichtern, indem es beide miteinander vergleicht. Angenommen, Sie sind gut in Python, steigen bei JavaScript aber erst ein. Dann können Sie sich die wichtigsten Unterschiede aus Python-Sicht erläutern lassen. Benötigen Sie mehr Ressourcen, kann ChatGPT im Internet stöbern und ein paar gute Empfehlungen aussprechen.

Dies sind ein paar mögliche Prompts:

> *Prompt: Wenn ich nichts über Python weiß, was sollte ich dann als Erstes lernen?*

> *Prompt: Was für einsteigerfreundliche Projekte kann ich in React ausprobieren, um meine Fähigkeiten zu verbessern?*

> *Prompt: Kannst du Ressourcen zum Erlernen fortgeschrittenerer SQL-Queries vorschlagen?*

> *Prompt: Wie würdest du eine einfache »To-do-Liste«-App sowohl in Python als auch in JavaScript implementieren, um die Unterschiede deutlich zu machen?*

> *Prompt: Ich weiß, wie ich in C++ Schleifen verwenden kann. Kannst du mir zeigen, wie im Vergleich dazu Schleifen in Python funktionieren?*

> *Prompt: Finde fünf nützliche YouTube-Videos, die zeigen, wie man Rust lernt.*

Schauen wir uns an, wie Ivashchenko das angeht:

> *Wenn Sie eine neue Sprache oder ein neues Framework schneller beherrschen wollen, können Sie direkt damit beginnen, ein neues Projekt in dieser Technologie zu erstellen. Nehmen wir an, Sie wollten Django erlernen. Wählen wir ein Projekt aus, das wir in dieser Technologie implementieren werden – zum Beispiel einen Online-Store. Als Erstes fragen Sie ChatGPT einfach, wie man in Django mit einem neuen Projekt beginnt. Sie werden erfahren, welche Abhängigkeiten Sie installieren müssen, wie Sie die initiale Konfiguration des Projekts einrichten und mit welchen zugehörigen Technologien Sie es zu tun haben. Dann geht es zu spezifischeren Anfragen wie: »Wie wird in Django ein Modell organisiert?«, »Wie füge ich im Admin-Panel einen neuen Abschnitt hinzu?« oder »Wie migriere ich die Datenbank?«. Indem Sie nach und nach mehr Wissen erlangen und immer detailliertere Fragen stellen, können Sie nahezu jedes Projekt in jeder zuvor unbekannten Technologie umsetzen. So habe ich tatsächlich Django innerhalb eines produktiven Wochenendes erlernt.*

Sie können sich mit ChatGPT auch nützliche Studienleitfäden erstellen lassen. Hier ein Beispiel-Prompt:

> *Prompt: Erstelle einen Studienleitfaden für JavaScript. Konzentriere dich auf ein Einstiegs-Level.*

Dann können Sie hiermit fortfahren:

> *Prompt: Bitte erstelle mir einen Studienplan. Welche Themen sollte ich lernen? Wie sieht es mit praktischen Übungen oder Tests aus? Coding-Probleme? Links auf Ressourcen?*

ChatGPT kann sogar dabei helfen, sich neue Konzepte zu merken. Eine Möglichkeit sind Gedächtnisstützen wie Akronyme. Nehmen Sie beispielsweise an, Sie wollten sich die zentralen Elemente von DevOps merken, zu denen Kultur, Automation, Messen, Planen und Teilen gehören. Das schlägt ChatGPT vor:

> *ChatGPT: Ein hilfreiches Akronym, um sich die zentralen Elemente von DevOps zu merken, ist CAMPS: …*

Und schließlich können Sie ChatGPT auch nutzen, um sich bei LeetCode helfen zu lassen. Angenommen, Sie sitzen zu einem Vorstellungsgespräch in einem Meetingraum, vielleicht mit einem Whiteboard oder einem Laptop vor der Nase, und Sie werden mit einer kniffligen Frage zu einem Algorithmus oder einer Datenstruktur konfrontiert. Da geht es um mehr als Code. Man will sehen, wie schnell Sie denken, wie gut Sie Ihre Gedanken erläutern können und wie Sie Probleme lösen.

Wollen Sie Ihren Interviewpartnern einen Schritt voraus sein, denken Sie darüber nach, sich bei LeetCode anzumelden. Das kostet 35 $ im Monat. Aber natürlich kann ChatGPT immer einspringen, wenn Sie es brauchen. Hier ein einfacher Prompt:

> *Prompt: Schlage drei häufige LeetCode-Interviewfragen vor.*

ChatGPT stellt nun Herausforderungen wie Two Sums, Longest Substring Without Repeating Characters oder Merge Intervals vor. Sie können dann tiefer einsteigen und sich längere Erläuterungen oder Beispiele zeigen lassen.

Kommentare

Wenn eine Deadline bedrohlich nahe kommt, wird man bei den Codekommentaren gerne mal etwas wortkarg oder verzichtet sogar ganz auf sie. KI-gestützte Tools können Ihnen hier unter die Arme greifen. Oft werden Sie Codevorschläge erhalten, in denen schon Kommentare enthalten sind.

Aufgrund von KI-Technologien kann es sich irgendwie retro anfühlen, überhaupt Kommentare zu haben. Wenn Code unverständlich ist, können Sie doch schließlich das Tool bitten, ihn für Sie aufzudröseln, oder? Da ist schon etwas Wahres dran.

Man kann es auch so sehen: Das Schreiben von Prompts wird die neue Art zu kommentieren. Die meisten Tools nehmen nämlich die Prompts in die Kommentarzeilen auf.

Wollen Sie Code trotzdem mit Kommentaren versehen, können Sie einen einfachen Prompt wie diesen nutzen:

> *Prompt: Ergänze Kommentare, die klar sind und sich an Best Practices halten.*

Es ist Ihre Entscheidung, ob Sie kommentieren oder nicht. Es gibt hier keine allgemeingültige Regel – machen Sie das, was für Sie und Ihr Team gut funktioniert. Aber eines ist sicher: Mit KI-gestützten Tools ist es ganz einfach, Ihren Code mit Kommentaren zu versehen.

Modulare Programmierung

Modulare Programmierung ist ein Grundpfeiler effizienter und effektiver Softwareentwicklung. Der Code ist so organisierter, besser verständlich, und man kann ihn leichter aktuell halten. Zudem wird die Zusammenarbeit mit anderen

Programmierenden viel weniger stressig, weil nicht jeder über den anderen stolpert. Außerdem lassen sich Module wiederverwenden – Wiederverwendbarkeit spart massiv Zeit, hält die Dinge konsistent und senkt die Wahrscheinlichkeit, dass Sie etwas vermasseln.

Der Wert modularer Programmierung wird auch deutlich, wenn Sie mit KI-gestützten Tools arbeiten. Diese können keine umfangreiche Anwendung mit einem einfachen Prompt erschaffen. Es sind keine Zauberer. Aber wenn Sie Ihre Aufgabe in klare, spezifische Elemente unterteilen, können sie zur Hochform auflaufen. Ansonsten enden Sie vielleicht bei Spaghetticode, mit dem gar nichts mehr anzufangen ist.

Titus Capilnean, Mitbegründer und Chief Product Officer bei Private Market Labs, meint dazu:

> *Nachdem ich mit dem Einsatz von KI-Tools begann, konnte ich mich auf das Problem und meinen Weg zu einer Lösung konzentrieren und musste mich nicht mit den Feinheiten des tatsächlichen Codes befassen, der zu schreiben war. Wenn ich ein technisches Problem habe, beginne ich damit, es in kleinere Häppchen zu unterteilen, wo Ein- und Ausgaben klar sind. Der Grund dafür ist, dass das Kontextfenster des verwendeten KI-Tools eventuell nicht ausreichend groß ist, um in einem Rutsch eine gute Lösung anbieten zu können. Ich habe festgestellt, dass Debugging und Bauen einfacher ist, wenn ich das Modell bitte, Code zu liefern, der eine einfache Eingabe übernimmt, eine einzelne Aufgabe erledigt und dann eine Ausgabe bereitstellt, die ich überprüfen kann. Wenn ich mit dem zwischenzeitlichen Ergebnis nicht zufrieden bin, beschreibe ich mein Problem bei ChatGPT und versuche, den dort vorgestellten, angepassten Code auszuführen. Bin ich mit der Lösung glücklich, kann ich zusätzliche Verarbeitungsschritte hinzufügen – entweder innerhalb der bestehenden Funktion oder indem ich die Ausgabe des vorherigen Schritts nehme und weiter anpasse, sodass sie näher an meiner gewünschten Lösung ist.*
>
> *KI-Tools haben auch meine Produktivität verbessert, weil ich so prüfen kann, ob ein von mir erstellter Codeabschnitt tatsächlich korrekt ist, bevor ich ihn überhaupt an einen Compiler übergebe oder eine Cloud-Funktion deploye und bei einem Fehler Ressourcen verbrauche. Ich kopiere einfach den Teil des Codes in das ChatGPT-Fenster und frage, ob er korrekt ist – unter der Annahme, dass ich den korrekten Kontext für den Codeschnipsel initialisiert habe (zum Beispiel Importe, Variablen, Konstanten, eigene aufgerufene Funktionen und so weiter). So kann ich Lösungen schaffen, die gut und schneller laufen.*

Ein Projekt beginnen

Zu Beginn eines Coding-Projekts sehen Sie sich eventuell dem »Kaltstartproblem« oder dem »Problem der leeren Seite« gegenüber.

Stellen Sie sich folgendes Szenario vor: Sie beginnen mit einem leeren Fenster – kein Code, keine Daten, nicht einmal ein klarer Weg. Das ist zweifelsohne so erdrückend, wie es klingt. Die erste große Herausforderung ist die Wahl von Projektarchitektur, Design Patterns und von der einzusetzenden Technologie. Das sind große Entscheidungen, weil Sie mit ihnen für eine lange Zeit leben müssen. Daher werden Sie sie so früh wie möglich festklopfen wollen.

Und vergessen wir nicht die menschliche Ebene. Es kann genauso herausfordernd sein, Ihr Team an einem Strang ziehen zu lassen, herauszufinden, wie effektiv kommuniziert wird, und einen Workflow komplett neu aufzusetzen, wie die Technologie an sich zu meistern. Es geht nicht nur darum, diese ersten Codezeilen hinzuklatschen. Es geht darum, eine solide Grundlage für all das zu legen, was noch kommt. Um diese Phase richtig anzugehen, ist eine Mischung aus kluger Planung, technischem Know-how und solidem Teamwork erforderlich.

KI-gestützte Programmiertools können dabei eine große Hilfe sein. Sie können mit ihnen das erste Grundgerüst Ihrer App aufsetzen. So erhalten Sie eine schon angepasste Grundlage, die zu Ihrer Vision passt. Die Tools bewahren Sie vor dem Klein-Klein des ersten Setups, und Sie können stattdessen direkt in die interessanteren Teile Ihres Projekts einsteigen.

Haben Sie eine bestimmte Aufgabe, können Sie das LLM auffordern, Boilerplate oder Starter Code zu erstellen.

Dies ist ein Beispiel-Prompt:

> *Prompt: Generiere Starter Code für eine Web App, die die Social Media Feeds eines Users aus mehreren Plattformen in einer einzelnen Dashboard-Oberfläche aggregiert. Was sollte ich als Sprache nutzen und welche Frameworks verwenden? Welche allgemeine Dateistruktur empfiehlt sich?*

ChatGPT legt los und schlägt React für eine Single-Page Application vor. Für das Backend empfiehlt es JavaScript mit Node.js und Express, zudem Passport.js für die Anmeldung und MongoDB für die Datenbank. Bei der Dateistruktur liefert ChatGPT das in Abbildung 8-3 gezeigte Layout.

Dateistruktur

plaintext Code kopieren

```
my-social-dashboard/
├── backend/
│   ├── config/
│   │   ├── keys.js
│   │   └── passport.js
│   ├── models/
│   │   └── User.js
│   ├── routes/
│   │   └── api/
│   │       ├── auth.js
│   │       └── feeds.js
│   ├── services/
│   │   └── socialMediaService.js
│   ├── app.js
│   └── server.js
├── frontend/
│   ├── public/
│   ├── src/
│   │   ├── components/
│   │   │   ├── Dashboard.js
│   │   │   ├── Feed.js
│   │   │   └── Login.js
│   │   ├── App.js
│   │   ├── index.js
│   │   └── api/
│   │       └── socialMediaApi.js
├── .gitignore
├── package.json
└── README.md
```

Abbildung 8-3: ChatGPT schlägt eine Dateistruktur für eine neue Web-App vor.

Autofill

Sie kennen das: Sie sind voll in der Coding-Zone, richten Konstanten für Zeiteinheiten ein und schreiben immer wieder fast die gleiche Zeile. Hier kommt GitHub Copilot ins Spiel, indem Sie seine Autofill-Fähigkeiten einsetzen.

Nehmen wir ein Beispiel: Angenommen, Sie bauen eine App, die Sie responsiv machen wollen. Also brauchen Sie Konstanten für die Grenzen in einer CSS-in-JS-Komponentenbibliothek.

Die erste können Sie so schreiben:

```
breakpoints = {
    'xs': '320px',  # Besonders kleine Devices
```

Dann können Sie im Inline-Chat diesen Prompt nutzen:

Prompt: Erstelle Konstanten für andere Bildschirmgrößen.

Abbildung 8-4 zeigt das Ergebnis. Sie bekommen andere Bildschirmgrößen und Variablen in einem ähnlichen Stil.

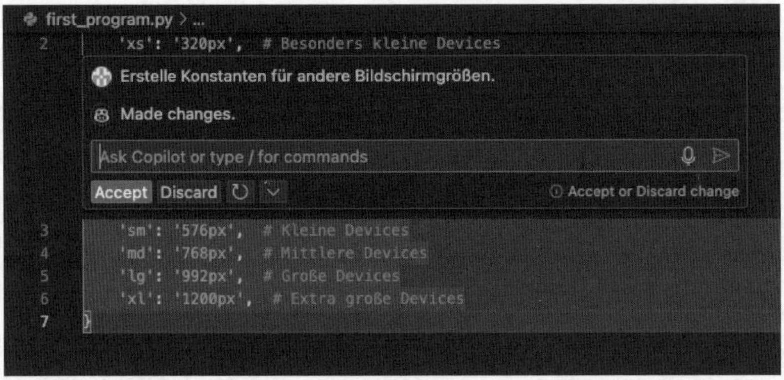

Abbildung 8-4: Dies ist die Ausgabe von Copilot, die Konstanten für andere Bildschirmgrößen vorschlägt.

Sie können hier noch vieles mehr erreichen. Copilot kann Ihnen mit dem Autofill helfen, indem es sich auch andere offene Dateien in Ihrem Projekt anschaut.

Capilnean sagt dazu:

Ich finde Copilot besonders dann hilfreich, wenn Sie bei Datenstrukturen Codeabschnitte haben, die sich ähnlich sind. Haben Sie ein Objekt in einer anderen Datei definiert, die Teil des Code-Repository ist, mit dem Sie arbeiten, und wollen nun ein ähnliches Objekt definieren, kann Copilot den Code für Sie zuverlässig vorschlagen. Ein Objekt für einen häufigen API-Aufruf, wie zum Beispiel eine Sendgrid-E-Mail, funktioniert hier sehr gut.

Allerdings kann Autocomplete halluzinieren, wenn Sie nicht vorsichtig sind. Bei Importen wird beispielsweise die Ordnerstruktur nicht immer richtig erkannt, insbesondere wenn Sie Ihre eigene Codestruktur haben oder das Framework recht neu und noch nicht gut dokumentiert ist. Dann müssen Sie selbst Hand anlegen und prüfen, woher die Komponente kommt und ob das von Copilot vorgeschlagene Verzeichnis überhaupt richtig ist.

Refaktorieren

Refaktorieren ist wie ein Frühjahrsputz für Ihren Code. Es geht darum, aufzuräumen, neu zu organisieren und manchmal auch Dinge zurückzuschneiden. Neue Features oder das Beheben von Bugs gehören nicht dazu.

Durch Refaktorieren bleibt die Codebasis gesund, sie vermüllt weniger und ist intuitiver erfassbar. Kommen Sie oder jemand anderes später zum Code zurück, versteht man leichter, was hier passiert, sodass es zu weniger rauchenden Köpfen und nicht so bösen Worten kommt. Zudem ist saubererer Code im Allgemeinen effizienter und weniger fehlerbehaftet – also ein Gewinn für alle Beteiligten.

Das Refaktorieren ist einer dieser Bereiche, in dem KI-gestützte Tools glänzen. Mit ein oder zwei Prompts können Sie die Komplexität Ihres Codes aufschneiden, das Fett wegschneiden und den Code so reorganisieren, dass er nicht nur funktional, sondern auch elegant ist. Mit KI in der Hinterhand wird das Refaktorieren weniger lästige Pflicht und mehr eine Geheimwaffe, mit der Sie der Zeit voraus sein können.

In den nächsten Abschnitten dieses Kapitels werden wir uns ein paar Beispiele zum Refaktorieren anschauen.

Ninja Code

Stellen Sie sich Ninja Code wie einen dieser völlig übertriebenen Actionfilm-Stunts vor. Er ist beeindruckend und komplex, und Sie fragen sich: »Hui, wie haben die das denn gemacht?« Das Problem ist aber: Sobald der Zauber verflogen ist, stellt sich der Code als sehr schwer verständlich heraus. Der Code ist so geheimnisvoll und verwirrend, dass selbst derjenige, der ihn geschrieben hat, nichts mehr damit anfangen kann, sobald die »Ninja«-Phase vorbei ist. Sicher, im ersten Moment fühlt es sich richtig toll an, aber wenn Sie oder jemand anders später zum Code zurückkehren, ist das weniger »boah« und mehr »uh-oh«. Denn Ninja Code kann zwar ein paar wirklich gute Programmierkunststückchen zeigen, aber oft hat er nicht viel mit dem Kern guter Coding-Praktiken zu tun – die Dinge sauber, einfach und verständlich halten.

Trotz alledem ist Ninja Code sehr verbreitet. Das Refaktorieren mit einem KI-gestützten Tool kann aber dabei helfen, den Code klarer zu gestalten. Hier ein Beispiel:

```
console.log((function(n, a = 0, b = 1) { while (--n) [a, b] = [
b, a + b];
return a; })(10));
```

Ist das verständlich? Nun, Sie brauchen vermutlich eine Weile, um zu verstehen, was hier passiert. Lassen Sie ChatGPT stattdessen die Arbeit machen:

> *Prompt: Kannst du diesen Code Schritt für Schritt erklären? Und kannst du ihn vereinfachen, sodass er besser wartbar ist?*

ChatGPT stellt fest, dass das eine Funktion zum Berechnen der *n*-ten Fibonacci-Zahl ist. Dann beschreibt es den Code in vier Schritten und liefert eine vereinfachte Version (siehe Abbildung 8-5):

> *ChatGPT: Hier ist eine vereinfachte und besser wartbare Version des Codes: … Diese vereinfachte Version ist leichter zu lesen, zu verstehen und zu warten.*

javascript   Code kopieren

```javascript
function fibonacci(n) {
    let a = 0, b = 1;

    for (let i = 1; i < n; i++) {
        [a, b] = [b, a + b];
    }

    return a;
}

console.log(fibonacci(10));
```

Abbildung 8-5: ChatGPT hat eine einfachere Version des Ninja Codes erzeugt.

Extrahieren von Methoden

Sie extrahieren Methoden, wenn Sie eine lange Methode oder Funktion haben. Dabei wählen Sie einen Codeabschnitt aus, der sich auf eine bestimmte Aufgabe konzentriert – zum Beispiel das Prüfen der Daten oder eine spezifische Berechnung – und wandeln ihn in eine neue Methode um.

Bei diesem Ansatz geht es nicht nur darum, alles hübsch und aufgeräumt aussehen zu lassen, er hilft Ihnen auch dabei, Ihren Code besser lesbar und verständlicher zu gestalten. Müssen Sie die gleiche Aufgabe erneut erledigen, können Sie Ihre neue Methode aufrufen, statt den Code nochmals zu schreiben. Und wenn es einmal ein Problem gibt, lässt sich dieses leichter eingrenzen, wenn Ihr Code ordentlich in diese fokussierten Abschnitte angenehmer Größe unterteilt ist. Schließlich wollen Sie doch, dass Ihr Leben einfacher wird und Ihr Code sauber und organisiert bleibt.

Hier ein paar Prompts für das Extrahieren von Methoden:

> *Prompt: Gibt es Stolperfallen, die zu vermeiden sind, wenn man Methoden in funktionalen Programmiersprachen extrahiert?*

> *Prompt: Ich habe ein Stück C#-Code angefügt. Kannst du vorschlagen, welche Abschnitte gute Kandidaten für das Refaktorieren durch Extrahieren von Methoden wären?*

> *Prompt: Kannst du meine ursprüngliche Funktion und die refaktorierte Version mit extrahierten Methoden vergleichen? Welche ist effizienter?*

Bedingte Anweisungen zerlegen

Beim Zerlegen bedingter Anweisungen geht es darum, große, unhandliche `if-then-else`-Anweisungen in besser verdauliche Elemente aufzuteilen. Sie kennen so etwas – lange, verdrehte Bedingungen, bei denen Sie mit zusammengekniffenen Augen auf den Bildschirm starren, um herauszufinden, was da genau passiert.

Angenommen, Sie haben eine `if`-Anweisung mit einer komplexen Bedingung, die mehrere Variablen überprüft und vielleicht auch noch andere Funktionen aufruft. Statt jedes Mal zu versuchen, sie zu entziffern, können Sie diese Bedingung auch in eine Methode auslagern, deren Name klar beschreibt, was die Bedingung prüft. So lässt sich beispielsweise eine Bedingung wie `if (user.isActive() && user.hasSubscription() && !user.isBlocked())` in eine Methode mit dem Namen `canUserAccessContent()` refaktorieren. Das macht Ihre Hauptmethode nicht nur sauberer, sondern sorgt auch noch dafür, dass der Code selbsterklärend ist.

Genauso kann der Code innerhalb der `then`- und `else`-Blöcke in eigene Methoden extrahiert werden. So wird der zentrale Ablauf Ihres Programms deutlich lesbarer. Statt sich durch viele Zeilen detaillierter Logik durchkämpfen zu müssen, kann man beim Lesen den Programmfluss nun auf einer höheren Ebene verstehen: Wenn diese Bedingung wahr ist, tue dies, ansonsten jenes. Jeder Teil der Logik lebt in seiner eigenen gut benannten Methode, was das isolierte Testen und Anpassen erleichtert.

Hier ein paar Prompts:

> *Prompt: Kannst du erklären, wie man in Java-Code Bedingungen zerlegt, um sie besser lesen zu können?*

> *Prompt: Wie kann ich komplexe if-then-else-Anweisungen mithilfe der Technik des Zerlegens bedingter Anweisungen aufteilen?*

Umbenennen

Das Umbenennen von Funktionen, Variablen und Klassen mag eine kleine Änderung sein, aber sie kann deutliche Auswirkungen auf die Lesbarkeit und Wartbarkeit von Code haben. Das gilt besonders in Situationen, in denen sich Code mit der Zeit entwickelt hat und die ursprünglichen Namen nicht mehr korrekt beschreiben, was der Code tut. So ist vielleicht eine Methode, die ursprünglich `processData` hieß, mittlerweile spezialisierter. Benennen Sie sie um und geben ihr einen aussagekräftigeren Namen, wie zum Beispiel `filterInvalidEntries`, kann das ihre Funktionalität direkt klarer machen.

Das Schreiben eines Prompts zum Umbenennen ist ziemlich einfach:

> *Prompt: Was wäre ein guter Name für eine Variable, die in meinem SQL-Skript die Gesamtzahl an Usern in einer Datenbank enthält?*

> *Prompt: Dies ist ein Ausschnitt meines JavaScript-Codes. Kannst du dir die Variablen- und Methodennamen anschauen und Verbesserungen vorschlagen?*

> *Prompt: Ich bin nicht sicher, ob die Namen in meiner Java-Klasse klar genug sind. Kannst du bessere Namen vorschlagen?*

Sie müssen aber vorsichtig sein, wenn Sie ein Tool wie zum Beispiel Copilot nutzen. Ändern Sie einen Namen, kann das Teile des Codes lahmlegen, der immer noch den alten Namen nutzt.

Toter Code

Wie der Name schon impliziert, wird toter Code gar nicht mehr genutzt. Es sind vergessene Codezeilen von verworfenen Features oder aus Updates, die Teile redundant werden ließen.

Das Beseitigen toten Codes aus Ihrem Projekt macht alles ordentlicher und besser handhabbar. Zudem ist es für diejenigen, die neu zu Ihrem Projekt hinzukommen, weniger verwirrend. Sie müssen sich nicht mehr den Kopf darüber zerbrechen, warum Dinge da sind, die nichts zu tun scheinen.

Hier ein paar hilfreiche Prompts:

> *Prompt: Kannst du mir dabei helfen, in diesem JavaScript-Ausschnitt potenziell toten Code zu identifizieren?*

> *Prompt: Hier ist ein Teil meines Python-Projekts. Kannst du mich auf Code hinweisen, der anscheinend nicht mehr genutzt wird oder redundant ist?*

Prompt: Kannst du einen Blick auf diese SQL-Prozeduren werfen und bestätigen, ob welche davon sicher gelöscht werden können?

Beachten Sie, dass der Einsatz eines LLM dafür riskant sein kann. Manchmal ist das, was wie eine vergessene, staubige Code-Ecke aussieht, tatsächlich ausgesprochen wichtig für seltene Fälle. Und dann gibt es noch den Domino-Effekt: Das Entfernen eines Stücks Code kann dafür sorgen, dass etwas anderes, das darauf aufbaut, nicht mehr funktioniert – insbesondere wenn es Teil einer komplexen Logik oder eines aufwendigen Setups ist. Seien Sie also vorsichtig.

Ein weiteres Problem besteht darin, dass die generative KI die Beziehungen eventuell nicht wirklich versteht. Bis KI-Systeme noch ausgefeilter werden, ist es daher vielleicht am besten, sie nicht für das Bereinigen toten Codes zu verwenden.

Für den Umgang mit totem Code sind alternative Tools eventuell eine bessere Lösung. Ein Beispiel dafür ist ein Linter. Stellen Sie sich diesen wie die Reinigungskolonne für Ihren Code vor. Arbeiten Sie mit JavaScript, gibt es ESLint. Python-Fans nutzen Pylint, und die Ruby-Leute greifen auf RuboCop zurück. Diese Tools sind Grammatik-Checker für Code. Sie sind sehr gut darin, diese kleinen Syntaxmacken, potenzielle Bugs und natürlich auch die unscheinbaren Codeabschnitte zu finden, die nichts mehr tun.

Dazu gibt es auch noch die Kontrolleure für das große Ganze – die Tools zur statischen Codeanalyse. Zu den bekanntesten gehören SonarQube, Code Climate und Coverity. Diese Tools sind wie Detektive. Sie schnüffeln in Ihrem Code, führen ihn aber nicht aus. Sie erkennen komplizierte Muster, die später für Ärger sorgen können, und sie finden eben auch toten Code.

Funktionen

Funktionen sind das Brot und die Butter des Programmierens. Sie spielen in jeder Art von Softwareprogramm eine sehr große Rolle – egal welche Programmiersprache Sie verwenden. Bei ihnen handelt es sich um Codeblöcke, die für die Übersichtlichkeit und Lesbarkeit Ihres Programms Wunder wirken, weil sie Code einfach wiederverwenden können – ein riesige Hilfe für jeden Entwickler und jede Entwicklerin. Mit ihnen lassen sich große Aufgaben in kleinere, besser handhabbare Stücke unterteilen. Dadurch wird der Umgang mit komplexer Software viel einfacher, insbesondere wenn Sie Bugs beheben, Updates vornehmen oder einfach nur verstehen müssen, was der Code da gerade tut.

Es ist entscheidend, Funktionen von Anfang an ordentlich zu machen. Dabei reicht es nicht, sie überhaupt funktionieren zu lassen, Sie müssen auch sicherstellen, dass sie gut mit dem Rest des Codes zusammenarbeiten. Ihre Funktionen sollen klar, verständlich und effizient sein. Sie müssen darüber nachdenken, wie jede Funktion heißen soll, damit klar ist, was sie tut; Sie müssen sich überlegen, wie Sie sie aufbauen, wie sie mit den ein- und ausgehenden Daten umgeht und was bei einem Schluckauf passiert.

Hier ein paar Richtlinien, die Sie im Hinterkopf behalten sollten:

Denken Sie an das Prinzip der Single Responsibility.
: Ihre Funktionen müssen einen Job richtig gut machen können – das ist aber auch alles. So wird es viel einfacher, herauszufinden, was sie tun, zu prüfen, ob sie das richtig machen, und Fehler zu beheben, wenn sie es nicht tun.

Geben Sie ihnen klare Namen.
: Geben Sie Ihrer Funktion einen Namen, der genau besagt, was sie tut. Wenn der Gesamtpreis berechnet wird, nennen Sie die Funktion `calculateTotalPrice`. So wird Ihr Code besser lesbar.

Halten Sie sie kurz und verständlich.
: Eine gute Faustregel besagt, dass Sie die ganze Funktion auf Ihrem Bildschirm sehen können sollten, ohne scrollen zu müssen. Kurze Funktionen lassen sich besser handhaben, und sie haben im Zweifel auch weniger Bugs.

Parameter sind entscheidend.
: Nutzen Sie Parameter für Eingabewerte und Rückgabewerte für die Ausgabe. Dadurch werden Ihre Funktionen vorhersehbar und autark.

Bleiben Sie konsistent.
: Halten Sie sich an die Coding-Konventionen und Stilrichtlinien Ihrer Sprache oder Ihres Projekts. So bleibt Ihr Code einheitlich und lässt sich von anderen besser lesen.

Behalten Sie diese Tipps im Hinterkopf, können Sie ziemlich effektive Prompts für Funktionen schreiben und ChatGPT zu einer echten Hilfe machen. Schauen Sie sich diese Beispiel-Prompts an:

> *Prompt: Schreibe eine Python-Funktion namens calculate_area, die zwei Integer-Werte length und width als Parameter übernimmt und die Fläche eines Rechtecks zurückgibt. Nimm einen Docstring mit auf, der den Zweck der Funktion erläutert, und stelle sicher, dass die Funktion mit Nicht-Integer-Eingabewerten umgeht, indem sie einen TypeError wirft.*

> *Prompt: Ich brauche eine JavaScript-Funktion namens filterAndTransform. Sie soll ein Array mit Objekten als Eingabeparameter überneh-*

men. Jedes Objekt hat die Eigenschaften name (String) und age (Number). Die Funktion soll ein neues Array zurückgeben, in denen die in Großbuchstaben umgewandelten Namen der Personen enthalten sind, die 18 Jahre oder älter sind. Nimm Kommentare mit auf, die die Logik erklären.

Prompt: Erstelle eine C++-Funktion namens efficientSort, die ein Array mit Integer-Werten in aufsteigender Reihenfolge sortiert. Die Funktion sollte auf zeitliche Komplexität optimiert sein. Bette Kommentare ein, die die Wahl des Sortieralgorithmus und seine zeitliche Komplexität erläutern.

Prompt: Kannst du eine Java-Funktion namens safeDivide erstellen, die zwei double-Parameter numerator und denominator übernimmt und die Division beider Werte zurückgibt? Die Funktion sollte eine Division durch null abhandeln, indem eine eigene Fehlermeldung zurückgegeben wird. Nimm JavaDoc-Kommentare mit auf, die die Funktion und ihre Fehlerbehandlung erläutern.

Objektorientierte Programmierung

Objektorientierte Programmierung oder kurz OOP ist eine Art des Schreibens von Computerprogrammen, bei denen die Idee von »Objekten« zum Einsatz kommt, um Daten und Methoden zu repräsentieren. Stellen Sie sich das Ganze wie ein Haufen kleiner, in sich abgeschlossener Kästen vor, die jeweils eigene Werkzeuge und Informationen mitbringen. Diese Kästen – als *Klassen* bezeichnet – sind Vorlage für das Erstellen unterschiedlicher Objekte. Eine Klasse definiert die Struktur und das Verhalten von Objekten – eben wie eine Vorlage. Aus dieser Klasse können Sie dann individuelle *Objekte* mit jeweils spezifischen Details erstellen, die aber alle die gleiche grundlegende Struktur besitzen.

Wenn Sie erstmalig in die Welt der OOP eintauchen, kann sich das so anfühlen, als wären Sie in einem Labyrinth komplexer Konzepte gelandet – es geht um Abstraktion, Vererbung, Kapselung und Polymorphismus. Es scheint manchmal so, als würden Sie versuchen, eine Alien-Sprache zu lesen.

Hier kann Ihnen ChatGPT als Übersetzer unter die Arme greifen. Es bricht diese komplexen Ideen in kleine, leichter verdauliche Erläuterungen herunter. Sie haben Probleme damit, zu verstehen, was *Kapselung* wirklich bedeutet? Fragen Sie einfach, dann werden Sie eine Antwort erhalten, die tatsächlich sinnvoll ist und nicht nur aus Technik-Jargon besteht.

Hier ein paar Prompts:

> *Prompt: Kannst du eine einfache Klasse in <bevorzugte Programmiersprache> erstellen, die Kapselung demonstriert?*
>
> *Prompt: Gib mir ein paar reale Beispiele für Kapselung beim Programmieren.*
>
> *Prompt: Erkläre Abstraktion in OOP anhand einer Analogie aus dem Alltagsleben.*
>
> *Prompt: Kannst du mir ein Beispiel für Vererbung in einem Programmier-Szenario geben?*
>
> *Prompt: Wie fördert Vererbung das Wiederverwenden von Code in OOP?*
>
> *Prompt: Wie verbessert Polymorphismus die Flexibilität in einem Programm?*
>
> *Prompt: In welchen Szenarien ist Polymorphismus besonders nützlich, und kannst du mir Beispiele dafür geben?*

KI-gestützte Programmiertools können auch dabei helfen, die initiale Struktur von Klassen aufzusetzen. Hier ein paar Beispiel-Prompts:

> *Prompt: Entwirf eine Employee-Klasse mit Eigenschaften wie employeeName, employeeID und department. Implementiere eine Methode, die die Mitarbeiter-Details ausgibt. Nimm auch einen Konstruktor mit auf, um diese Eigenschaften zu setzen.*
>
> *Prompt: Ich benötige eine BankAccount-Klasse in Java. Sie sollte private Eigenschaften wie balance und accountNumber enthalten. Kannst du auch Methoden für deposit(), withdraw() und checkBalance() mit aufnehmen, die diese Eigenschaften sicher verändern beziehungsweise auf sie zugreifen?*
>
> *Prompt: Kannst du mir zeigen, wie ich in C# eine Vehicle-Klasse und dann eine Truck-Klasse erstelle, die von dieser erbt? Stelle sicher, dass Eigenschaften wie wheels und fuelType enthalten sind, und demonstriere den Einsatz der verschiedenen Zugriffsmodifikatoren.*
>
> *Prompt: Wie schreibe ich in C++ eine FileHandler-Klasse, die eine Datei in ihrem Konstruktor öffnet und im Destruktor schließt? Nimm auch die Methoden writeToFile() und readFromFile() mit auf.*

Frameworks und Bibliotheken

Wenn Sie Software entwickeln wollen, ohne Frameworks und Bibliotheken einzusetzen, ist das so, als würden Sie einen schicken Kuchen backen – ohne Rezept und ohne vorgefertigte Zutaten. Es ist möglich, aber viel schwerer, und es dauert auch viel länger. Frameworks und Bibliotheken sind die Geheimzutat, die das Leben in der Entwicklung einfacher machen. Statt das Rad jedes Mal neu zu erfinden, wenn Sie einen Web-Request abfeuern oder ein DOM-Element bearbeiten müssen, greifen Sie einfach auf das zurück, was es schon gibt.

KI-gestützte Programmiertools können auch da helfen. Sie assistieren beim Lernen der grundlegenden Features und Workflows. Außerdem können sie Ihnen sagen, wann es am besten ist, ein Framework oder eine Bibliothek zu nutzen.

Bewahren Sie sich bei deren Hilfe aber immer ein wenig Skepsis. Capilnean sagt dazu:

> *Angesichts der vielen Updates, die React – aber auch andere Frameworks und Bibliotheken – erhält, und der Tatsache, dass wir bestimmte Versionen von Frameworks einsetzen, musste ich diese als System-Prompts an meine ChatGPT-Instanz mitgeben, um meine Ergebnisse zu optimieren. Manchmal lieferte GPT Lösungen, die eher akademisch und nicht produktiv einsetzbar waren, daher tendiere ich dazu, bei komplexeren Themen lieber mit unseren Senior-Entwicklern und -Entwicklerinnen zusammenzuarbeiten. Bei React lasse ich GPT eigentlich nur noch meine Syntax und meine Vorgehensweise beim Verarbeiten eines bestimmten Datentyps prüfen, statt mir tatsächlich ein ganzes Feature bauen zu lassen.*
>
> *Das Gleiche gilt für Node.js. Ich muss unsere internen APIs und Vorgehensweisen bei der Datenbearbeitung berücksichtigen, bevor ich ChatGPT nach einem Codeschnipsel für ein Feature fragen kann. Kann ich die Ausgabe einer unserer Funktionen als Eingabe für das Feature beschreiben, liefert mir ChatGPT im Allgemeinen guten Code. Der gleiche Prozess kommt zum Einsatz, wenn die Ausgabe nicht gut ist oder Fehler liefert. Ich stelle dann das Problem vor und frage nach einem Code-Update, um mich in die richtige Richtung leiten zu lassen.*

Daten

Daten sind unbestritten das Herzblut jeder Anwendung. Sie halten eine App am Leben. So wie Blut Sauerstoff und Nährstoffe transportiert, damit unser Körper funktioniert, fließen Daten durch eine Anwendung und liefern die Informationen und Einblicke, die erforderlich sind, damit die App ihre Magie wirken lassen kann.

Das Erstellen von Beispieldaten kann aber eine echte Qual sein. Angenommen, Sie freuen sich darauf, Ihre schicke, neue App zu testen, brauchen aber erst einen Haufen Daten, um herauszufinden, ob sie tatsächlich in der Realität funktioniert. Sie fangen damit an, Zeile um Zeile an Daten einzutippen – Namen, Daten, Zahlen, was auch immer. Aber es nimmt kein Ende.

Außerdem müssen Sie darauf achten, dass die Daten realistisch genug sind, um valide Tests zu erhalten, aber nicht so detailliert, dass Sie für jeden Eintrag einen Roman schreiben müssen. Und was, wenn Sie einen großen Datensatz benötigen? Vergessen Sie es: Dann hätten Sie einen Marathon aus Kopieren, Einfügen, Anpassen und Überprüfen vor sich.

Ein KI-gestütztes Programmiertool kann hier helfen. Zuerst müssen Sie aber eine Datenbank auswählen und das Schema sowie die Tabellen aufsetzen. Das Tool muss zudem zum Beispiel die Beziehungen zwischen den Tabellen kennen. Sie müssen Konfiguration und Setup vornehmen. Dann endlich kann das Tool loslegen.

Hier ein paar Prompts, die dabei helfen können, Datenbanken zu bewerten:

> *Prompt: Was für Arten von Datenbanken sind am sinnvollsten, um <bestimmte Datentypen oder Funktionen, z. B. Benutzerinteraktionen, Produktverzeichnis usw.> zu verwalten?*

> *Prompt: Welche Datenbank sollte ich für eine App mit <viel/wenig> Traffic mit <Datentyp, z. B. Bilder, Text, Echtzeitdaten> berücksichtigen?*

> *Prompt: Ich habe nur wenig Budget. Kannst du mir eine günstige Datenbanklösung für eine kleine <App-Typ, z. B. lokaler Lieferservice> vorschlagen?*

> *Prompt: Ich kenne mich in der Datenbankverwaltung noch nicht gut aus. Welche Datenbanken sind benutzerfreundlich und lassen sich für einen Einsteiger gut warten?*

Dies sind ein paar Prompts, um Hilfe bei einem Datenbankschema zu erhalten:

Prompt: Kannst du mir dabei helfen, ein einfaches Datenbankschema für <einen Anwendungstyp, z. B. Online-Store, Blog> zu entwerfen? Ich muss wissen, welche Tabellen ich erstellen sollte und wie die wichtigsten Beziehungen zwischen ihnen aussehen.

Prompt: Wie sähe eine effiziente Tabellenstruktur für das Managen von <Datentyp, z. B. Kundenbestellungen, Lagerbestand> in einer relationalen Datenbank aus? Welche Felder und Datentypen sollte ich mit aufnehmen?

Prompt: Wie sollte ich die Beziehungen zwischen Tabellen in einer relationalen Datenbank für eine Anwendung definieren, die mit <Beschreibung der Anwendungsfunktionalität, z. B. Event-Management, Kursbuchung> zu tun hat? Insbesondere brauche ich Hilfe beim Verstehen von Foreign Keys und Join-Tabellen.

Prompt: Ich arbeite an einem Schema für eine relationale Datenbank für <Projektbeschreibung>. Kannst du mir dabei helfen, Primary und Foreign Keys effektiv einzurichten, um die Datenintegrität zu gewährleisten?

Prompt: Welche Normalisierungsstrategie würdest du für eine Datenbank empfehlen, die <Daten- oder Anwendungstyp> verwaltet? Wie kann ich Datenredundanz vermeiden und Datenintegrität sicherstellen?

Prompt: Ich nutze eine NoSQL-Datenbank für <Projekttyp, z. B. Social-Media-App>. Wie sollte ich die Dokumentstrukturen entwerfen, um <bestimmte Datentypen, z. B. User-Profile, Posts, Kommentare> zu speichern?

Prompt: Welche Indexstrategien sollte ich für das Optimieren der Query-Performance berücksichtigen – insbesondere für <Query- oder Aktivitätstyp, z. B. Volltextsuche, häufige Updates>?

Prompt: Ich muss eine bestehende Datenbank in ein neues Schema migrieren. Welche Überlegungen und Schritte beim Redesign der Datenbankstruktur sind am wichtigsten, um die Datenintegrität nicht zu verlieren?

Und hier ein paar Prompts für das Einrichten der initialen Datenbankumgebung:

Prompt: Kannst du Schritt-für-Schritt-Anweisungen für das Installieren <eines bestimmten Datenbankservers, z. B. MySQL, PostgreSQL> auf <einem bestimmten Betriebssystem, z. B. Windows, Linux> angeben?

Prompt: Was sind nach der Installation von <Datenbankname> die wichtigsten Konfigurationseinstellungen, die ich für eine optimale Performance initial umsetzen sollte?

Prompt: Was sind Best Practices für das Absichern eines <Datenbank>-Servers? Ich bin insbesondere an der Benutzerauthentifizierung und dem Schützen kritischer Daten interessiert.

Prompt: Wie kann ich die Performance von <spezifische Datenbank> für eine Anwendung optimieren, die <Natur der Daten und erwartete Last, z. B. große Datensätze, hohes Transaktionsvolumen> verarbeitet?

Schauen wir uns nun an, wie wir mithilfe der KI Beispieldaten erstellen können. Hier ein paar Prompts dazu:

Prompt: Erstelle Demodaten für 100 IDs und E-Mail-Daten und sichere diese in einer CSV-Datei.

Prompt: Erstelle Demodaten für 50 Produkte, die aus Produkt-ID, Name, Preis und Kategorie bestehen.

Prompt: Erstelle einen Demodatensatz mit 150 Bestellungen, die jeweils eine Bestell-ID, eine Kunden-ID, das Bestelldatum und den Gesamtpreis enthalten.

Prompt: Generiere Beispieldaten für 100 Mitarbeiter, die eine Mitarbeiter-ID, vollständige Namen, Abteilung und E-Mail-Adresse enthalten.

Prompt: Erstelle Beispieldaten für das Feedback von 80 Kunden, die eine Feedback-ID, eine Kunden-ID und Kommentare enthalten.

Mit diesen Daten können Sie dann SQL-Anweisungen dafür erstellen. Für die Kundenfeedback-Einträge kann das so aussehen:

Prompt: Erzeuge eine SQL-Insert-Anweisung, um die Feedback-Tabelle mit den Daten zu füllen.

ChatGPT kann ausgesprochen hilfreich sein, wenn es um das nervige Umwandeln von Daten geht. Sind Sie Entwicklerin oder Entwickler, wissen Sie, dass das Umwandeln von Daten zwischen unterschiedlichen Formaten wie XML, SQL, JSON, CSV oder TOML gebräuchlich ist. Aber seien wir ehrlich – das kann ein anstrengender und manchmal fehlerbehafteter Prozess sein. Hier kommt ChatGPT ins Spiel.

Dies sind ein paar Beispiel-Prompts dazu:

Prompt: Dies ist eine CSV-Zeile: `'Monika Mustermann, 35, Berlin'`. *Kannst du sie für mich in ein XML-Format umwandeln?*

Prompt: Ich habe ein JSON-Array, das so aussieht: `[{'name': 'Alice', 'job': 'Entwicklerin'}, {'name': 'Bob', 'job': 'Designer'}]`. *Wie würde ich das in einem SQL-Tabellenformat repräsentieren?*

Prompt: Ich muss diese TOML-Konfiguration umwandeln: `'title = "Mein Projekt" owner = "Sara"'`. *Daraus soll ein YAML-Format werden. Wie wandle ich das um?*

Frontend-Entwicklung

Zur Frontend-Entwicklung gehört es, Websites gut aussehen zu lassen und dafür zu sorgen, dass man ohne Hindernisse auf ihnen navigieren kann. Im Kern kommt HTML zum Einsatz, um die grundlegende Struktur von Webseiten aufzusetzen, CSS, um das Aussehen zu optimieren, und JavaScript für die Interaktivität. Heutzutage kommen bei der Frontend-Entwicklung sehr oft Frameworks wie React oder Vue zum Einsatz. Diese Frameworks bieten Features wie zum Beispiel wiederverwendbare Komponenten und Möglichkeiten, Daten in Echtzeit zu aktualisieren. So können Sie Websites und Apps bauen, die dynamisch und ansprechend sind.

Die Frontend-Entwicklung kann herausfordernd sein, selbst wenn man erfahren ist. Da ist vor allem die unvorhersagbare Natur von Webbrowsern und der User-Interaktion. Sie müssen mit unterschiedlichen Browsern, Geräten, Bildschirmgrößen und Benutzervoreinstellungen klarkommen. Es ist, als würden Sie ein One-Size-Fits-All-T-Shirt herstellen wollen, das bei jedem gut aussehen soll. Und dann verändert sich die Frontend-Welt auch noch sehr schnell. Frameworks werden ziemlich oft aktualisiert.

Darüber hinaus geht es bei der Frontend-Entwicklung nicht nur um Coding, sondern auch viel um eine gute User Experience (UX) und ein ordentliches User-Interface-(UI-)Design. Das sind Fähigkeiten, die sich von denen der meisten Entwicklerinnen und Entwickler unterscheiden. Zum UX- und UI-Design gehört, zu verstehen, wie die Menschen mit Technologie interagieren, was ein Design visuell ansprechend macht und wie ein glatter, logischer Ablauf in einer App oder auf einer Website geschaffen werden kann. Dazu muss man zum Teil Künstler und zum Teil Psychologin sein. Für viele klassische Programmierer und Programmiererinnen, die vielleicht sehr gut mit Algorithmen und Datenstrukturen jonglieren können, kann die Welt der Farben, Layouts und User Journeys ausgesprochen unbekanntes Terrain sein.

Trotz alledem gibt es auch hier Möglichkeiten, sich durch KI-gestützte Programmiertools helfen zu lassen. Ein paar davon schauen wir uns in den nächsten Abschnitten an.

CSS

Das Schreiben von CSS für Websites kann knifflig sein, insbesondere wenn Sie an großen, komplexen Sites arbeiten. Es ist eine Herausforderung, sicherzustellen, dass alles in unterschiedlichen Browsern und auf verschiedenen Geräten gut aussieht. Sie müssen all die seltsamen browserspezifischen Eigenheiten kennen. Man bringt die Dinge leicht durcheinander, weil ein Teil Ihrer Styles anderen Teilen im Weg ist, sodass alles komisch aussieht. Zudem können Sie in klassischem CSS keine Variablen oder Funktionen nutzen, sodass Sie sich im Code sehr oft wiederholen (auch wenn Tools wie SASS und LESS dem entgegenwirken können). Selbst so etwas Einfaches wie ein `<div>` kann zur Qual werden.

Hier ein paar Prompts für häufig anzutreffende CSS-Aufgaben:

> *Prompt: Kannst du mir CSS-Code für eine responsive Navigationsleiste geben, die auf mobilen Geräten zu einem Hamburger-Menü zusammenschrumpft?*
>
> *Prompt: Ich habe Probleme mit einem Flexbox-Layout in CSS, bei dem die Elemente nicht sauber ausgerichtet sind. Hast du eine Idee, was da falsch läuft?*
>
> *Prompt: Ich muss Buttons auf meiner Website mit einem Hover-Effekt versehen. Kannst du mir ein CSS-Beispiel zeigen, in dem sich die Button-Farbe ändert, wenn man über ihn hovert?*
>
> *Prompt: Ich möchte die Homepage meiner Website mit einer Fade-in-Animation versehen. Kannst du mir CSS-Code dafür zeigen?*

Grafiken erzeugen

Das Erstellen professioneller Grafiken für Website oder App erfordert viel Designwissen und Erfahrung in ausgefeilten Tools wie Photoshop. Aber es gibt diverse leistungsfähige generative Text-to-Image-KI-Systeme, die Ihnen beim Erzeugen besonderer Bilder helfen können. Dazu gehören:

- Canva
- Stable Diffusion

- DALL·E 3 (eingebaut in ChatGPT)
- Adobe FireFly
- Midjourney

Mit diesen Systemen können Sie viele Dinge erschaffen, zum Beispiel tolle Bilder, Buttons oder Logos.

Schauen wir uns ein Beispiel an und lassen wir uns von ChatGPT ein Logo erzeugen:

> *Prompt: Ich erstelle für meine Bäckerei mit selbst gebackenen Produkten eine Website mit dem Namen »Schneebesen«. Ich möchte ein Logo haben, das warm und einladend ist. Hauptprodukte sind Kuchen und Kekse, daher könnten die vielleicht im Design mit auftauchen. Ich mag Pastellfarben, insbesondere ein helles Pink und ein Minzgrün. Der Stil sollte einfach und modern sein, aber auch ein bisschen verspielt.*

Abbildung 8-6 zeigt, was ChatGPT geschaffen hat.

Wollen Sie Änderungen an der Ausgabe vornehmen, können Sie weitere Prompts schreiben. Andere KI-Bildtools wie zum Beispiel Firefly bieten mehr Features als ChatGPT zum Designen von Bildern, aber auch ChatGPT kann schon schicke Bilder erzeugen – ohne viel Arbeit.

Abbildung 8-6: ChatGPT hat ein Logo erstellt, nachdem ihm ein paar Wünsche genannt wurden.

KI-Tools

Es gibt eine Reihe ausgezeichneter KI-Tools, die nur mit einem Prompt oder einem Bild, aus dem hervorgeht, wie Ihr Frontend aussehen soll, eine Website für Sie erstellen und sich außerdem um das ganze Coding kümmern. Dazu gehört auch die Kommunikation mit Frameworks wie React, Angular oder Vue. Zudem wird ein KI-Tool im Allgemeinen auch einen Wireframe, zum Beispiel aus Figma, importieren können.

Ist der Code erstellt, können Sie direkt loslegen und noch an den Details drehen. Der Einsatz von KI spart sehr viel Zeit und beschleunigt den ganzen Prozess des Bauens einer Website.

Dies sind ein paar der verfügbaren Tools:

- TeleportHQ
- Anima
- Locofy
- v0 by Vercel

Schauen wir uns v0 by Vercel genauer an. Das Tool ist sehr einfach zu verwenden. Tatsächlich ähnelt die Oberfläche der von ChatGPT, wie Sie in Abbildung 8-7 sehen können.

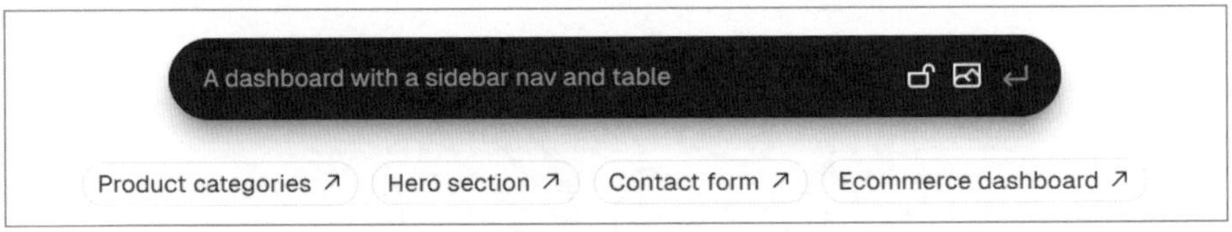

Abbildung 8-7: Dies ist die Oberfläche von v0 by Vercel.

Sie können entweder einen Prompt für die Art von Oberfläche eingeben, die das System erstellen soll, oder ein Bild hochladen. In diesem Beispiel werde ich einen Prompt nutzen:

> *Prompt: Ein E-Commerce-Dashboard mit einer Sidebar-Navigation und einer Tabelle mit den letzten Bestellungen.*

Sie gelangen so zum Designstudio, das Abbildung 8-8 zeigt.

Die KI wird drei Versionen des Dashboards erstellen, und Sie können auch noch weitere erzeugen. Mit einem Prompt können Sie dann Änderungen vornehmen, zum Beispiel an der Textgröße oder an den Farben.

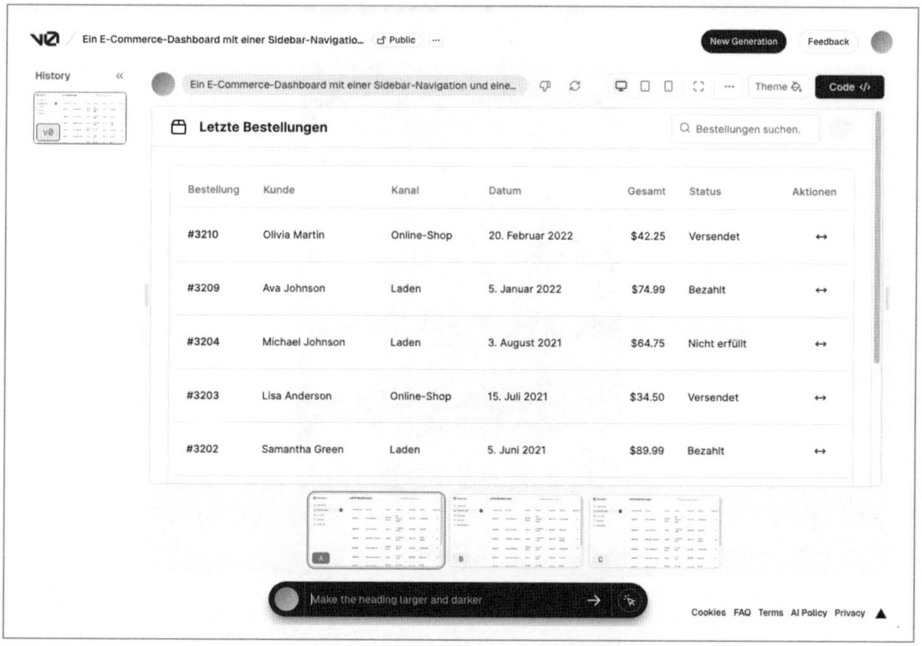

Abbildung 8-8: Das Designstudio, zu dem v0 by Vercel navigiert, wenn Sie einen Prompt eingeben.

Sind Sie fertig, können Sie oben rechts auf *Code* klicken. Sie erhalten dann ein Listing mit sauberem React-Code, der auf shadcn/ui und Tailwind CSS basiert.

Es gibt auch eine Reihe von Open-Source-Systemen, die mit KI Frontends generieren. Schauen Sie sich mal Screenshot to Code (*https://oreil.ly/31Rjd*) an. Hinter dem Projekt steht Abi Raja, CEO und Gründer von Pico. Sein vorheriges Start-up wurde 2013 von Yahoo! übernommen.

Raja verbrachte sechs Monate mit dem Erstellen der initialen Codebasis für Screenshot to Code. »Frontend-Developer konvertieren Designs und Mockups häufig in Code«, sagt Raja. »Ein Großteil dieser Arbeit ist sehr repetitiv. Aber meine Software kann dabei helfen, diesen Prozess zu automatisieren, und erledigt ungefähr 90 % der Aufgaben.«

Aktuell unterstützt Screenshot to Code Exporte nach React, Bootstrap und HTML/Tailwind CSS. Das Projekt hat über 31.000 Sterne bei GitHub.

Mit ChatGPT können Sie ebenfalls ein Bild in Code umwandeln. Stellen Sie sich vor, Sie wollten eine Taschenrechner-App erstellen, die so wie die Version auf dem iPhone aussehen soll. Abbildung 8-9 zeigt das Bild.

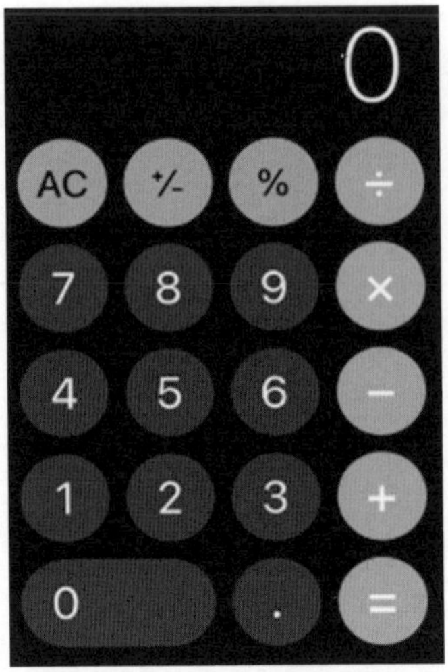

Abbildung 8-9: Sie können ein Bild der iPhone-Rechner-App an ChatGPT übergeben, um sich Code erzeugen zu lassen.

Als Erstes bitten wir ChatGPT, das Bild zu identifizieren, was es korrekt tut. Dann können wir diesen Prompt nutzen:

> *Prompt: Schlage Code für dieses Bild vor.*

Abbildung 8-10 zeigt den Rechner.

ChatGPT hat Code für Python erzeugt. Zugegeben, der Stil ist schon anders, aber gar nicht so schlecht. Wollen Sie, dass das Ganze mehr wie die iPhone-Version aussieht, müssen Sie beim Prompt spezifischer sein – beispielsweise indem Sie ChatGPT anweisen, so etwas wie React zu verwenden.

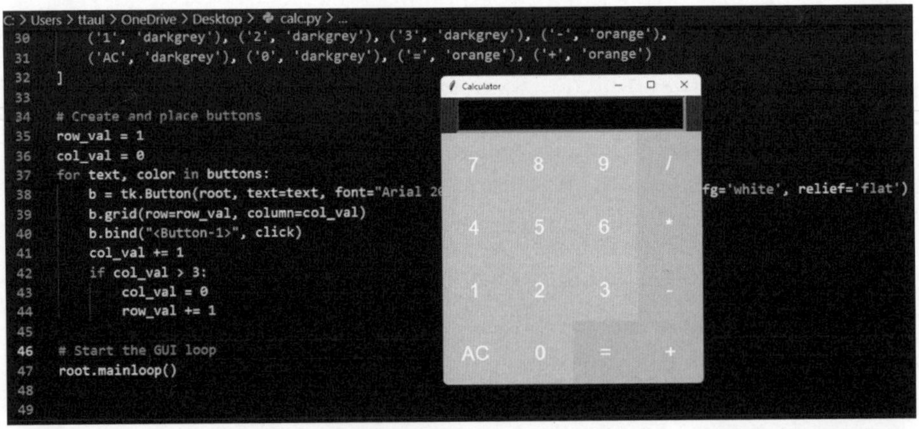

Abbildung 8-10: ChatGPT hat basierend auf einem Bild der iPhone-App von Apple Code für den Rechner erzeugt.

APIs

Es kann ziemlich herausfordernd sein, sich mit einer neuen API vertraut zu machen. Sie müssen sich durch die Dokumentation kämpfen, die sehr kompakt und technisch sein kann. Außerdem hat man nicht immer Glück mit der Doku – manche sind klar und leicht verständlich, andere hingegen ... eher nicht. Man muss sich anmelden und Zugriff bekommen – zum Beispiel über API-Schlüssel oder OAuth-Tokens. Und es kann einen schnell überfordern, sich in die Datenstrukturen einzuarbeiten, die an die API gehen und die Sie von dort wiederbekommen. Schließlich müssen Sie sich auch noch um das Fehlerhandling kümmern und mit Updates oder Änderungen an der API klarkommen.

Zum Glück kann Ihnen ChatGPT bei diesen Herausforderungen ein bisschen unter die Arme greifen.

Nehmen wir dafür ein einfaches Beispiel. Angenommen, Sie wollen eine API nutzen, um Informationen über das Wetter zu erhalten. Sie können ChatGPT nach Vorschlägen fragen:

> *Prompt: Was sind gute Wetter-APIs?*

Eine, die ChatGPT vorschlägt, ist die OpenWeather API. Also fragen wir als Nächstes:

> *Prompt: Wie gestalte ich den Einstieg in die OpenWeather API?*

ChatGPT beschreibt die wichtigsten Schritte.

Nun können Sie darum bitten, gezeigt zu bekommen, wie man einen Request erstellt:

> *Prompt: Wie erzeuge ich einen Request an die OpenWeather API? Wie mache ich das in Python?*

ChatGPT wird den Prozess beschreiben und Details zu diesen Schritten liefern:

- Die requests-Bibliothek importieren.
- Den API-Schlüssel definieren.
- Die API-Request-URL erzeugen und den aktuellen Wetter-Endpunkt nutzen.
- Den Request ausführen und die Response verarbeiten.
- Prüfen, ob der Request erfolgreich war.

Zusammenfassung

In diesem Kapitel haben wir uns mit modularer Programmierung, Funktionen und objektorientierter Programmierung befasst. Zudem haben wir uns angeschaut, wie wir mit KI im Handumdrehen neue Sprachen und Frameworks erlernen können und wie wir sie einsetzen, um effizienter mit Daten zu arbeiten. Dann haben Sie gesehen, wie Sie eindrucksvolle Frontends erstellen.

Es ist aber wichtig, das nochmals zu wiederholen: KI-gestützte Programmiertools sind weit davon entfernt, perfekt zu sein. Darum ist es wichtig, aufmerksam zu sein und alles nochmals zu prüfen.

Debuggen, testen und deployen

In diesem Kapitel geht es um die Teile der Softwareentwicklung, die oft genug vernachlässigt werden: Debuggen, Testen und Deployen. Wir wollen Fehler finden, Dokumentation schreiben, die von den Menschen tatsächlich verstanden wird, und sicherstellen, dass Ihr Code das tut, was er tun soll. Außerdem schauen wir uns an, wie wir Änderungen problemlos mergen können, wie Ihre Software glatt und sicher läuft, wie Sie sich das Feedback Ihrer User zu Herzen nehmen können und sogar wie Sie beim Launchen Ihrer Software einen beeindruckenden Auftritt hinlegen.

Debuggen

Beim Schaffen von Code verbringt man als Entwickler oder Entwicklerin ungefähr 35 % bis 50 % der Zeit mit Debuggen (*https://oreil.ly/vci4A*). Das ist nicht nur ein Zeitfresser, es verbraucht in einem Softwareprojekt auch einen deutlichen Teil des Budgets.

Es gibt zwei besonders häufige Arten von Bugs. Zum einen sind da die *Syntaxfehler*. Diese tauchen auf, wenn sich Ihr Code nicht an die Regeln der Sprachstruktur hält. Es kann einfach ein vergessener Doppelpunkt am Ende einer `for`-Schleife sein. Moderne IDEs wie VS Code sollten viele dieser Arten von Fehler erkennen und beheben.

Zum anderen gibt es *logische Fehler*. Diese sind kniffliger, weil sie dann auftauchen, wenn etwas in Ihrer Logik nicht stimmt. Stellen Sie sich beispielsweise vor, Sie haben ein Programm erstellt, das erwachsene User anhand ihres Alters aus einer Liste herausfiltert – Sie möchten als Ergebnis also eine Liste mit Unter-18-Jährigen. Das einzige Problem besteht darin, dass Ihr Code nicht alle Personen ab 18 Jahren ausschließt, sondern fälschlicherweise alle unter 18 Jahren. Also erhalten Sie eine Liste mit Erwachsenen statt mit Teenagern. Dieses Vertauschen ist ein sehr gutes Beispiel für einen logischen Fehler. Ihr Code tut genau das Gegenteil von dem, was er tun soll. Es kann durchaus knifflig sein, herauszufinden, warum gerade die Unter-18-Jährigen gefunden und herausfiltert werden. Möglicherweise müssen Sie nur kurz etwas bei der Altersabfrage anpassen, es kann aber auch sein, dass Sie die gesamte Logik noch einmal durchdenken müssen.

Unabhängig davon ist ein KI-gestütztes Programmiertool aber eher kein Einstiegspunkt beim Debuggen. Häufig sollten klassische Vorgehensweisen ausreichen. VS Code unterstützt leistungsfähige Debugging-Features, die Probleme erkennen und lösen. Sie können Breakpoints einrichten, um Variableninhalte zu inspizieren, den Code Zeile für Zeile ablaufen lassen und genau sehen, was da gerade passiert. Das ist insbesondere in großen Programmen eine riesige Hilfe.

Manche Bugs können aber natürlich für echtes Stirnrunzeln sorgen. Moderne Software ist oft ein komplexes Puzzle mit vielen Schichten und Teilen, die zusammenarbeiten müssen. Manchmal tritt ein Fehler auf, weil diese Teile auf unerwartete Weise zusammenspielen, und es kann eine große Herausforderung sein, herauszufinden, was da schiefläuft. Und dann ist da noch die Frage der Dokumentation – beziehungsweise deren Fehlen. Wenn Software keine klaren Anweisungen oder Erläuterungen mitbringt, ist es schwer zu verstehen, wie sie funktionieren soll. Das macht es noch schwerer, Fehler zu finden und zu beheben. Ihre Software baut im Allgemeinen auf externe Bibliotheken oder Services – geht da etwas schief, können Sie diese Bugs in Ihrer Software in den Wahnsinn treiben.

Holen Sie sich also wieder KI zu Hilfe. So ist beispielsweise ein Szenario das Entschlüsseln kryptischer oder langer Fehlermeldungen. Dabei kann es sich beispielsweise um Stack Traces handeln – Schnappschüsse dessen, was das Programm gerade getan hat, als es aus der Bahn geriet. Auch erhalten Sie vielleicht detaillierte Informationen über die Interaktionen zwischen den diversen Frameworks und Bibliotheken.

Sie können nun die Fehlermeldung in einen Prompt kopieren und so etwas Einfaches wie das Folgende dazu schreiben:

> *Prompt: Was bedeutet das? {Fehlermeldung}*

Oder stellen Sie sich vor, dass Sie Code haben, in dem ein logischer Fehler versteckt ist. Das Programm tut einfach nicht das, was Sie wollen. In diesem Fall können Sie den Code in den Prompt kopieren und so etwas dazu schreiben:

> *Prompt: Dieses Programm soll es den Usern erlauben, Fotos hochzuladen und diese in einer Galerie anzuzeigen. Aber beim Ausführen erscheinen die Fotos nicht. Worin besteht das Problem am Programm? {Code}*

Wenn ChatGPT das Problem findet, schlägt es oft eine Lösung vor. Wenn nicht, können Sie diese Anweisungen an den Prompt übergeben.

Dokumentation

Dokumentation sorgt dafür, dass nicht alles auseinanderfällt, aber leider fällt sie oft hinten herunter. Wir kennen es alle – das Arbeiten mit Code ohne Dokumentation ist wie ein Herumirren in einem Labyrinth, und es ist ausgesprochen unerfreulich, insbesondere für Neue im Team oder wenn man mal einfach etwas ausprobieren möchte.

Eine gute Dokumentation hilft dabei, Ratespielchen zu vermeiden, und sorgt dafür, dass alle auf dem gleichen Wissensstand sind. Eine Umfrage auf Stack Overflow ergab, dass 68 % der Entwickler und Entwicklerinnen (*https://oreil.ly/tWiy4*) mindestens einmal pro Woche über fehlende oder schlechte Dokumentation stolpern. Und ein GitHub-Report aus dem Jahr 2021 hat gezeigt, dass das Teilen von Informationen in einer Dokumentation dafür sorgen kann, dass Teams bis zu 55 % produktiver werden (*https://oreil.ly/q6QO8*).

Es geht aber nicht nur darum, das Leben in der Entwicklung einfacher zu machen. Gute Dokumentation ist das Rückgrat eines gut laufenden Entwicklungsprozesses. Sie entspricht einer Karte, die Ihnen zeigt, wo Sie sind und worauf Sie zu achten haben. Ohne Dokumentation befinden Sie sich häufig im Blindflug und genau dann kommt es zu teuren Fehlern. Mit ChatGPT können Sie jegliche Art von Dokumentation erstellen, zum Beispiel:

Benutzerhandbücher

- README-Dateien
- API-Dokumentation
- FAQs
- Anleitungen zur Fehlersuche

Wenn Sie Prompts für das Erstellen einer effektiven Dokumentation schreiben, gibt es ein paar Faktoren, die Sie im Hinterkopf behalten sollten:

Kennen Sie Ihr Publikum.
: Denken Sie darüber nach, wer Ihre Doku nutzen wird. Sind es Neulinge, die nach einer Einstiegsanleitung suchen, oder Technikgurus, die sich mit den kleinsten Details befassen wollen – zum Beispiel API-Dokus oder Codefragmenten? Wenn Sie wissen, was von Ihnen erwartet wird, können Sie auch bessere Inhalte erstellen.

Halten Sie es einfach.
: Niemand möchte sich mit Technik-Jargon herumschlagen, für den ein Decoder erforderlich ist. Schreiben Sie klar und auf den Punkt. Wenn Ihre Großeltern den Text nicht verstehen, haben Sie ihn vermutlich noch nicht gut genug geschrieben.

Halten Sie sich an einen Plan.
: Lassen Sie Ihre Dokumente vertraut aussehen. Nutzen Sie den gleichen Stil, die gleichen Kopfzeilen, Fonts ... Konsistenz ist wichtig. Sie ist wie ein guter Rhythmus in einem Lied – es fließt dann einfach besser.

Zeigen statt nur erzählen.
: Die Menschen verstehen Dinge schneller, wenn sie sie in Aktion erleben. Liefern Sie also reale Beispiele oder Szenarien. Schreiben Sie für Programmierer und Programmiererinnen, sind Codebeispiele unbezahlbar. Bei anderen können Screenshots oder Schritt-für-Schritt-Beschreibungen hilfreich sein.

Ein Bild sagt mehr als tausend Worte.
: Manchmal reicht Text einfach nicht aus. Nutzen Sie Diagramme, Screenshots oder sogar Videos, um Ihre Informationen zu vermitteln – insbesondere wenn Sie es mit komplexem Kram zu tun haben.

Das Warum ist genauso wichtig wie das Wie.
: Beschreiben Sie nicht einfach nur die Schritte. Erzählen Sie auch, warum das getan werden muss, was zu tun ist.

Mit all diesen Tipps könnten Sie einen Prompt wie den folgenden verwenden:

> *Prompt: Kannst du mir vorschlagen, wie ich das Konzept der Versionsverwaltung in Git einem nicht technischen Publikum erklären könnte? Ich muss es einfach halten und sollte technischen Jargon vermeiden. Erkläre zudem die Wichtigkeit der Versionsverwaltung und schlage Diagramme oder Bilder vor.*

> ChatGPT kann auch Übersetzungen vornehmen. Das lässt sich sicherlich für Ihre Dokumentation oder andere Inhalte nutzen.

Microsoft hat ein System namens GitHub Copilot for Docs geschaffen, das in der Enterprise-Version zur Verfügung steht. Dabei handelt es sich nicht um ein gewöhnliches Nullachtfünfzehn-Tool für das Durchforsten von Dokumentation. Die Suchergebnisse und Antworten basieren beispielsweise auf dem Coding-Hintergrund und der Erfahrung eines Users. Auch fließen die letzten Updates aus GitHub-Repositories ein. Sie haben sogar die Möglichkeit, private Dokumentationen hinzuzufügen. Im Grunde handelt es sich um eine ausgefeilte Wissensbasis, die Ihre Programmierkünste noch weiter verbessern kann.

Code Review

Betrachten Sie ein Code Review als Probefahrt für Ihren Code, bevor er einen Pull Request für die Codebasis erhält. Sie stellen sicher, dass alles glatt läuft, ineinanderpasst und nicht auf dem Weg kaputtgeht.

Aber bei dem Prozess geht es um mehr als nur darum, nach unschönen Coding-Stellen oder Fehlern zu suchen. Es hilft allen, zusammenzukommen, Ideen hin- und herzuwälzen und voneinander zu lernen. Sie werden unterschiedliche Wege für das Angehen eines Problems kennenlernen und ein besseres Verständnis vom gesamten Projekt bekommen.

Gleichzeitig kann ein Code Review dabei helfen, den Coding-Stil und die Richtlinien einer Organisation sicherzustellen. Und es gibt eine Sicherheitsprüfung. Denn automatisierte Tools können nicht alles erkennen. Manchmal braucht es einen Menschen, um diese hinterhältigen Sicherheitsrisiken aufzudecken.

Aber ChatGPT kann Teil dieses Prozesses sein. Hier ein Beispiel-Prompt:

> *Prompt: Schreibe ein Code Review für den folgenden Code. Konzentriere dich auf die Wartbarkeit des Codes, auf mögliche Sicherheitspro bleme und auf Performance-Flaschenhälse. {Code}*

Ich habe ChatGPT mal eine bewusst schlecht geschriebene Funktion übergeben, und es hat hat ein ziemlich gutes Review abgeliefert. Dabei wurde eine Reihe von verbesserungswürdigen Bereichen vorgeschlagen, zum Beispiel dass die Funktion davon profitieren würde, keine hartcodierte Datenbankverbindung zu haben. ChatGPT hat zudem das Potenzial für eine SQL Injection erkannt, weil die User-ID in der SQL-Abfrage verkettet wurde, ohne die Benutzereingaben zu überprüfen. Und es wurde ein Performanceproblem beim Erstellen des SQL entdeckt.

Unit Tests

Unit Tests sind so etwas wie Mini-Überprüfungen von Teilen Ihres Codes, zum Beispiel von ein paar Funktionen oder Methoden. Beim Entwickeln nutzt man das oft, um sich selbst mit coolen Tools wie JUnit für Java, NUnit für .NET oder pytest für Python zu kontrollieren. Diese Tools helfen Ihnen dabei, Tests zu schreiben, sie auszuführen und die Ergebnisse zu präsentieren. Meist arbeiten sie gut mit anderen Softwaretools zusammen, die Sie einsetzen.

Das Durchführen von Unit Tests ist hilfreich, weil Ihre Software dadurch besser wird, es weniger unerfreuliche Bugs gibt und man Probleme später besser beheben kann. Jeder Test konzentriert sich auf nur eine Sache – geht etwas schief, wissen Sie genau, wo Sie hinschauen müssen. Diese Tests sind im Allgemeinen automatisiert, sodass sie schnell und häufig ausgeführt werden können. Das ist wichtig, um alles funktionierend und aktuell zu halten.

Unit Tests lassen sich im Allgemeinen einfach schreiben. Da sie sich auf kleine Teile des Codes konzentrieren, sollten sie nicht allzu kompliziert sein. Zudem sind sie wie ein Leitfaden zu Ihrer Software. Durch das Anschauen von Unit Tests können andere Entwicklerinnen und Entwickler erkennen, wie bestimmte Teile funktionieren sollen. Ändern Sie Ihren Code, stellen Unit Tests sicher, dass Sie nichts durcheinandergebracht haben, was vorher noch lief.

Schauen wir uns ein Beispiel an. Angenommen, Sie haben ein Rechenprogramm für Trinkgelder erstellt:

```
def tip_calculator(bill_amount, tip_percentage):
    tip_amount = bill_amount * (tip_percentage / 100)
    total_amount = bill_amount + tip_amount
    return total_amount

bill_amount = float(input("Rechnungsbetrag eingeben: "))
tip_percentage =
 float(input("Trinkgeld in % eingeben (z.B., 20 für 20%): "))
total_amount = tip_calculator(bill_amount, tip_percentage)
print(f"Gesamtsumme mit Trinkgeld: {total_amount:.2f}")
```

Es gibt hier eine Funktion, die den Gesamtbetrag inklusive Trinkgeld berechnet und dafür die zwei Parameter `bill_amount` und `tip_percentage` übernimmt. Die Funktion ermittelt dann den Wert für `total_amount`.

Bei einem solchen Code prüfen Unit Tests alle möglichen Szenarien. Sie können beispielsweise dabei helfen, zu überprüfen, ob die Funktion die Gesamtsumme einschließlich des Trinkgelds für verschiedenste Eingabewerte korrekt berechnet. Das ist wichtig, weil selbst ein kleiner Fehler zu signifikanten Unterschieden führen kann. Unit Tests können typische Anwendungsfälle abdecken, wie zum Beispiel Rechnungsbeträge und Trinkgeldanteile im üblichen Bereich, aber auch Randfälle mit einer Rechnungssumme gleich null oder im negativen Bereich oder mit ausgesprochen hohen Prozentwerten. Zudem helfen sie dabei, sicherzustellen, dass die Funktion gut mit komischen Eingabewerten umgeht, wie zum Beispiel mit nicht numerischen oder Nullwerten.

Hier ein Beispiel-Prompt:

> *Prompt: Schlage für dieses Programm Unit Tests vor, die prüfen, ob die Gesamtsumme korrekt berechnet wird, sowie typische und Randfälle kontrollieren (wie zum Beispiel Rechnungsbeträge gleich null oder negative Beträge). Prüfe auch auf ungültige Eingabewerte.*

Abbildung 9-1 zeigt den Code, den ChatGPT für die Unit Tests erzeugt hat. Dabei kommt das Testframework unittest zum Einsatz. ChatGPT zeigt auch, wie Tests aufgesetzt, entwickelt und ausgeführt werden.

python   Copy code

```python
import unittest

def tip_calculator(bill_amount, tip_percentage):
    tip_amount = bill_amount * (tip_percentage / 100)
    total_amount = bill_amount + tip_amount
    return total_amount

class TestTipCalculator(unittest.TestCase):

    def test_typical_case(self):
        self.assertAlmostEqual(tip_calculator(100, 15), 115.00, places=2)
        self.assertAlmostEqual(tip_calculator(200, 10), 220.00, places=2)

    def test_zero_bill_amount(self):
        self.assertAlmostEqual(tip_calculator(0, 15), 0.00, places=2)

    def test_zero_tip_percentage(self):
        self.assertAlmostEqual(tip_calculator(100, 0), 100.00, places=2)

    def test_negative_bill_amount(self):
        self.assertAlmostEqual(tip_calculator(-100, 15), -115.00, places=2)

    def test_negative_tip_percentage(self):
        self.assertAlmostEqual(tip_calculator(100, -15), 85.00, places=2)

    def test_negative_bill_and_tip_percentage(self):
        self.assertAlmostEqual(tip_calculator(-100, -15), -85.00, places=2)

    def test_non_numeric_input(self):
        with self.assertRaises(TypeError):
            tip_calculator("hundert", 15)
        with self.assertRaises(TypeError):
            tip_calculator(100, "fünfzehn")

    def test_none_input(self):
        with self.assertRaises(TypeError):
            tip_calculator(None, 15)
        with self.assertRaises(TypeError):
            tip_calculator(100, None)

if __name__ == '__main__':
    unittest.main()
```

Abbildung 9-1: ChatGPT hat Code für Unit Tests zu einem Trinkgeldrechner erstellt.

Haben Sie schon eine Datei mit Unit Tests, können Sie diese bewerten lassen. Hier ein Prompt:

> *Prompt: Dies ist die Datei für Unit Tests für ein Programm, das <Erläuterung oder Verweis auf den Code> tut. Sollte ich noch andere Tests nutzen? Was fehlt hier?*

ChatGPT oder ein KI-gestütztes Programmiertool können beim Erstellen dieser Tests zwar helfen, aber sie sind bei Weitem nicht fehlerfrei. Bei komplexeren Use Cases oder größeren Codebasen können die Ergebnisse auch einmal wenig hilfreich sein.

David Lee, Gründer, Senior Engineer und AWS-zertifizierter Solutions Architect, sagt dazu:

> *Wenn bei Tests allerdings echte Datenbankinteraktionen und Docker zum Einsatz kommen, ändert sich die Dynamik deutlich. Es wird dann so kompliziert, dass ChatGPT 4.0 eventuell nur bis zu einem gewissen Grad mithalten kann und Sie wahrscheinlich zunächst ein paar Tests per Hand schreiben müssen – insbesondere den Teil mit der Datenbankverbindung. So kann es lernen, wie andere Tests zu schreiben sind.*

Pull Requests

Ein *Pull Request* oder kurz PR ist in der Coding-Welt wie eine goldene Eintrittskarte, insbesondere wenn Sie mit anderen zusammenarbeiten. Sie verpacken Ihren Code, befördern ihn auf GitHub, GitLab oder Ähnliches und verschicken einen PR. Das ist aber nicht einfach die Anfrage »Bitte fügt meinen Code hinzu«, Ihre Teammitglieder werden auch dazu angespornt, sich anzuschauen, was Sie getan haben, um ihr Okay zu geben – oder vielleicht auf Verbesserungsmöglichkeiten hinzuweisen. Es geht darum, sicherzustellen, dass der Code, der sich mit dem Rest des Projekts verbinden soll, so gut wie möglich ist. Zudem sind PRs eine schicke Möglichkeit, nachverfolgen zu können, wer was wann getan hat, was bei großen Projekten auf jeden Fall nützlich sein kann.

Es ist ausgesprochen hilfreich, eine gute PR-Beschreibung zu erstellen. Darin sollten das Was, das Warum und das Wie Ihrer Änderungen zu finden sein. Beginnen Sie mit einer kurzen Beschreibung des Problems, das Sie angehen. Dann erläutern Sie, wie das durch Ihre Änderungen behoben wird. Vergessen Sie dabei die Details nicht – zum Beispiel welche Dateien angepasst oder welche Tests ausgeführt wurden. Gibt es etwas Spezifisches, bei dem Sie unsicher sind oder für das Sie eine zweite Meinung bräuchten, vergessen Sie das auch nicht.

Eine effektive PR-Beschreibung ist die perfekte Unterstützung für Ihre Reviewer. Sie beschleunigt den gesamten Prozess und sorgt dafür, dass alle den gleichen Wissensstand haben. Zudem sind detaillierte PR-Beschreibungen wie eine Schatztruhe für die Zukunft.

Und ja, ChatGPT kann Sie beim Erstellen solcher PR-Beschreibungen unterstützen. Sie brauchen einen Entwurf als Starthilfe? Erzählen Sie ChatGPT, was Sie getan haben. Es wird Sie darin unterstützen, das Ganze strukturiert und klar auf den Punkt zu bringen. Haben Sie schon eine Beschreibung geschrieben, kann ChatGPT diese auf Klarheit und grammatikalische Korrektheit überprüfen und Vorschläge machen, wie es noch besser geht. ChatGPT kann Ihnen auch dabei helfen, die beste Vorgehensweise für das Beschreiben Ihres PR zu finden – zum Beispiel einen Beginn mit einer Zusammenfassung, gefolgt von den Details. Und wenn es technische Dinge gibt, die vereinfacht werden müssen, unterstützt es Sie dabei, den PR für den Rest Ihres Teams besser verständlich zu machen.

Schauen wir uns ein paar hilfreiche Prompts an:

> *Prompt: Ich habe einen neuen Suchfilter in die Anwendung eingebaut, der Ergebnisse basierend auf Benutzereingaben filtert. Kannst du mir dabei helfen, eine PR-Beschreibung dafür zu schreiben?*
>
> *Prompt: Ich habe einen Bug gefixt, bei dem die App abstürzte, wenn ein User bestimmte Sonderzeichen ins Textfeld eingab. Wie sollte ich das in einem PR beschreiben?*
>
> *Prompt: Ich habe das Authentifizierungsmodul refaktoriert, um die Performance und Lesbarkeit zu verbessern. Was sollte ich in die PR-Beschreibung mit aufnehmen?*
>
> *Prompt: Ich habe die Benutzeroberfläche so angepasst, dass die Navigation intuitiver ist. Zudem habe ich neue Icons hinzugefügt. Kannst du mir dabei helfen, eine PR-Beschreibung zu entwerfen?*
>
> *Prompt: Wie kann ich das in einer PR-Beschreibung gut formulieren?*
>
> *Prompt: Ich habe einen neuen Unit Test für das Modul zum Payment Handling hinzugefügt. Kannst du mir dabei helfen, eine PR-Beschreibung zu erstellen, die diese Änderungen erklärt?*
>
> *Prompt: Ich habe Merge-Konflikte aufgelöst, die aufgrund von kürzlichen Änderungen im Main Branch entstanden sind. Was sollte ich in der PR-Beschreibung dazu schreiben?*

Denken Sie daran, dass Microsoft in Copilot ein Feature *Generated Commit Message* hinzugefügt hat, das das Erstellen von PR-Beschreibungen erlaubt. Um es nutzen zu können, brauchen Sie eine Verbindung zum Repository auf GitHub. Dann klicken Sie einfach auf den Glitzerbutton (siehe das linke Panel in Abbildung 9-2).

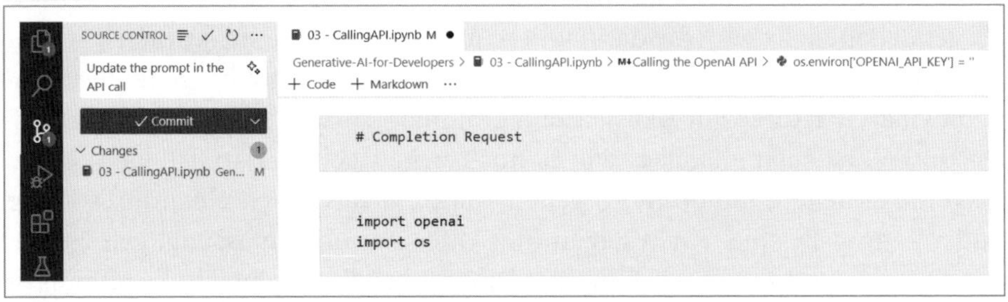

Abbildung 9-2: Copilot kann basierend auf dem Repository, das in Ihr Projekt geladen wurde, PR-Beschreibungen erstellen.

Copilot wird dann eine nützliche PR-Beschreibung erzeugen.

Es gibt außerdem eine Reihe von Start-ups, die basierend auf LLM-Technologien ihre eigenen Systeme erstellen. Eines heißt What The Diff (*https://oreil.ly/LrilB*). Sebastian Schlein, Mitbegründer und CEO der Firma, sagt dazu:

> *Es gibt zwei zentrale Features bei What The Diff: 1) Pull Requests lassen sich einfacher reviewen, indem sie in normaler Sprache zusammengefasst werden und indem Reviewern ein leicht verständlicher Überblick über die Änderungen im PR geliefert wird. 2) WTD kann auch nicht technische Zusammenfassungen schreiben, die dann an andere Stakeholder ohne GitHub-Zugriff gesendet werden, wie zum Beispiel Produktmanager. So können sie leichter herausfinden, ob die Änderung im Pull Request tatsächlich zu ihren Spezifikationen passt.*

Deployment

Sie haben ausgiebig an Ihrer Software gefeilt, und jetzt ist die Zeit gekommen – der große Launch. Ein spannender Moment. Sie werden echte Menschen Ihre Software nutzen sehen, die Ihnen erzählen, was gut ist und was die eine oder andere Anpassung gebrauchen könnte. Diese Art von Feedback ist für die Entwicklung unbezahlbar.

Wenn Sie für das Verkaufen Ihrer Software verantwortlich sind, ist das der Moment, auf den Sie gewartet haben – wenn es echte Umsätze gibt. Ein richtig guter Launch ist für Ihr Bankkonto eine sehr feine Sache.

Aber seien wir ehrlich: Beim Deployen von Software hält man oft den Atem an und hofft auf das Beste. Es gibt immer dieses nagende Gefühl, dass etwas nicht wie geplant verlaufen wird.

Sie kennen das, wenn in der Testumgebung alles wunderbar lief, es aber in der realen Welt ziemlich holpert? Es kann andere Hardware sein, irgendwelche wilden Netzwerksysteme oder einfach nur komische Einstellungen, die alles durcheinanderbringen.

Sicherheit ist ein weiteres großes Thema. Sind Sie erst einmal live, müssen Sie auf der Hut sein, die bösen Jungs im Auge behalten und es mit dem Datenschutz sehr genau nehmen.

Außerdem muss Ihre Software robust genug sein, um mit dem Ansturm klarzukommen. Alles soll weiterhin schnell und glatt laufen – egal wie viele Menschen mit der Software arbeiten oder wie groß Ihre Firma wird.

Und dann ist da noch die ganze CI/CD-Sache. Dabei geht es darum, die Deployments glatt und automatisiert ablaufen zu lassen, um Fehler auszumerzen. Das klingt großartig, aber es ist ein ganz schöner Aufwand, alles zum Laufen zu bringen – und am Laufen zu halten.

Was sollten Sie also tun? Auf jeden Fall auf ChatGPT zurückgreifen. Die folgenden Prompts können Ihnen als Inspiration dienen:

> *Prompt: Kannst du mir beim Erstellen einer Deployment-Checkliste helfen, an der sich mein Team orientieren kann?*

> *Prompt: Was sind gute Lernressourcen für den Einstieg in Docker, um damit zu deployen?*

> *Prompt: Kannst du mir Best Practices für ein Zero-Downtime-Deployment in einer Webanwendung nennen?*

> *Prompt: Ich bin während des Deployens auf einen »Server Timeout«-Fehler gestoßen. Was sind die häufigsten Ursachen dafür, und wie löst man sie?*

> *Prompt: Kannst du mir dabei helfen, ein Bash-Skript zu schreiben, um das Deployen meiner Python-Web-App zu automatisieren?*

> *Prompt: Was sind die wichtigsten Konfigurationseinstellungen, die ich prüfen sollte, bevor ich eine App in eine Produktivumgebung deploye?*

> *Prompt: Wie plane ich eine Rollback-Strategie für ein fehlgeschlagenes Deployment in einer Cloud-Umgebung?*

Prompt: Welche Sicherheitsmaßnahmen sollte ich für das Deployen einer Finanzanwendung berücksichtigen?

Prompt: Wie kann ich die Performance einer deployten Node.js-Anwendung optimieren?

ChatGPT ist zwar nicht perfekt, aber es kann in komplexen DevOps-Situationen trotzdem hilfreich sein. Dies sind ein paar Überlegungen von Titus Capilnean, Mitbegründer und Chief Product Officer von Private Market Labs:

> *Mit Cloud-Logs lässt sich nur schwer arbeiten, insbesondere wenn ich kein DevOps-Engineer bin. Aber wir müssen damit klarkommen, wenn wir regelmäßig Prozesse auf AWS oder Google Cloud laufen lassen.*
>
> *Ich musste einmal das Tracking für einen SQS+Lambda-Prozess aufsetzen, der auf der Ausgabe eines umfangreichen Funktions-Deployments basierte. Meine Funktion gab im Prinzip einen Status in den Logs aus, und ich hatte geplant, diesen Status zum Generieren eines Reports zu diesem Prozess zu verwenden – in unserem Fall für einen Liveness-Check. Also habe ich ChatGPT gebeten, mir ein AWS CloudWatch Query Script zu liefern, das ich dann so angepasst habe, dass ich es am Ende jedes Prozesses laufen lassen konnte, um meine Ergebnisse zu erhalten. Hätte ich mir die Dokumentation für diese Aufgabe im Detail durchgelesen, hätte das vermutlich fünf bis sechs Stunden gedauert – so habe ich viel Zeit gespart, indem ich auf GPT zurückgegriffen habe.*
>
> *Genauso musste ich Alerts in Google Cloud aufsetzen. Zusammen mit ChatGPT habe ich eine Query erstellt, die Fehler auf Systemebene ausschloss, für die wir nicht verantwortlich waren und die auch keine Auswirkungen auf die User hatten. Ich habe so viel Zeit gespart, und ich erhielt die gewünschte Metrik, mit der ich ein nützliches Alert-System für unser Team einrichten konnte.*

User-Feedback

User-Feedback ist für eine erfolgreiche Software von entscheidender Bedeutung. Wenn Ihre User sehen, dass Sie ausgehend von deren Ideen Anpassungen vornehmen, werden sie der Software vermutlich noch mehr zugeneigt sein. Es ist klüger, die Falten in der App frühzeitig mithilfe der User auszubügeln, als später eine größere Unordnung beseitigen zu müssen, wenn viele (zunehmend unglücklichere) Menschen Ihre App nutzen.

Selbst mit noch so vielen Tests schlüpfen Bugs durch, die sich oft erst zeigen, wenn Ihre Software real eingesetzt wird. Ihre User sind wie Ihre eigenen Privatdetektive – sie finden Dinge, die Ihnen durch die Lappen gegangen sind.

Manchmal werden die Menschen mit Ihrer Software auch richtig kreativ und setzen sie auf eine Art und Weise ein, die Sie sich niemals hätten vorstellen können. Deren wildeste Ideen können Ausgangspunkt für neue Features oder sogar ganz neue Produkte sein.

Es gibt natürlich sehr viele Werkzeuge für einen guten Kundenservice. Dazu gehören Zendesk, Freshdesk, Drift oder Salesforce. Diese Tools helfen bei vielen Aspekten, zum Beispiel durch Live-Chats, bei denen Sie in Echtzeit mit Usern reden können, oder durch Feedback-Formulare, die Einblicke in die Gedanken Ihrer User ermöglichen. Automatisierte Ticketing-Systeme sorgen dafür, dass man Kundenprobleme im Auge behalten kann und sicherstellt, dass einem nichts durchrutscht. Und vergessen Sie nicht die Customer-Relationship-Management-(CRM-)Systeme, die die gesamte Kundeninteraktion an einem Ort zusammenführen. Diese Tools können für das Bereitstellen eines effizienten und reaktionsschnellen Kundenservice von großer Hilfe sein.

Generative KI kann da definitiv einen wertvollen Beitrag leisten. Gerade beim Verarbeiten großer Mengen unstrukturierter Daten (wie User-Feedback) ist sie sehr gut.

Stellen Sie sich beispielsweise vor, Sie hätten eine Datei mit vielen E-Mails, IMs und Texten aus Kontaktformularen von Usern. Dann können Sie in ChatGPT diesen Prompt nutzen:

> *Prompt: Ermittle die häufigsten Themen und Kategorien, wie zum Beispiel Usability, Performance, Features, Bugs und Kundenservice. Führe für diese Datei zudem eine Sentiment-Analyse durch. Hilf dabei, abhängig von der Häufigkeit und der Schwere von erwähnten Problemen, zu priorisieren, welche Bugs zuerst gefixt oder welche Features hinzugefügt werden sollten. Erstelle aus all dem einen Report mit Diagrammen.*

ChatGPT kann auch bei der Kommunikation helfen. Haben Sie mit Kundenfeedback zu tun, kann es Sie dabei unterstützen, bessere Rückmeldungen zu schreiben, zum Beispiel durch das Erstellen von Vorlagen für Antworten auf häufige Fragen. So treffen Sie immer das Thema und antworten professionell, wenn Sie mit Usern, Kundinnen und Kunden chatten.

Oder Sie nutzen ChatGPT für personalisierte Antworten. Sie können die E-Mail einer Nutzerin oder eines Nutzers in ChatGPT kopieren und einen Prompt wie den folgenden verwenden:

Prompt: Schreibe eine Antwort auf die User-E-Mail in einem ruhigen und verständnisvollen Ton. Stelle sicher, dass die Antwort freundlich ist und dabei hilft, Bedenken auszuräumen, ohne die Situation zu eskalieren. {E-Mail}

In manchen Situationen können Sie Ihre eigene LLM-basierte Anwendung erstellen, um mit User-Feedback umzugehen. Das hat Warp getan. Ein Entwickler hat weniger als eine Woche gebraucht – in Teilzeit –, um die App zu erstellen. Sie entstand mithilfe der OpenAI-API.

»Die App hilft uns sehr«, sagt Noah Zweben, Produktmanager bei Warp. »Zuvor war es schwierig, das eintreffende Feedback zu kategorisieren und zu priorisieren. Die generative KI kann das aber ausgesprochen gut.«

Der Launch

Viele Jahre bevor ChatGPT die Bühne betrat, hat sich generative KI schon bei wichtigen Aktivitäten wie Vertrieb und Marketing einen Namen gemacht. Vorreiter war Jasper, eine KI-Plattform, die Unternehmen bei der Erstellung von Marketinginhalten wie Blogartikeln, Social-Media-Posts oder Texten für Websites unterstützt. Die Firma wuchs mit atemberaubender Geschwindigkeit. Für diese Art von Texten ist die generative KI ideal: Sie ermöglicht es, in kürzester Zeit griffige und kreative Inhalte zu erstellen.

Aber Sie brauchen Jasper nicht für das Launchen Ihrer Software. ChatGPT sollte genauso gut funktionieren. Zunächst können Sie sich damit den perfekten Marketingplan schmieden lassen. Hier ein Beispiel-Prompt:

Prompt: Du hast eine App geschrieben, die Leuten dabei hilft, einen gesunden Essensplan zu erstellen. Sie erzeugt basierend auf Ernährungspräferenzen, Gesundheitszielen und Nährstoffanforderungen eigene Essenspläne. Außerdem kann sie Einkaufslisten erstellen, Rezeptvorschläge machen und die Nährstoffaufnahme erfassen. Schreibe für diese App einen Marketing-Plan. Die Firma ist ein Start-up in einem frühen Stadium mit wenig Ressourcen für ein Marketing-Budget.

ChatGPT schlägt zuerst vor, dass Sie Ihr Zielpublikum identifizieren. Die wichtigsten User sind »Gesundheitsbewusste Einzelpersonen und Familien, Fitness-Enthusiasten, Personen mit speziellen Ernährungsbedürfnissen (z.B. Diabetiker, Allergiker, Vegetarier/Veganer) sowie Berufstätige, die wenig Zeit haben, aber gesund essen möchten«. Dann wird eine Reihe von Strategien vorgestellt, wie zum Beispiel Content-Marketing, der Einsatz sozialer Medien, Community Building und Partnerschaften.

Dies sind weitere hilfreiche ChatGPT-Prompts:

> *Prompt: Schreibe eine ansprechende Einleitung für einen Blogpost, die den Launch der neuen Gesundheitsplaner-App ankündigt und dabei auf ihre besonderen Features und Vorteile hinweist.*
>
> *Prompt: Entwerfe eine Reihe von Social-Media-Posts, die unsere neue Gesundheitsplaner-App ankündigen und sich dabei auf ihre Benutzerfreundlichkeit und die Unterstützung beim Erreichen von Gesundheitszielen konzentrieren.*
>
> *Prompt: Erstelle eine E-Mail zum Ankündigen unserer Gesundheitsplaner-App, wobei ihre Fähigkeit zum Verfolgen und Verbessern der Gesundheitsroutinen der User hervorgehoben wird.*
>
> *Prompt: Schreibe eine überzeugende Sales-E-Mail für Fitness-Trainer und Gesundheits-Coaches, die unsere Gesundheitsplaner-App als Tool für ihre Kundinnen und Kunden anpreist.*
>
> *Prompt: Generiere eine Liste ansprechender und passender Namen für eine neue Gesundheitsplaner-App, die einen Sinn für Wellness und Organisation vermittelt.*
>
> *Prompt: Entwickle eine Anzeige für Facebook und Instagram, die unsere Gesundheitsplaner-App bewirbt und dabei ihre einfache Anwendung und die Personalisierungsmöglichkeiten hervorhebt.*
>
> *Prompt: Erstelle eine Vorlage, mit der Erfahrungsberichte von frühen Usern unserer Gesundheitsplaner-App angefragt werden, um diese dann in Marketing-Materialien einsetzen zu können.*
>
> *Prompt: Erstelle eine Einladung für ein virtuelles Launch-Event für unsere Gesundheitsplaner-App, die die Agenda und besondere Gäste aufführt.*

Zusammenfassung

In diesem Kapitel haben Sie einen Blick hinter die Kulissen der Elemente der Softwareentwicklung geworfen, die nicht immer im Rampenlicht stehen. Sicher, das Erstellen neuer Software ist toll, aber eigentlich entscheiden die weniger beeindruckenden Aufgaben wie Debuggen, Testen und Dokumentieren, ob Ihre Anwendung gut oder schlecht wird. Wir haben darüber gesprochen, wie KI-Tools wie ChatGPT diese Aufgaben deutlich erleichtern können. Diese KI-Kumpel sind keine Superhelden, aber sie sind ziemlich gut darin, große Datenmengen zu durchstöbern, Ratschläge zu erteilen, Inhalte zu erzeugen, Probleme zu finden und den ganzen Prozess zu beschleunigen. Das sorgt dafür, dass sich Entwickler und Entwicklerinnen auf die wirklich kniffligen Dinge konzentrieren können. Indem Sie in jedem Schritt, vom Finden von Bugs bis zum Launchen der Software, generative KI und pfiffige Strategien einsetzen, können Sie bessere Software bauen, die die Bedürfnisse der User auch wirklich erfüllt – und dabei auch noch Zeit sparen.

KAPITEL 10
Schlussfolgerungen

In diesem Kapitel wollen wir die wichtigsten Ideen noch einmal zusammenfassen, die Sie aus diesem Buch mitnehmen sollten.

Die Lernkurve ist steil

KI-gestützte Programmierung ist zwar eine spannende Technologie an der Grenze des aktuell Möglichen, aber sie besitzt auch eine deutliche Lernkurve, die selbst für erfahrene Entwicklerinnen und Entwickler eine Herausforderung darstellen kann. Diese wird auch noch durch die schnellen Fortschritte in der Tech-Branche durch immer neue Innovationen und Entwicklungen verstärkt. Wenn man da Schritt halten will, kann das ganz schön anstrengend sein – so als würde man einen Hochgeschwindigkeitszug zu Fuß einholen wollen.

Eine der zentralen Herausforderungen liegt im Erarbeiten der Nuancen beim Umgang mit Large Language Models, die deutlich komplexer und unvorhersagbarer als klassische Programmiermethoden sind. Sind Sie beim Entwickeln an konventionelles Programmieren gewöhnt, folgen Sie im Allgemeinen auch einem linearen Prozess, in dem sich der Code vorhersagbar und genau wie geschrieben verhält. Bei KI-Modellen gibt es aber eine gewisse Menge an Unvorhersagbarkeit und Autonomie, die gleichzeitig verwirrend und beeindruckend sein kann. Die Modelle reagieren auf Coding-Anfragen oft auf eine Art und Weise, die für menschliche Programmierer und Programmiererinnen nicht unbedingt intuitiv ist.

Diese Veränderung erfordert, dass man beim Programmieren eine andere Mentalität entwickelt. Man muss lernen, die oft unerwarteten Ausgaben von KI-Modellen anzunehmen und zu interpretieren – dieses Entfernen von geradlinigen, logischen Prozessen, die man bisher gewohnt war, mag zu Beginn unbequem sein.

Es gibt große Vorteile

Wenn Sie beim klassischen Programmieren auf ein Problem stoßen, müssen Sie im Allgemeinen alles stoppen und sich auf eine wilde Hatz durch Stack Overflow begeben, Tonnen von Dokumentation durchstöbern oder bei Google suchen. Aber KI-gestützte Programmiertools sind wie Kompagnons, die Ihnen einen Rettungsring zuwerfen können. Diese Tools bieten Vorschläge und Korrekturen, noch während Sie tippen, sodass Sie mit Ihrem Kopf beim eigentlichen Problem bleiben können und sich nicht in einem Haufen Tabs oder Apps verlieren. Sie können in den »Flow« kommen und dort auch bleiben.

Manche der Tools sind klug genug, Ihren Coding-Stil und die Namen Ihrer Variablen, Funktionen und Methoden zu verstehen. Sie bekommen ein Gespür für Ihren Code. Machen sie dann einen Vorschlag, liefern sie nicht nur einen Standardratschlag. Ihr Wissen ist genau für Ihr Projekt zurechtgeschneidert.

Reden wir jetzt einmal über den eigentlichen Vorteil: Es werden Ihnen langweilige Aufgaben abgenommen. Die immer gleichen Routineaktivitäten, die Sie eigentlich gerne loswerden würden: Dateihandling, Umgang mit Daten, API-Aufrufe, UI-Kram, Regexe, Starter Code, diese unangenehmen Bash-Befehle und der Kampf mit GitHub Actions – um nur ein paar zu nennen. KI sagt beim Programmieren: »Kümmere dich nicht, das nehme ich in die Hand«, und erstellt dann Code für Sie.

Und da hört es noch nicht auf. Die KI kann auch Ihren Code verstehen. Sie ist dadurch in der Lage, alles automatisch zu dokumentieren. Statt sich Nächte um die Ohren zu schlagen und zu versuchen, Notizen und Erläuterungen festzuhalten, kann die KI das alles anständig lesbar machen. Das ist besonders wichtig, wenn neue Personen zum Projekt hinzukommen oder wenn Sie mit altem Code arbeiten müssen. Die KI hat das alles im Griff.

Aber es gibt auch Nachteile

KI-gestützte Programmierung hat auch seine Schattenseiten. Da ist zunächst einmal das ganze Durcheinander darüber, wem was gehört, wenn der Code aus dem KI-Tool kommt. Diese Tools lernen anhand von sehr viel Code von überall, und mancher davon mag urheberrechtlich geschützt sein. Wenn Ihr KI-Kumpel etwas präsentiert, was ein bisschen zu sehr danach aussieht, als ob es schon existiert – tritt man dann jemandem auf die Füße? Und wenn Sie mithilfe der KI etwas ganz Besonderes schaffen – wer bekommt dann das Geld dafür? Die ganze rechtliche Seite der Dinge ist kompliziert, und es wird vermutlich noch einige Zeit dauern, bis sich da ein Konsens bildet.

Sicherheit ist ein weiteres Thema, auf das Sie achten müssen. Es stellt sich nämlich heraus, dass der von KI-Tools vorgeschlagene Code Sicherheitslücken haben kann. Da wir keinen Einblick in die Magie eines LLM erhalten – es ist weitreichend eine Black Box –, können Sie auch nicht sicher sein, was Sie erhalten. Sie können also nicht einfach den Code nehmen und laufen lassen. Stattdessen muss er Tests bestehen und wirklich eingehend geprüft werden, bevor Sie ihn einsetzen.

Außerdem gibt es potenzielle Probleme mit der Privatsphäre. KI-Tools lernen eventuell unabsichtlich aus privaten Code-Repositories oder aus proprietären Daten, wenn sie nicht sorgfältig gemanagt werden. Zudem könnten Daten, die man beim Entwickeln an diese KI-Modelle verfüttert, persönliche Informationen enthalten.

Die Herausforderung liegt darin, sicherzustellen, dass KI-Programmierassistenten auf eine Art und Weise trainiert und eingesetzt werden, die Privatsphäre und Vertraulichkeit respektiert. Es müssen also robuste Datenhandling- und Privatsphäre-Richtlinien implementiert und eine Berücksichtigung von Regelungen wie der DSGVO sichergestellt werden.

Vergessen wir außerdem nicht, dass KI-gestützte Programmiertools manchmal auch einfach falsch liegen können. Oder der Code ist weit davon entfernt, optimal oder gut lesbar zu sein. Das liegt an Faktoren wie der variierenden Qualität der zugrunde liegenden Trainingsdaten, dazu kommt die Unvorhersagbarkeit und Komplexität der LLMs. Sie wissen nie so genau, was Sie bekommen werden.

Prompt Engineering ist eine Kunst und eine Wissenschaft

Es ist nicht einfach, Prompt Engineering zu erlernen. Dabei handelt es sich um eine Kunst, da Sie ein Gespür dafür entwickeln müssen, die richtigen Worte zu finden, um die KI zu leiten. Es geht oft darum, kreative Fragen zu stellen oder die Situation vorzubereiten.

Prompt Engineering ist aber auch eine Wissenschaft. Sie müssen verstehen, wie KI-Modelle funktionieren. Sie versuchen, bei Ihrer Einschätzung der Reaktion des KI immer präziser zu werden. Ein bisschen ist das wie beim Forschen – Sie führen Experimente durch, kontrollieren, was passiert, und passen Ihre Prompts an, um die gewünschten Antworten zu bekommen.

Zum Glück gibt es ein paar Richtlinien, die Ihnen helfen können. So ist beispielsweise die Länge des Prompts entscheidend. Ist er zu lang, wird die KI eventuell verwirrt oder versteht das Thema nicht. Dennoch muss er spezifisch sein. Anikt Anchlia, erfahrener Softwareentwickler, sagt: »Ein Prompt muss klar und fokussiert sein. Es muss ausreichend Kontext geben. Wenn das nicht der Fall ist, werden Sie vermutlich nicht die gewünschte Antwort erhalten.«

Mehr als programmieren

Bei KI-gestützten Programmiertools geht es nicht nur um das Schreiben von Code, sie bieten eine ganze Menge weiterer Hilfsmittel. In diesem Buch haben wir gesehen, dass sie wie ein Schweizer Taschenmesser für alle möglichen Aufgaben genutzt werden können – vom Brainstormen cooler Ideen über das Planen von Projekten und Durchführen einer Marktanalyse bis hin zum Erstellen einer Liste mit Dingen, die für ein Projekt erforderlich sind. Stellen Sie sich beispielsweise vor, Sie müssten besonders gute Product Requirement Documents und Software Requirement Specifications schreiben. KI kann Ihnen bei diesen Aufgaben helfen und die Dokumente eventuell sogar noch besser machen.

Und wenn Sie dazu bereit sind, Ihr Produkt auszurollen, kann auch da die KI helfen. Das fühlt sich an, als könnten Sie einen Marketing-Guru aus der Tasche zaubern. Nutzen Sie KI-Tools, um einen Marketingplan zu erstellen, mit dem Ihr Produkt bekannt und verbreitet wird. Mit KI können Sie auch User-Feedback analysieren, um Ihre Anwendung immer besser zu machen.

KI wird Ihnen nicht den Job wegnehmen

Es besteht allgemein eine große Sorge, dass die KI allen ihre Jobs wegnehmen könnte. Die Welt scheint sich in Richtung eines Skynet-Szenarios zu bewegen, in dem Maschinen die Macht übernehmen, oder? Und all der Aufwand, den Sie für das Erlernen des Programmierens getrieben haben – alles umsonst? Nein, nicht wirklich.

So sieht es aus: KI-gestützte Programmiertools sind leistungsfähig, aber sie können Sie nicht ersetzen. Es handelt sich eher um eine Begleitung, durch die Sie ein besserer Coder werden. Die Klugheit und die Unabhängigkeit menschlicher Entwickler und Entwicklerinnen fehlen ihnen.

Aber – und das ist ein großes Aber – wenn Sie diese Tools nicht einsetzen, werden Sie eventuell feststellen, dass Sie nicht mehr Schritt halten können. Mehr und mehr Arbeitgeber erwarten, dass ihre Entwicklerteams mit diesen KI-Systemen arbeiten. Warum? Weil die Vorteile einfach zu gut sind, um sie nicht zu nutzen. Wir müssen alle vorne dabei sein. Der Einsatz von KI-Tools wird zu einer Pflichtfähigkeit – nicht, damit Sie dadurch ersetzt werden (das können sie nicht), sondern weil sie Ihnen dabei helfen werfen, Ihren Job besser zu machen.

James Clift, Gründer und CEO von Durable schreibt dazu:

> *Fortschritte in der KI werden zu Veränderungen im Arbeitsmarkt führen, aber es ist wichtig, daran zu denken, dass KI und Business nur zusammen besser sind. Das eine ersetzt nicht das andere. Entscheidend ist, nicht zu ängstlich zu sein, sondern die Technologie anzunehmen, um das eigene Business weiter wachsen zu lassen und mehr Jobs zu schaffen. KI-Tools bieten Ressourcen, die es zuvor nur für große Unternehmen gab, jetzt für jedermann.*

Zusammenfassung

Wir haben in diesem Buch viele Themen behandelt und uns mit den Vor- und Nachteilen der KI-gestützten Programmierung befasst. Aber selbst jetzt haben wir nur an der Oberfläche gekratzt! Wir befinden uns in den Anfangstagen dieser KI-Reise, und das Coole ist, dass es nur noch besser werden kann. Die Technologie entwickelt sich mit atemberaubender Geschwindigkeit weiter, daher wird es in Zukunft noch mehr beeindruckende Tools und Tricks für die Entwicklung geben. Wir stehen an der Startlinie eines wirklich spannenden Wettlaufs, und die Möglichkeiten erschließen sich uns erst langsam.

Dieser Bereich durchlebt gerade eine spannende Zeit. Stellen Sie sich all die neuen Wege vor, auf denen wir unsere Fertigkeiten verbessern, unsere Arbeit vereinfachen und Dinge erstellen können, von denen wir bisher nicht einmal zu träumen wagten. Die Zukunft KI-gestützter Programmierung ist eine leuchtende – halten wir also die Augen offen und seien wir dazu bereit, die ganzen tollen Fortschritte anzunehmen, die noch kommen werden. Reiten wir auf der Welle der KI-Innovationen und schauen wir, wohin sie uns in der Entwicklung bringt.

Index

Symbole

A

B

D

E

F

G

H

I

Q

R

S

T

U

V

W

Y

Z

Über den Autor

Tom Taulli (@ttaulli) ist ein Autor, Investor und Consultant für verschiedene Unternehmen, darunter Aisera, ein mit Venture Capital finanziertes Start-up für generative KI. Er hat mehrere Bücher geschrieben, unter anderem die Titel *Artificial Intelligence Basics* und *Generative AI*, die ChatGPT, GPT-4 und andere Large Language Models behandeln. Er schreibt auch für Publikationen wie AIBusiness.com, Inc.com, Barrons.com, eSecurity Planet und Kiplingers.com. Tom hat außerdem IT-Kurse für O'Reilly, die UCLA und Pluralsight gegeben. Themen waren dabei die Verwendung von Python zur Erstellung von Deep-Learning- und Machine-Learning-Modellen sowie Natural Language Processing.

Über den Übersetzer

Thomas Demmig ist Diplom-Physiker. Er arbeitet bei der SAP SE als Entwickler im Bereich UI Framework und hat in den letzten Jahren viele Bücher aus den Bereichen Programmierung und IT-Management übersetzt.

Kolophon

Das Tier auf dem Titel von *Programmieren mit KI* ist ein Diamant-Picassodrückerfisch (*Rhinecanthus rectangulus*). Der Fisch wird auch als *Humuhumunukunukuāpua'a* oder einfach *Humuhumu* bezeichnet. Nach einer Volksabstimmung und der Zustimmung des hawaiianischen Bundesstaats wurde der Diamant-Picassodrückerfisch 1984 zum offiziellen Staatsfisch von Hawaii ernannt.

Der Diamant-Picassodrückerfisch lebt in seichten Riffterassen der Außenriffe im Indopazifik und vor Hawaii. Er ernährt sich von Algen und wirbellosen Riff-Tieren, wie zum Beispiel Seeigeln und Seeschnecken, die der Fisch findet, indem er dicht über dem Grund schwimmt.

Auch wenn der Diamant-Picassodrückerfisch Abstand von Menschen hält, lässt er sich aufgrund seiner ausgeprägten Angriffslust, seines Territorialverhaltens und seiner Erscheinung – fülliges Maul, blaue Oberlippe und eine Größe bis zu 30 Zentimetern – leicht beobachten.

Es gibt ungefähr 40 Arten des Drückerfischs, und der aktuelle Gefährdungsstatus des Diamant-Picassodrückerfischs ist »Nicht gefährdet«.

Viele der Tiere auf den O'Reilly-Covern sind vom Aussterben bedroht. Doch jedes einzelne von ihnen ist für den Erhalt unserer Erde wichtig.

Die Umschlagillustration zu diesem Buch stammt von Karen Montgomery, sie basiert auf einem Stich aus den *Oeuvres du Comte De Lacépede*. Das Design der

Buchreihe stammt von Edie Freedman, Ellie Volckhausen und Karen Montgomery. Den Umschlagentwurf haben Karen Montgomery und Michael Oréal erstellt. Auf dem Cover verwenden wir die Schriften Gilroy Semibold und Guardian Sans, als Textschrift die Linotype Birka, die Überschriftenschrift ist die Adobe Myriad Condensed, und die Nichtproportionalschrift für Codes ist LucasFonts TheSans Mono Condensed.